JN295456

建築の「かたち」と「デザイン」

湯澤正信
小林克弘
富岡義人
高島守央
富永 譲
菊池 誠
木内俊彦
市原 出
野上恵子
三谷 徹
千葉 学
櫻木直美
宮部浩幸
岸田省吾 編著

Form and Design of Architecture

鹿島出版会

はじめに

最初に問いがあるとすれば、「われわれは何を見ている」か、ということであろう。「見る」という行為は視覚だけに限られない。五感を通し感じ、様々な意味を理解し、過去を想起し、まだ見ぬ情景を予感する。そうした「見る」ことにまとまりがもたらされるとき、「かたち」が現れる。われわれはデザインの中で「かたち」を見出し、「かたち」によって理解し、「かたち」によって考え、「かたち」を実現し、そして再び「見る」ことを通し「かたち」を捉え直す。

本書は、一九九七年から筆者たちが行ってきた武蔵野美術大学における講義を基礎にまとめられた。建築とは何か、といった根源的な問いに直接答えようとするものでも、デザインのノウハウを解説するようなものでもない。建築を学び始めた人たちに「かたち」を手がかりに建築デザインの基本的な課題、特有な方法について理解してもらおうと考えた。

各論は執筆者がそれぞれの講義をベースにまとめている。並べ方は実際の講義順とは異なり、全体の流れを理解しやすいように組み直してある。デザインを「かたち」から考えることの意味を論じることから始め、「かたち」が様々に捉え直され、拡張・変容し、ひいては建築の捉え方そのものの変化につながってゆく様を見てゆく。無論、読み方は自由である。が、最初から読んでいくと回を追って話が展開する。以下、読者の便利を考え、概要をまとめておこう。

論の始まりは［1 形態思考］である。全体の共通の考え方、デザインを論じる枠組みを説いている。「かたち」から見ることは意味を容れる「器」ではなく意味そのものが生み出される場、そしてデザインという総合する行為そのものを論じることである。これに続いて［2 幾何学と建築］を考える。建築のデザインで最も長きにわたり、そして活発に作動してきた「かたち」に他ならない。［3 素材と表現とデザイン］と［4「スケール」］を通して見る超高層建築のデザイン」で論ずるように、素材とスケールもまた「かたち」の基本的なパラメータとしてダイナミックにデザインを変容させてきた。こうした空間の中に描かれる「かたち」は、人間の身体と思考の運動の中にこそ生き生きと現れる。その実相を描いたのが［5 建築的散策］と［6 都市のコラージュ／建築のインターテクスト］である。［7 共存する境界］もまた、意識に現れては消える多様な「かたち」を空間やものに先立つところまでさかのぼって捉えようとした。

建築は世界の中で「内外」を分けることから始まる。その「かたち」は世界や環境の捉え方、その中の人間の生活像にあわせて大きく変わってきた。［8 内部／外部は自明か］と［9 日本の庭］は、内外を分ける「かたち」の変容をアメリカの郊外住宅と日本庭園の変遷を通し論じている。［10 自然の宿り木］では、世界の中に「自然」を発見し、それを提示するような「かたち」を見出すことが、その根源的な課題であるとされる。同様な問題意識は［11 そこにしかない形式］のように場と建築が共鳴してつくる「かたち」につながり、［12 生成する「かたち」］のように人と場の交感の「かたち」になる。これらは共通して、環境の力と連携し拡張してきた様々な「かたち」を明らかにする。

最後に、時間をキーワードに「かたち」が論じられる。「かたち」は時空の中でしか捉えようがない。［13 建築の改修デザイン］は、「かたち」が時間の中で描く興味深い姿を示している。運動は知覚や意識、建築の経験、そしてデザインそのものにとって根源的な行為である。身体と思考の運動を通し「かたち」は現れ、建築の経験がもたらされ、広げられる。そうした問題意識を説いたのが［14 時間の中の「かたち」・時間の中の「デザイン」］である。「かたち」を知覚や享受に現れるダイナミックな様相で捉え、経験の中で建築のデザインを理解しようとする試論である。

建築はデザインを通し人間や社会に働きかける力をもちうる。デザインは自らを評価し、批判しつつ進むプロセスであり、多くの「他者」との対話を通し深められてゆく。そのためにはデザインの広大な世界について思考し、論じるときの枠組みとなりうる「ことば」を共有することが不可欠である。ここで展開する議論を通し、読者が建築デザインの深さと広がりを感じ、建築をめぐってそれぞれが自分なりの問いを見出す上で一助となれば、本書の目的の過半は達せられたのではないかと思う。

二〇〇九年六月　執筆者代表／岸田省吾

［目次］

湯澤正信

形態思考

1

YUZAWA Masanobu

◆形態化プロセス morphic process

建築のデザインを理論的に扱う講義科目として、欧米には建築理論（theory of architecture）というものがある。そこでは、西洋古典主義建築における形態言語であるオーダーに関する諸理論や、平面、立面、マッスの構成法、さらに特定の建築家の特徴的なデザイン言語など、形態や空間に関する理論が扱われる。建築のデザインとは、手短に述べれば機能とか制度とか、いわゆる建築の内容といわれるものに説得性のある形態と空間を与えることであり、建築理論はそうしたことに理論的な根拠を提供することを目的としているといえる。本論ではこの建築理論への入門編として、建築における形態の基本的意味を探り、それがわれわれの思考法そのものに内在する形態的側面に由来していること、さらに、このこと自体が建築デザインの可能性を示していることを述べたいと思う。

内容と形式の関係で捉えると、建築は内容とする機能に応じて出来上がっているが、その形式である形態の面も建築の重要な役割となっているように思われる。たとえば、建築は都市に関わるが、ある建物ができたことを契機にその地域の風景が変わり、周辺のすばらしさにあらためて気づくようなことをわれわれは経験することがある。建物の用途や機能以前に、形態として周囲の環境に物理的に働きかける力が建築にはある。あるいはL・カーンの有名な言葉「形態は機能を喚起する（Form evokes function）」がある。たとえば、本来の機能を失った古い建物でも、その形態が別の機能を示唆あるいは許容し、その方向で再生され成功を収めることがある。このように建築のもつひとつの大きな力がその形態の中にあるように感じられる。

形態についてL・L・ホワイト[1]の注目すべき考えがある。彼は、自然界にはふたつのプ

[1] Whyte, L. L. ed. "Aspects of Form", American Elsevier Publishing Co., Inc., New York, enlarged ed. 1968
ホワイトは、形態というテーマを中心に据えながら、生物学、物理学、心理学といった科学の諸領域を縦横に駆けめぐり、美、人生、哲学、美術、神といった極めて人間的な諸問題を考察していった。

ロセスがあるという。ひとつは、物理学でいう熱力学の第二法則で、熱の移動は高温から低温の物体へ移動し、やがて「熱の死」へ向かう。つまり、秩序だったものが最後は混沌へ至るというエントロピー・プロセス（entropy process）である。しかし、自然界にある形態を見ると、このプロセスに従わないものが存在していることに気づく。たとえば生命現象である。最初は混沌から始まり、だんだん対称性や秩序性が得られていくプロセスで、ホワイトは形態化プロセス（morphic process）と呼んだ。さらにホワイトはform、shape、figure、pattern、structure、organizationなどの形態を意味する様々な言葉に共通する意味として、そこに秩序が存在すること、そして、多様で豊かであることを指摘している。つまり、あるものが形態として認められるのは、形態化プロセスと呼べるものを経て対称性や秩序性を、そして豊かな意味性を獲得したからであるといえる。

◆秩序を読み取る思考

ホワイトの説を敷衍すれば、建築するという行為も、形態、つまり、対称性や秩序性を生み出す行為であり、形態化プロセスのひとつと考えられる。われわれ人間の思考は、諸現象をわかりやすい要素に分解し分析し、それらを総合化し、ある法則性を見つけだそうとする。したがって、思考は一見複雑に見える諸現象の中に対称性、秩序性を見出す行為であり、形態化プロセスであるといえる。これを別の言葉で表現すれば、われわれの思考は対称性や秩序性、つまり形態を媒介にして展開しているのであり、こうした思考法を形態思考と呼ぶことができるのではないだろうか。

形態思考の最たる例は幾何学である。後述するように、古代において哲学は幾何学そのものだったし、人間の思考は本来幾何学性をもっていたといえる。幾何学では計算によらずに、たとえば、一本の補助線を引くことで直感的に全体を理解、了解してしまうことがよくある。補助線を引くと、そこに今まで気づかなかった幾何学が見えてくるのである。似たようなことは、われわれの日常的な思考法にも見ることができる。たとえば、複雑なものを簡単な図あるいは図式に表現するとよくわかることがある。言葉でなく具体的な形態として理解すること。つまり、形や幾何学の助けを借りることにより了解し、形態のもつ対称性や秩序性といった形態的（morphic）な性質により理解する。秩序を読み取る人間の思考はそれゆえ形態化プロセスであり、形態思考となる。

◆思考の幾何学性

古来より円や正方形、正多角形、正多面体などの基本的幾何学図形は、神聖なものあるいは重要なものとされ、すべてのことが幾何学図形と結びつけられて考えられていた。数も古代ギリシアのピタゴラス派の人々にとっては単なる量ではなく、形や質をもった幾何学的なものと見られていた。たとえば、数を点の配列形と見る図形数（figured number）の考え方がある［図1］。3, 6, 10, …は点が正三角形に並んだもの、つまり、三角数（triangular number）であり、4, 9, 16, …は正方形数（square number）、6, 12, 20, …は長方形数（oblong number：縦横がひとつの差の長方形）となる。

われわれの世界である宇宙の形も、元素の形も幾何学図形として考えられていた。プラトンは、宇宙の形を黄金比と深く関わる正五角形からなる正十二面体として考えていた。◀2 プラトンは正多面体が全部で五つあることをすでに知っていて、残る四つの正多面体に宇宙を構成する四大元素をあてはめ、立方体に土、正二十面体には水、正四面体には火、正八面体には風（空気）を対応させて認識していた。このようなことから五つの正多面体は

［図1］図形数

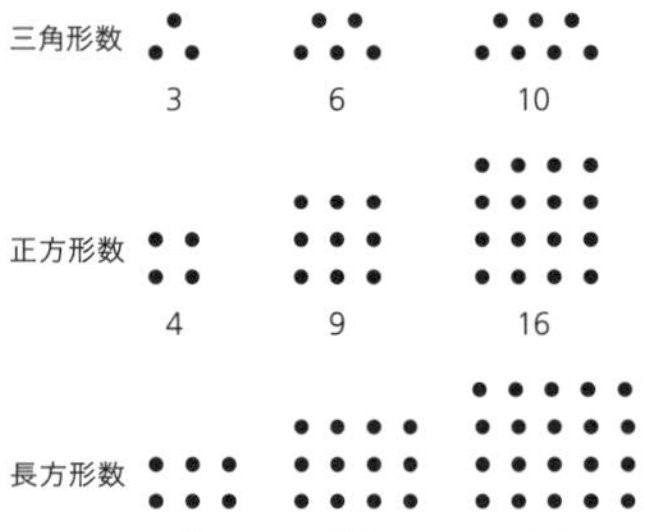

◀2
プラトンが残した唯一の自然科学書とされる宇宙論『ティマイオス』では、天文学者ティマイオスがソクラテスに「地球を中心とする宇宙の外形は正多面体の中の正五角形でできるあれであり、様々な天体はその内面にくっついている」と報告したとある。ここでプラトンは、正十二面体を秘中の秘としてはっきりとその名をいわないようにしている。

プラトン立体［図2］と呼ばれるようになった。

ヨハネス・ケプラーは一六世紀の終わり頃、当時知られていた水星から土星までの六つの惑星の軌道に関する新発見を自己の著書の中で興奮のうちに報告している。それは惑星の軌道が楕円であることを発見する以前のことだが、すべての惑星の軌道は五つの正多面体で決定されると彼は述べている。まず、最も外側の土星の軌道を大円としてもつ球を考え、それに立方体を内接させて、さらにその立方体に内接する球を考えれば、その球の大円上に次の惑星である木星の軌道がある。以下、球を媒介にして順に正四面体、正十二面体、正二十面体、正八面体というように五つの正多面体をすべて使っていくと、六つの惑星の軌道が幾何学的に決定される［図3］。

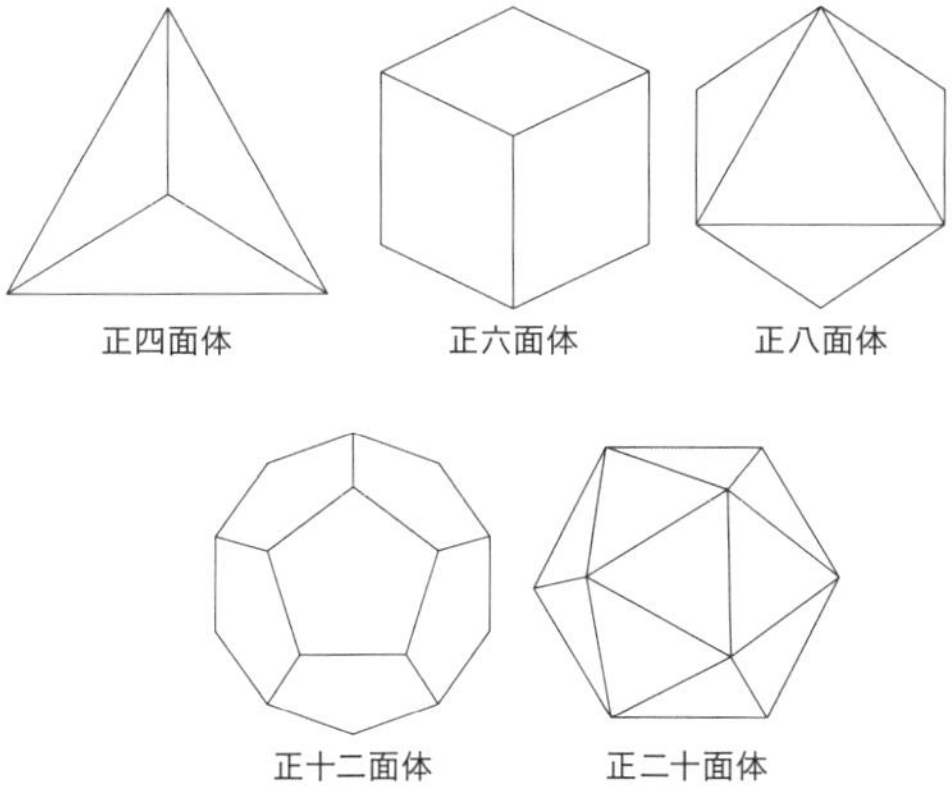

［図2］五つの正多面体（プラトン立体）

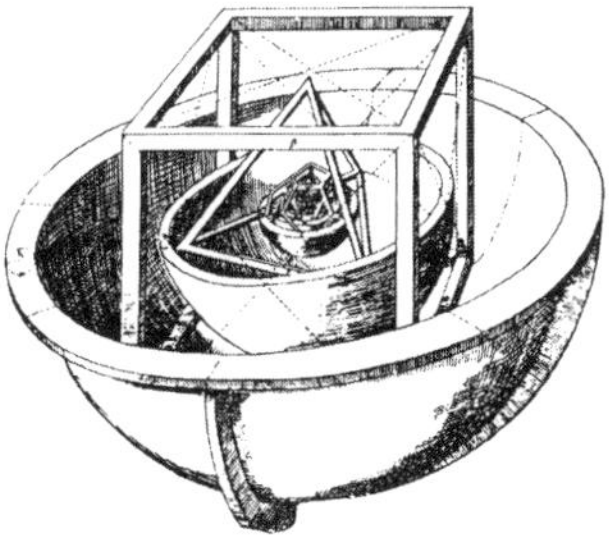
［図3］ケプラーによる惑星の軌道

このようにわれわれの先人の思考は幾何学と不可分のものであり、自分の生きている場である世界＝宇宙を対称性の強い幾何学的図形として、あるいは幾何学へのアナロジーによって理解していたのである。

◆建築と比例——均斉、黄金比

対称性（symmetry）という言葉には、今日の用法である左右対称という意味だけではなく、もっと広く均斉（symmetria）という意味もあった。symmetriaとは、語源的には「ともに（sym）測り（metria）えること」であり、いくつかの寸法が一定の基準寸法をもつこと、あるいは、各部分相互や部分と全体との寸法関係に一定の比例、すなわち、調和や均衡が存在することを意味している。つまり、対称性とは比例的調和を指していたわけである。

こうした比例的調和の中で古来より最も理想的とされ、その後、黄金の名を冠された比例に黄金比（golden propotion）がある。黄金比の起源は遠くエジプト古王国時代、あるいはもっと古くにまでさかのぼるといわれ、歴史的建造物や絵画・彫刻などの優れた美術作品に見ることができる。この黄金比による分割（黄金分割）を幾何学の問題として提出したのは、古代ギリシアの数学者ユークリッドである。ユークリッドの『原論』（紀元前三〇〇年頃）第二巻の一一番目の命題には次のように書かれている。

「ひとつの線分を大小ふたつに分かち、小さいほうの線分と全線分とでできた矩形を、大きいほうの線分でできた正方形に等しからしめること」

等しいというのは面積が等しいという意味で、小さい線分の長さをA、大きいほうをBとすると、A（A＋B）＝B^2。これより、大きい線分と小さい線分の比に注目すると、$(B/A)^2-(B/A)-1=0$。したがって、$B/A=(1+\sqrt{5})/2 \fallingdotseq 1.618\cdots$。この値が黄金比となる。この数は円周率πや自然対数の底eと同じように、どんな物理的な計測とも関わりなく定義されるいわゆる数学的定数のひとつで、二〇世紀の早い段階で数学者によりφ《ファイ》と呼ばれた。この名は前五世紀のギリシアにおいて、ペリクレスの下でアテネのパルテノン神殿の建築に関わり、そこに自らの彫刻も残した彫刻家フィディアスの頭文字からきている。この命題への解答は図4にあるが、黄金比φを求める幾何学的方法にはもうひとつあり、図5に示している。

ユークリッドはこの比を外中比（extreme and mean ratio）と呼んでいたが、これがもつ豊かで興味深い性格から学問的に広く重要視されるようになったのは、古代ギリシアやローマの文化が熱心に研究されたルネサンス期以降だった。それ以前の中世時代では、神により授けられた比例法として極度に神秘化され、修道院の中で秘密のものとして扱われていた。黄金比という名は、多分一九世紀前半のドイツで用いられ始めたといわれている。

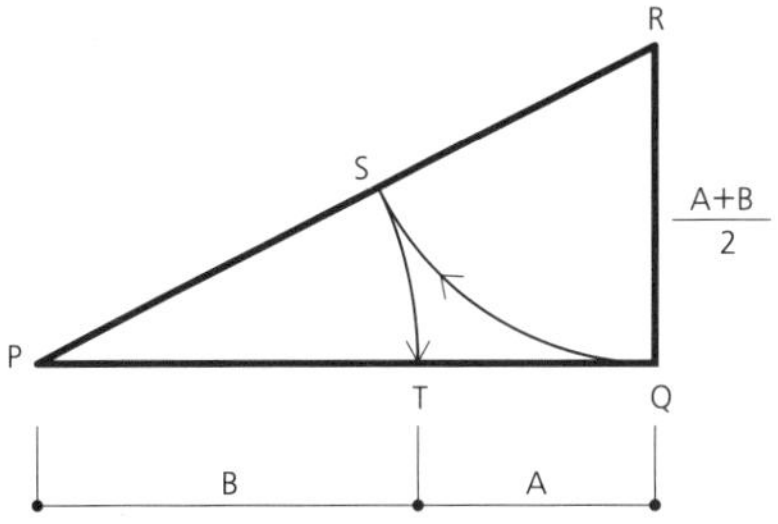

［図4］黄金比の求め方1
線分PQの1/2の辺RQをつくり直角三角形PQRをつくる。R中心RQ半径でPR上にSをとる。ついでP中心でPS半径でPQ上にTをとるとB/Aは黄金比となる

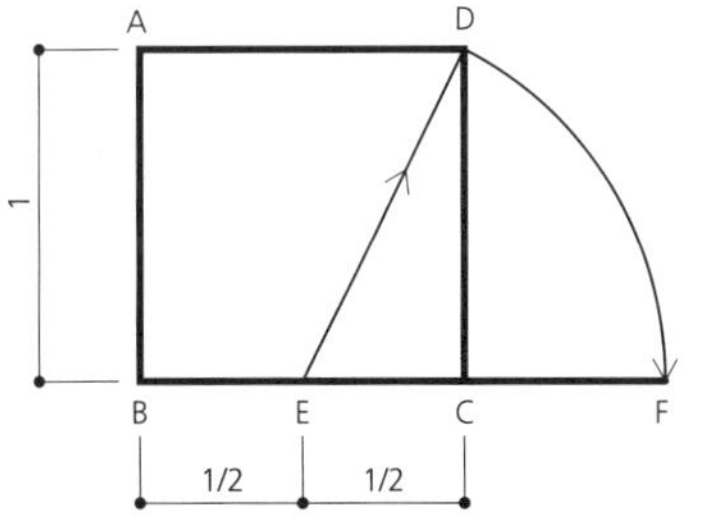

［図5］黄金比の求め方2
正方形ABCDの辺BCの中点Eを中心に半径EDでBCの延長上にFをとるとBF/BC＝φとなる

◆単位矩形による均斉法

古代ギリシアでは形の均斉（symmetria）を工夫するのに、その中に含まれている単位矩形を考えていたといわれている。古代ギリシアの均斉法に用いられた単位矩形というのは六種類あり、二辺の比が平方根√で表されることからルート矩形とも呼ばれている。まず出発点は一辺の長さが1の正方形。正方形は円とともに、古来より完全な形として神聖視されていた。この正方形から始め、その対角線を一辺とする長方形をつくることから、順次、√2矩形、√3矩形、√4矩形、√5矩形が求められる［図6］。さらに、この√5矩形から後述するように二辺が黄金比をなす黄金矩形（φ矩形）が求められて六つの単位矩形となる。

√2矩形は正方形をもととして導き出される一連の単位矩形の出発点となる最初であり、調和の門（Porte d' Harmonie）と呼ばれている。たっぷりとして豊かで安定感のある形とい

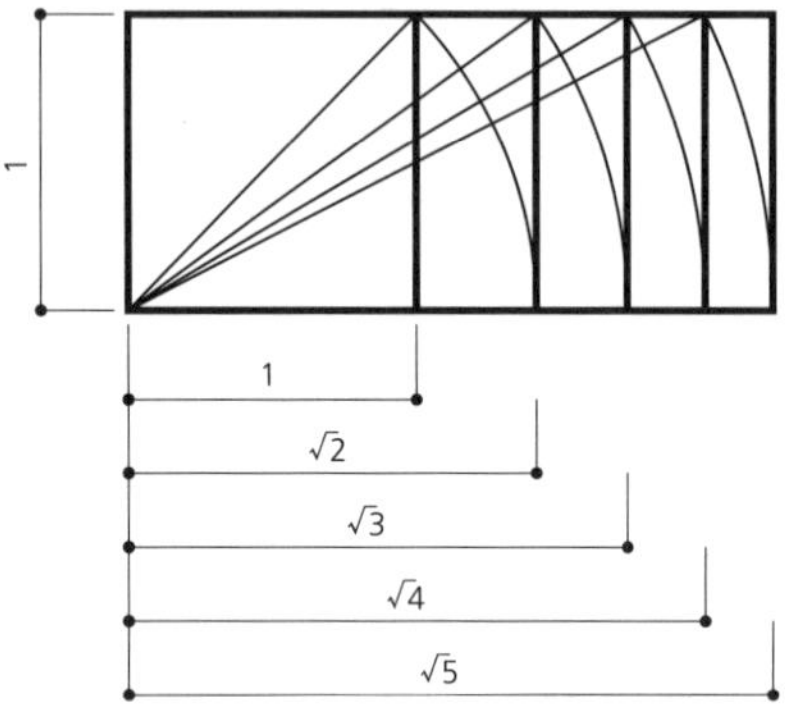

［図6］ルート矩形の求め方

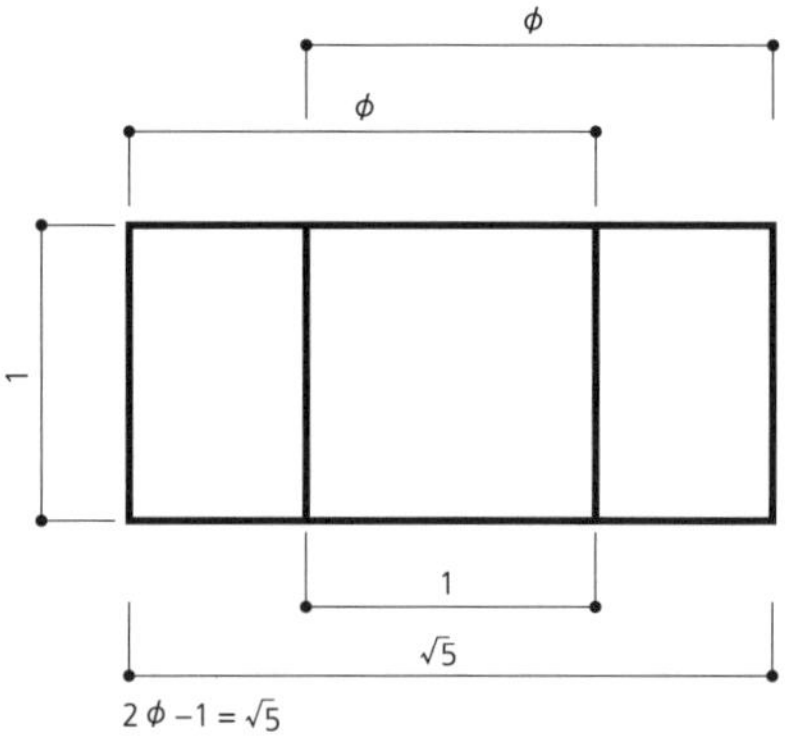

［図7］√5矩形と黄金矩形の関係

われ、また二つ折りにしても二辺の比は変わらないことから製紙の裁断等において実用的で、A判、B判といわれる用紙の規格に用いられている。$\sqrt{3}$矩形は$\sqrt{3}=1.732\cdots$から黄金比に近似しているので、実用上の近似黄金矩形として使用される。$\sqrt{4}$矩形は建築との縁が深く、正方形がふたつで、レンガやブロックの形、あるいは日本建築における面積概念の基本単位となっている畳の形に現れる。$\sqrt{5}$矩形は黄金矩形と密接な関係にある。$\phi=(1+\sqrt{5})/2$から$2\phi-1=\sqrt{5}$、つまり、ふたつの黄金矩形をその重なり部分が正方形になるように置くと全体が$\sqrt{5}$矩形となる［図7］。

黄金矩形は、$\phi^2-\phi-1=0$より$\phi-1=1/\phi$、つまり、黄金矩形から正方形をとると、自分自身の逆数矩形ができる［図8］。しかもこの逆数矩形も黄金矩形であり、黄金矩形から正方形をとっても親と相似の矩形ができることとなり、黄金矩形は自己相似性、つまり全体と部分の相似性を示すこととなる。このほかにも図9のような関係もあり、黄金矩形は最も基本的な幾何学形である正方形と密接に関わっていることがわかる。

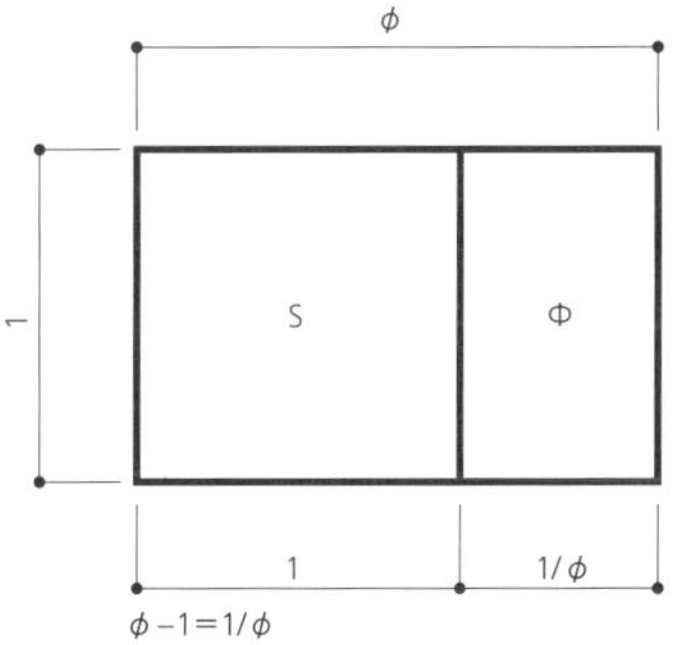

［図8］黄金矩形は自己相似性をもつ

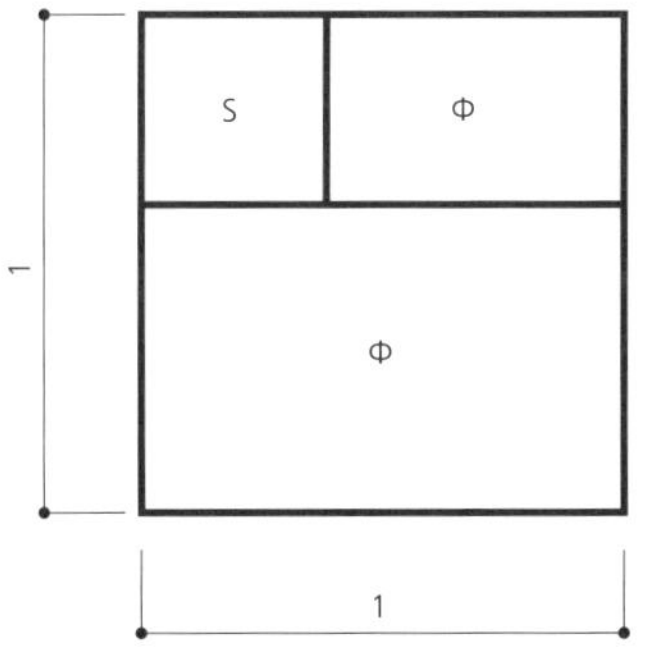

［図9］正方形の中に黄金矩形をつくる

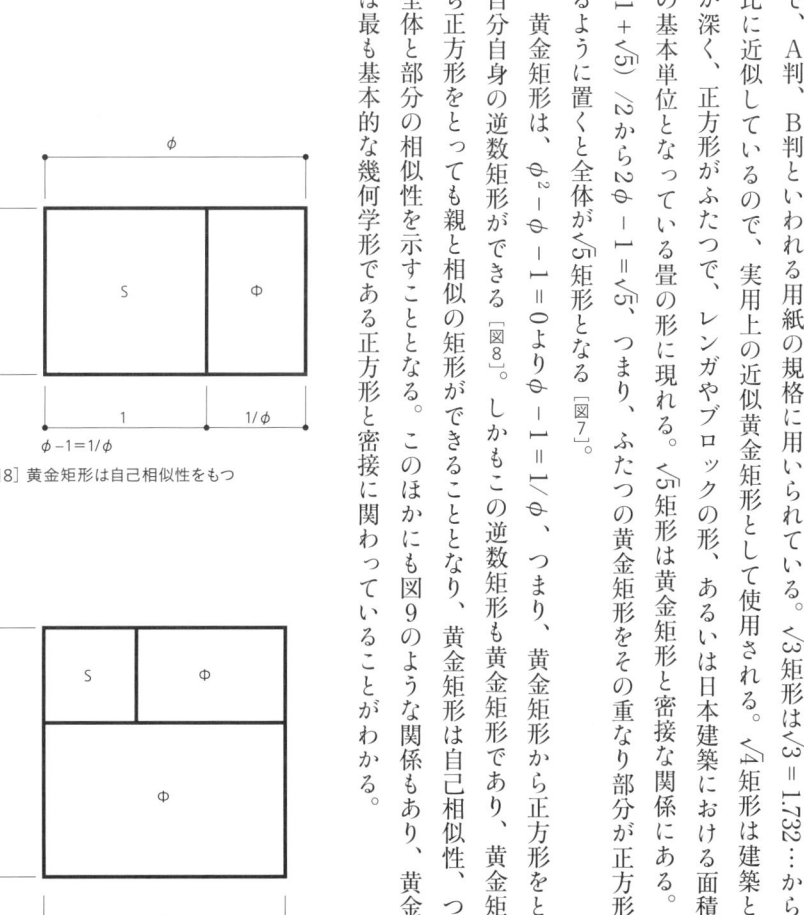

黄金矩形にとって完全な形といわれる正方形に関わることは、どちらかといえば静的といえる性質に見えるが、同時にそれは動的なものともなっている。黄金矩形の中に正方形を描き、残った黄金矩形の中にまた正方形を描くことを繰り返すうちに対数螺旋（等比螺旋）が出来上がる［図10］。つまり、黄金矩形は螺旋という動的（ダイナミック）な均斉を内にはらんでいるわけであり、静と動の均斉を併せ持つ究極の幾何学であるといわれている。この螺旋形は、巻貝のかたち、植物の枝の張り方、あるいは、ろうそくの光に向かうある種の昆虫の移動の軌跡など自然界の至るところに見ることができる。

古代ギリシアの均斉法に話を戻そう。古代ギリシアでは均斉は長さの比という数的なものではなく、面積をもった幾何学図形として、つまり、単位矩形による分割の中で工夫されていた。これを理解するために、現代にも継承されている好例を見てみよう。絵画での構図の考え方である。キャンバスの形には三種類ある。人物型ともいわれ、二辺の比が$(\sqrt{5}-1):1$であるF型。風景型ともいわれ、二辺の比が$\sqrt{2}:1$であるP型。海景型ともいわれ、二辺の比が$(\sqrt{5}+1):2$、つまり黄金比であるM型の三つである。この中でよく用いられるF型を例にとると、二辺の比は$(\sqrt{5}-1)/1=2\times 2/(\sqrt{5}+1)=2\times(1/\phi)$となる。つまり、F型は均斉のとれた黄金矩形（逆数矩形）ふたつに分割されることがわかる。さらに、F型は正方形や黄金矩形という単位矩形に、あるいは自己自身に分割される［図11］。このように絵画の構図法における均斉が、現代でも単位矩形への分割という幾何学的操作により考えられていることは、形態思考がわれわれにも極めて親しいものであることを示している。

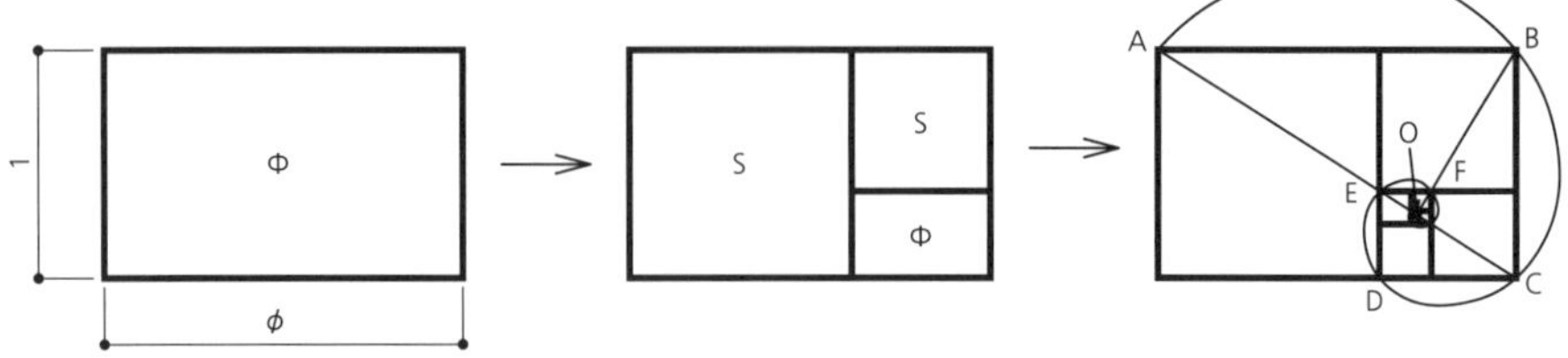

［図10］黄金矩形と対数螺旋

◆ゲシュタルトと建築デザイン

こうした幾何学的な思考法＝形態思考を少し理論的に捉え直すことにより、建築デザインとは何かを考えてみよう。ゲシュタルト心理学◀3によると、われわれは形態を見るとき、あるまとまりある形を見ているという。このまとまりをゲシュタルト（Gestalt：ドイツ語で形態の意）と呼ぶ。図（figure）と地（ground）の関係の中で、地は固有の形態（輪郭）をもたず後方に退いて広がっているが、図は明確な輪郭というまとまりをもって前面に出ている。こうした図として認識されやすいものを「よきゲシュタルト」と呼ぶ。よきゲシュタルトには次のふたつがある。ひとつは、円や正方形、長方形などの基本的な幾何学形態。もうひとつは、リンゴとか、ハートなどのよく知られた自然の、あるいは経験的になじんだ形である。われわれが形と把握し認識するものは、こうしたゲシュタルト性の強いものなのである。逆に、まとまりがなければ、つまり、ゲシュタルト性が弱ければ、われわれは形態として認識できないわけである。

まとまりは部分と全体の関係の中から立ち現れる。われわれは部分を総和すれば全体となるという錯覚に陥りやすいのだが、部分の総和は必ずしも全体とはならないとゲシュタルト心理学は力説している。たとえば、ベジタブルフェースがある［図12］。ナスやキュウリやジャガイモなど個々の要素に着目しても、顔という全体は理解できない。

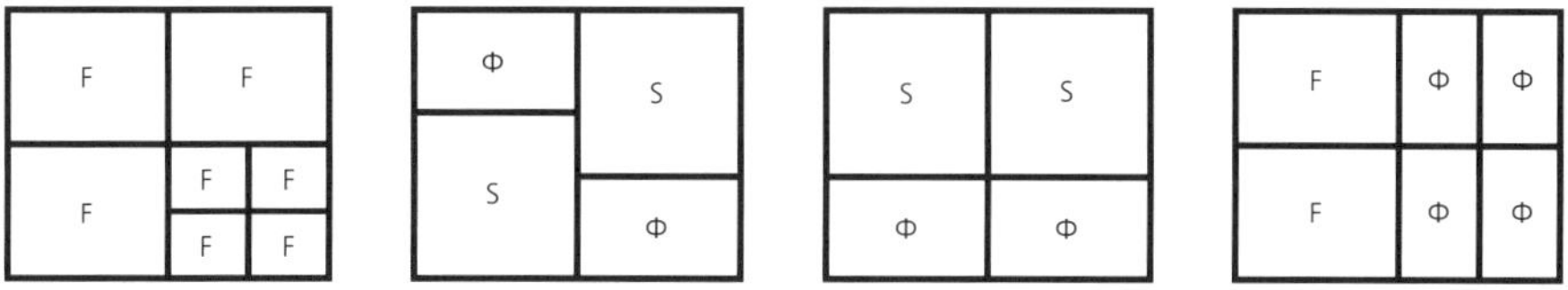

［図11］F型キャンバスにおける構図のとり方

（F＝F型
S＝正方形
Φ＝黄金矩形）

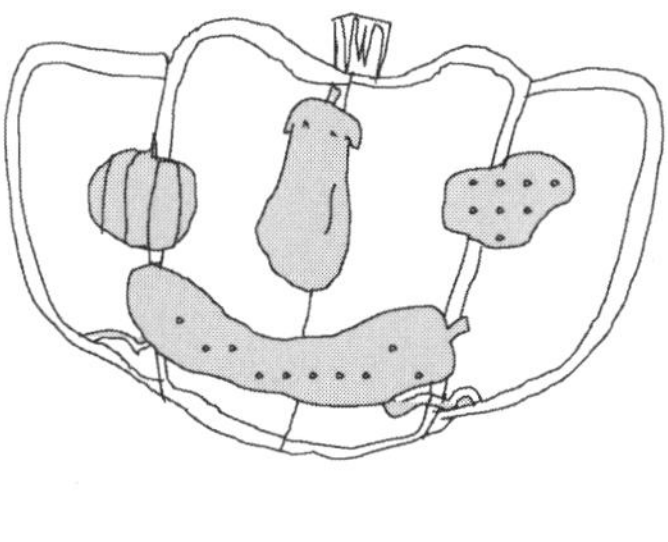

［図12］ベジタブルフェース

◀3
二〇世紀初頭、ドイツ・ベルリン学派と呼ばれる人たちによって形成された心理学。ゲシュタルト性を強調することにより、知覚は対象からの個別的な感覚刺激によって形成されるという従来の考え方に対して、個別的な刺激には還元できない全体的な枠組みによって規定されていると主張している。

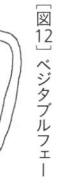

それらの配置された関係が重要で、関係性の中ではじめて顔というまとまり(=ゲシュタルト)が認識される。比例的調和である均斉も、美しい比例関係という関係性の中で、まとまりのある形態となるわけである。

われわれが形態として認識しているものは、ゲシュタルト、つまり、まとまりのある関係性であることがわかってきた。あらためて建築デザインという行為を考えてみると、われわれのデザイン行為によって生み出される形態は、結局、ゲシュタルト性が強いもので、機能や制度にそうした形態を与えるのが建築デザインとなる。このことは、建築デザインにおいて形態思考がどのような意味をもつのか、ヒントを与えてくれる。デザインは思考における幾何学性により形態の関係性(=形態のシステム)を組み立てていくことにより、機能・構造・経済などのもろもろの問題を秩序だて、整理・解決し、建築としてつくりあげていく。

建築のプログラム(要求条件等)にしても、設計のはじめの段階から明確である場合はなかなかない。むしろ形をつくり上げていき、形態のシステムを構築していくという形態化のプロセスの中で、機能等の諸条件が明確になり、いろいろな問題が解決され、建築のプログラムがだんだん見えてくるのである。こうして建築のプログラムが文字通り形態化(=具現化、建築空間化)されるわけで、形態のシステム(関係性)が建築のプログラムを明確にするといえる。この形態思考により出来上がる関係性という形態のシステムこそ、建築のもつ力なのだと思われる。建築を設計することの喜びの一端も、こうした形態システムを考え出すことによりプログラムが整理され、明確になることにあるのではないだろうか。

小林克弘

幾何学と建築

2

KOBAYASHI Katsuhiro

「建築とは光の下に集められた立体の蘊蓄であり、正確で壮麗な演出である。われわれの目は光の下で形を見るようにできている。明暗によって形が浮かびあがる。立方体、円錐、球、円筒または角錐などは初源的な形で、光ははっきりと浮かびあがらせる。その像は明確で掴みやすい。曖昧さがない。それゆえに〝美しい形であり、最も美しい形〟である。誰でもこのことは一致している。子供でも、野蛮人でも、哲学者でも。これは造形芸術の条件そのものである」◀1

◆幾何学と建築の史的概観

冒頭に掲げたル・コルビュジエの言葉、およびローマの建築が単純な幾何学形からなっていることを指し示したスケッチ［図1］は、あまりに有名である。実際、歴史的に見て、建築は、幾何学との密接な関係のもとに発展してきた。幾何学の基にあるのは、比例である。というのも、初源的な幾何学は、正方形であれば、辺の比が一対一という具合に、何らかの比を伴って成立しているからである。その意味では、幾何学と建築の密接な関係は、古代ギリシアの神殿において、比例が建築造形の基本となったときに始まったということができる。

いわゆるオーダーなる西洋建築の基本言語が比例に基づいていることは周知の通りであるが、厳密な比による構成を知らずとも、たとえば、ドリス式オーダーの神殿を代表する〈ポセイドン神殿〉［写真1］と、ドリス式ではあるが、比例感覚としてはよりイオニア式に近い〈パルテノン神殿〉［写真2］を比較してみれば、比例が建築の印象に与える効果の大きさを理解できるだろう。柱や梁がもつ比例の違いによって、〈ポセイドン神殿〉は、荒々しいほど力強い建築表現を生み出し、〈パルテノン神殿〉は、力強さに優美さを伴った表

◀1
ル・コルビュジエ著、吉阪隆正訳『建築をめざして』三七ページ、鹿島出版会、一九六七

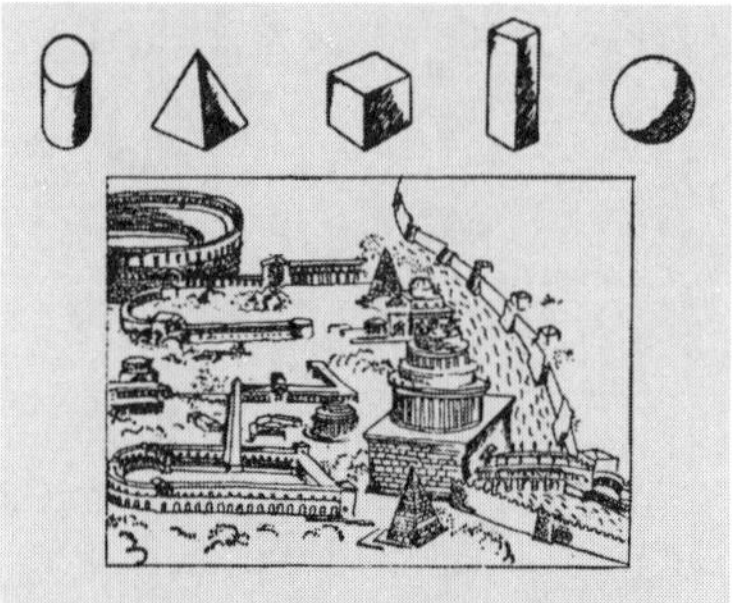

［図1］ル・コルビュジエのスケッチ。ローマの建築は単純な幾何学からなることを示す

現となる。

古代ギリシア人が、こうした比例の違いによって建築表現は全く異なるものになることを示したとき、比例ひいては幾何学が建築表現において基本的な要素となることの基礎が築かれたのである。そして、古代ローマになると、比例や幾何学は外観を美しく見せるための道具のみならず、パンテオンの内部空間［写真3］に見られるように、球体がちょうど納まるような形に整えるというような三次元的なやり方によって、内部空間が人間に与える心理的影響にも深く関係するような扱われ方をするようになった。

実際に建築を建てる様々なレベルで、幾何学は有効な道具であり続けるのだが、幾何学を建築の理念的なあり方として位置づけるのは、ルネサンスの建築家たちである。レオン・バティスタ・アルベルティ、アンドレア・パッラーディオは建築書の中で、理想とする幾何学について述べている。理想主義者であったアルベルティは、円を理想的な幾何学としつつ、正方形、正六角形、正八角形など求心的な形を推奨する。一方、より実務に長

[写真1]〈ポセイドン神殿〉、パエスツゥム

[写真2]〈パルテノン神殿〉、アテネのアクロポリス

[写真3]〈パンテオン〉の内部空間。球体が内接する

けた建築家であったパッラーディオは、正方形を基本としながら、建築においてより使いやすいであろう長方形について、美しい幾何学とは何かという点を論じる。ルネサンスの建築家たちには、平面、立面を幾何学に基づいて整えることが、建築を宇宙の構造と結びつける術であるという信念があった。たとえば、アルベルティの〈サンタ・マリア・デッラ・ノベッラ〉[図2]は、立面の各所の形状を正方形と円に基づいて決定している。このように幾何学は、建築のデザインに、形の根拠を与える重要な方法と考えられていたのである。

一八世紀末から一九世紀にかけて、建築のボリュームそのものを単純な幾何学形に還元して、余計なものは排除するという、革新的な動きが生じる。エティエンヌ・ブレーやクロード・ニコラ・ルドゥーが構想した球体としての建築は、その代表的な例である[図3]。ここでは、ルネサンスの建築家たちの理念がより立体的な形で結晶化したともいえるだろうし、科学の発展とともに、建築に純粋幾何学という論理的な思考をもちこもうとする動

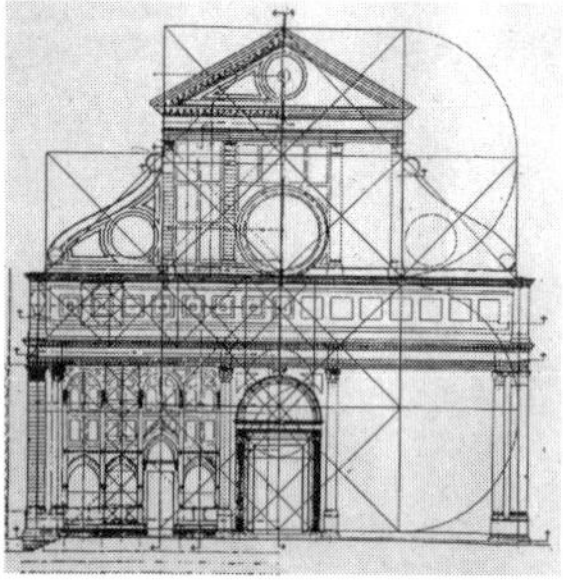

[図2] アルベルティ
〈サンタ・マリア・デッラ・ノベッラ〉
正方形と円による立面の決定

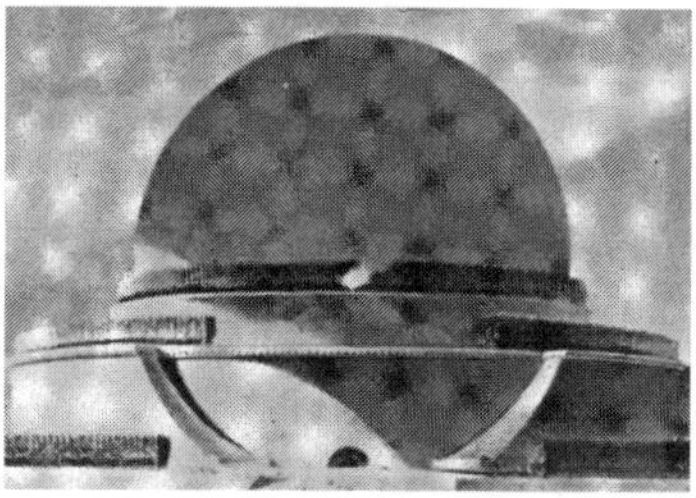

[図3] エティエンヌ・ブレー〈ニュートン記念堂〉
建築を純粋幾何学に還元する

きと見ることもできる。これらの純粋幾何学的なオブジェは、当時としてはあまりに画期的であったがゆえに、実現することは希であった。しかしながら、ここにル・コルビュジエに見られるような幾何学形態への信奉という近代建築の萌芽を見ることもできる。

近現代建築は、幾何学形態建築の実験場であった。ル・コルビュジエは、その代表的存在の一人であるが、ロシア構成主義においては、複数の純粋幾何学を対比的に組み合わせることによってダイナミズムを生み出すという動きも現れる。イワン・レオニドフの〈レーニン研究所〉［図4］は、実現することはなかったが、そうしたダイナミズムを生み出す作品の代表例である。さらに、二〇世紀後半を代表する建築家ルイス・カーンが、幾何学形態と内部空間の自然光による効果を組み合わせることで、優れた作品群を残したことはあまりに有名である。

と同時に、近現代建築が幾何学的形態としての建築を追求しすぎたがゆえに、二〇世紀末にはそうした傾向に対する様々な批判も始まることになる。正統的近代建築に対する最初の明確な批判書である『建築の多様性と複合性』を一九六六年に出版したロバート・ヴェンチューリは、「正当な現代建築家は、建築における多様性を不十分にしか、もしくは気まぐれにしか認めてこなかった。彼らは伝統を打ち破り、一から始めようと試み、雑多なものを犠牲にして、初源的で一元的なものを理想と考えたのだ。（中略）純粋主義の発起人の一人であるコルビュジエは、〝明解でしかも曖昧さのない偉大な単純形態〟について言及している。現代建築家は、ほとんど例外なく曖昧さを避けているのだ」[2]と述べ、純粋幾何学があまりに多くのものを犠牲にしたことを指摘し、多様な読取りや曖昧さを許容する建築表現の重要性を主張する。『建築の多様性と複合性』は、多くの歴史的建築を具体的にとりあげながら、ヴェンチューリのいわんとする多様性・複合性を示しており、こ

［図4］レオニドフ〈レーニン研究所〉幾何学群の対比的構成

◀2 ロバート・ヴェンチューリ著、伊藤公文訳『建築の多様性と複合性』三六ページ、鹿島出版会、一九八二

の本は、その後の一九七〇年代から八〇年代の建築思潮において支配的になる、ポストモダニズムに大きな刺激を与えることになる。

また、一九八〇年代後半から、ポストモダニズムの歴史的建築モチーフの使用に変わって、次第に現代建築の動向の最先端となる脱構築主義（デコンストラクティヴィズム）も、根底には純粋幾何学に対する批判を含んでいた。脱構築主義のデモンストレーションともいうべき、一九八八年のニューヨーク近代美術館における《脱構築主義建築展》のカタログにおいて、建築批評家のマーク・ウィグリーは、「建築家はつねに純粋形態を夢見てきたのである。つまりいかなる不安定感や無秩序をも排除したオブジェクトをつくることを、夢見てきたのである。建築は、単純な幾何学形態─立方体、円筒形、球、円錐、四角錐─を用いて、それらが互いに争うことのない構成手法に従いながら、安定した調和を生むよう結合されることでつくられてきた▼3」という批判から始まり、それまでの建築が目指した純粋形態や安定・調和した建築表現を根底から揺さぶり、建築が本来有しているはずのジレンマを明らかにすることが現代建築の課題であるという視点を明らかにする。

こうして、脱構築主義において、純粋な幾何学は分解され、歪められ、変形され、複雑に組み合わされ、独特の建築表現を生むことになった。そして、今日においては、再び単純な形態への嗜好が強まっているという状況と脱構築主義の流れを汲む独特の形態が様々な形で応用されるという状況が混在している。

▼3 Mark Wigley "Deconstructivist Architecture" p.10, MOMA, 1988

[写真4]〈東京都有明清掃工場〉
高速道路からの見え方に対応したシャープな巨大な曲面形

◆現代建築における幾何学の可能性

それでは、今日、幾何学を用いた建築デザインにおいてどのような可能性があるのだろうか。その大きな方向を、自作を例にして、三つの方向に整理して考えていくことにしよう。

幾何学形態の変形

まず、ひとつの可能性は、幾何学形態をル・コルビュジエが述べるような純粋幾何学ではなく、やや変形された幾何学にして用いることである。

〈東京都有明清掃工場〉 一九九五年［写真4、5］ 臨海部の開発に先駆けてつくられる基幹施設としてのシンボル性を有することが期待された大規模建築である。デザイン上の課題は、巨大な工場のボリュームをいかにして臨海部にふさわしいランドマークに高めるかということであった。敷地は二本の高速道路と大規模な公園に面しており、車からの視線と地上で憩う人々からの視線とが混在するという状況にある。南側の湾岸道路側は、円弧を組み合わせたシャープな巨大な曲面形が、車からの見え方に適したスケールの光景をつくりだしている。一方、公園に面する北側では、同じ曲面形を分解して、人の目でゆったり眺めたときに、より変化に富んだ光景が得られるように配慮した。

［写真5］〈東京都有明清掃工場〉人のアプローチに対応した、分解された曲面形

ここでは、シャープな曲面形という変形された幾何学を用いることで、清掃工場全体が巨大なアート・オブジェのようなものとして、しかも細かい建築的要素を意図的に消し去ったミニマル・アートとなることを意図した。

〈トトロ幼稚舎〉一九九七年［写真6、7］　半楕円形平面のボリュームを斜めにカットするという幾何学形態の変形によって、宇宙船のような外観をもつ遊戯室をつくりだしている。その内部は、緩やかな曲面壁と格子梁天井と大黒柱とを伴った、様々な催事や集会を行う空間である。この幼稚舎は、園長のモットーである「野外活動を通じて、たくましい子供を育てる」という理念のもとに運営されるプライベート・スクールであり、元気な園児のための伸びやかな空間、幼児の身体スケールを考えた空間、さらに、建築自体が遊び場であるような空間を模索することが最大のテーマであった。曲面体である遊戯室とは対照的に、保育室は、高さ一・八メートルの中間梁を伴った巨大なジャングルジムのような空間である。また、保育室脇のアルコーブ、カクレンボ・スペースなど、園児たちがより楽しめる場所を計画した。

これらの例では、いわゆる純粋な幾何学ではなく、それを多少変形させることによって、外観上の見え方、および内部空間への効果にとって、純粋な幾何学の静的な性格では得られない効果をもたらすことが意図されているのである。

幾何学形態の組合せ

次に、純粋な幾何学を変形するのではなく、比較的純粋な幾何学形態を温存しつつも、それらを組み合わせることによって、より多様な効果が得られることを目指した例である。

〈新潟みなとトンネル立坑〉二〇〇二年［写真8、9］　そうした試みの典型的なものである。

［写真6］〈トトロ幼稚舎〉斜めにカットされた半楕円筒形の遊戯室

［写真7］〈トトロ幼稚舎〉
巨大なジャングルジム空間の保育室

[写真8]〈入船みなとタワー〉四つの異なる幾何学形の組合せ

[写真9]〈山の下みなとタワー〉曲線を強調した、異なる幾何学形の組合せ

これは、信濃川河口に建設中のトンネル内の排気ガスを空中に排出するための換気塔であり、河口両岸に約八五〇メートル離れて建つ一対（左岸・右岸）の施設として建設された。この地区で、他に先駆けて建設される基幹施設であり、地域のランドマークとしての役割が期待された。従来このような換気塔施設には、一般人は入れなかったが、この計画では回遊式展望室を設け公共空間の導入を行いつつ、従来の閉鎖的な巨大な箱形のボリュームを破棄し、大階段広場と複数の塔群の組合せという開放的な公共空間を形成していることが大きな特色である。

海に向かって左岸側に建つ〈入船みなとタワー〉は、大階段広場上に、平面がそれぞれ、正方形、菱形、三角形、円弧形という単純な幾何学形をもつ四棟の塔上ボリュームを配置することによって、四周から眺められたときの見え方が大きく変化する外観をつくりだし、また、大階段広場上を歩き回るときに、独特の光景の変化を体験できるように意図した。換言すれば、「幾何学的形態の組合せ」「塔の林立」「通り抜け型広場」が、デザイン上のテーマとなっている。

一方、〈新潟みなとトンネル立坑〉の右岸にある〈山の下みなとタワー〉は、回遊式展望室および展示施設を設け、大階段広場と複数の塔群の組合せにおいて左岸側と類似させつつも、「柔らかな形態」「包み込む空間」「アトリウム型広場」といったデザイン上のテーマをもたせることで、左岸側との対比を生み出している。そうした対比においては、幾何学形の組合せ方が重要な役割を果たしている。

〈新井クリニック〉一九九七年［写真10］　精神科診療を主体としたクリニックの建替え計画であり、コンクリート打放しの外殻の中に、必要な諸室等を納めた三本の円筒形ボリュームが挿入され、それらによって緩やかにつながりつつも三つに分節された待合いスペー

［写真10］〈新井クリニック〉
三つの円筒形の間の空間

ス空間の創出がなされるが、その際に円筒形という幾何学形態の組合せが大きな役割を果たす。この待合いスペースは、前面道路から垣間見ることのできるサロン的な場、受付前の光に満ちた広々とした場、「緑の庭」に面した落ち着いたアルコーブ的な場、という異なった空間性をもつ三つの場からなる。それぞれの場では、空間の大きさ・雰囲気・自然光の入り方・空や緑の見え方・BGMの有無等が異なっており、患者は自らの好み、気分に応じて居場所を選択することができる。三本の円筒形という柔らかな形態の組合せの間につくられた空間であるがゆえに、こうした連続しつつも分節した空間構成が可能となった。

幾何学形態の拡張

さらに、従来の幾何学概念を拡張したような幾何学を用いることで、ひとつの可能性を生み出している例を示したい。

〈N-City コンセプトコンペ応募案〉一九九九年［写真11、12］三〇戸からなる住宅地計画であり、通常の短冊型の敷地割りではなく、二直角等辺五角形というユニークな幾何学に基づく敷地割りを採用している。それにより、従来にはない住宅地景観、コミュニティ空間を生み出すことを意図した。二直角等辺五角形は、あまり聞き慣れない幾何学であるが、規則的に隙間なく並べることもできるという性格をもち、その意味では、通常のグリッドと近いシステムとしての普遍的性格をもつ。しかし、若干ずらすと、不思議な不定形の隙間が形成されるので、それを住宅地内の路地やコミュニティのための共有空間として利用することを提案した。〈N-City コンセプトコンペ応募案〉は、この二直角等辺五角形という幾何学のユニークな性格を、従来にはない住宅地計画の出発点に応用した例である。応募案の実現に向けて検討を行ったが、結果的には、この敷地割りがあまりにユニークでありすぎることが仇になり、残念ながら実現に至ることができなかった。

実は、〈N-Cityコンセプトコンペ応募案〉に先立って、〈岡山操車場跡地公園構想競技応募案〉一九九四年［写真13］がある。三万人収容の市民球技場・サブグラウンドを整備し、防災拠点ともなる都市型公園のアイデアを募るコンペにおいて、岡山の多島海のイメージを敷地全体に広げ、多様な小公園（セル・パーク）の集積体とも呼ぶべき公園を提案した。

［写真11］〈N-Cityコンセプトコンペ応募案〉二直角等辺五角形を用いた敷地割り

［写真12］〈N-Cityコンセプトコンペ応募案〉新たな住宅地光景

セル・パークは、数のうえで約一五〇個にも及び、森林・草原・水景・大地・原野といったランドスケープ・イメージのいずれかに基づいて計画されているが、すべて異なった小公園としての特徴を与えられている。使っている幾何学は、変形した五角形、六角形であり、その結果、緩やかに連なるセル・パークが生み出されている。しかしながら、形状があまりに不規則・不定形であるため、システムとして使用するという普遍性を欠いていた。幾何学のそうした性格を改善する意図が、二直角等辺五角形の採用につながった。

不定形そのものは、幾何学とは呼びにくい。しかしながら、不定形に近い形でありながら、幾何学的な規則性を備えた形も存在する。そうした形に着目し、幾何学概念を拡張することも、建築と幾何学の関係の新たな関係を見出すひとつの可能性を示しているといえよう。

◆幾何学は人間に作用する

幾何学は、建築の外観の問題のように思えるかもしれない。しかし、幾何学がより意味をもつのは、単に外観の問題としてのみではなく、その幾何学によってつくりだされる内部空間の質が変わることによってである。つまり、正方形平面の空間と長方形平面の長細い空間、あるいは曲面を伴った空間とでは、その内部を使用する人間の心理に与える効果は大きく異なってくるのである。その意味では、幾何学によって、建築家がその空間を使う人間そのものにどのような心理的効果や気分を与えようとするのかという、いわゆる設計意図を明確にすることができる。

ここが実は重要な点である。幾何学は、単に建築を彫刻的なオブジェとして整えるというだけではなく、内部空間の特質を通じて、建築を使用する人間に訴えかけるのである。

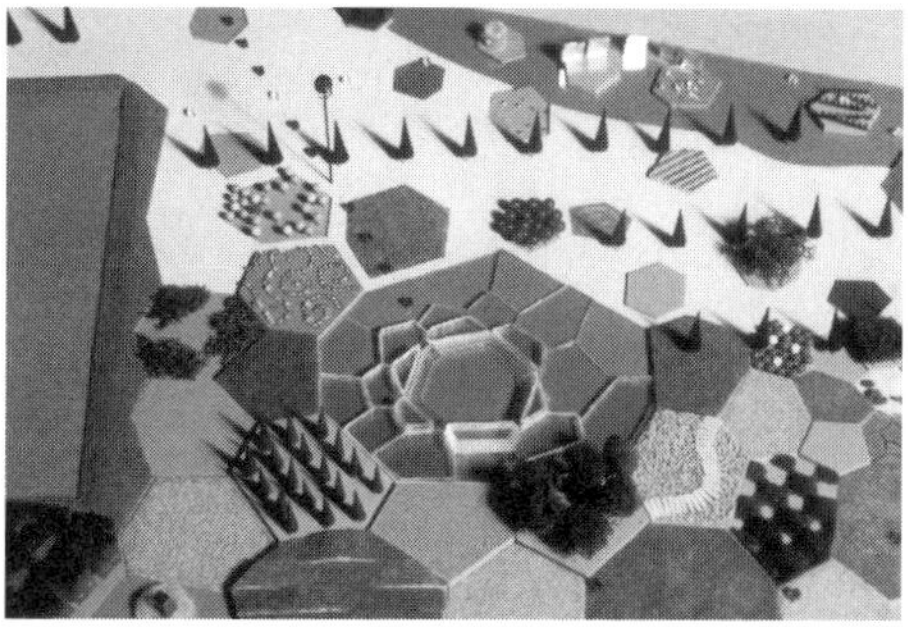

［写真13］
〈岡山操車場跡地公園構想競技応募案〉
不定形のセル・パーク

そして、幾何学を通じて、内部空間の質を決定しようとすると、単にひとつの幾何学形態ではなく、複数の幾何学形態をいかにうまく組み合わせながら使用するか、あるいは幾何学形態をいかに変形・拡張して使用するか、などの点が重要になる。そもそも、建築とは、機能的にも複雑なものであり、単一の幾何学でモニュメントのようにつくられるという類のものではない。

複数の幾何学が使用される場合には、それらの関係性およびそれによってどのような空間的効果が得られるかという点が重要になる。幾何学群の関係性は、「反復」「連結」「分割」「入れ子」「重合」「切削」「分散」などに分類できるが、こうした分類およびその空間的効果については、拙著『建築構成の手法―比例・幾何学・対称・分節・深層と表層・層構成』◀4の中の「幾何学」の章で詳細に述べているので、それを参照いただきたい。

ともあれ、幾何学は、建築と密接に結びついているのみならず、結果的には、人間精神への作用という点において重要な意味をもつ。幾何学と建築の関係性、幾何学が人間に及ぼす作用は極めて多様であり、それゆえに、幾何学を伴った建築デザインは、様々な可能性をもつということを理解しておく必要がある。

◀4 彰国社、二〇〇〇

富岡義人

素材と表現とデザイン

——鉄鋼材料に導かれたかたちの変貌

3

TOMIOKA Yoshito

「素材の声を聞け」「素材の性格を活かせ」。造形芸術の世界ではよく聞かれる言葉である。いったい素材はどんな声を発しているのだろうか。建築のような多種多様な素材が組み合わされて出来上がる芸術では、素材の声はどのようにして協和しあった一体のものにまとめあげられるのだろうか。

まず、仕上げ材料。これは外観内観ともに表面に現れるので、そのアンサンブルは感覚的に捉えやすく、写真でもかなりの程度再現可能である。色、質感、つや、温冷感、反射音の響き……、建築家は素材の中にこうした声を聞いて、それを配分し組み合わせて、建築のかたちをまとめあげる。

一方の構造材料、表面に現れない寡黙な脇役に見える。しかし、饒舌なおしゃべりは苦手でも、実は圧倒的な底力で建物のかたちの根幹をつくりあげている。その点では、隠れた主役ともいえるだろう。だから構造材料の革新は、建築のかたちを根底から変貌させ、それまで考えもしなかった可能性を大胆に切り開いていく。

その一例が、近代建築の揺籃期、そのデザインに大きな影響を及ぼした鉄鋼材料の登場である。近代建築のデザイン上の変革を主導した原動力のひとつであったとさえ言い得るであろう。この経過の中で、建築家は、鉄鋼材料をいかなる素材として捉え、そしてそこからいかなる手法を生み出してきたのであろうか。ここでは、鉄鋼材料が担うデザイン手法を、「構築の表現」「力動感の表現」「スケールの重層性」「他の素材との対比」「ディテールの表現」の五つのポイントに整理して示したい。

◆構築の表現

鉄という材料が構造物に採用された最初期の例として挙げられるのが、〈コールブルッ

[写真1] エイブラハム・ダービー、トーマス・プリチャード〈コールブルックデールの鋳鉄橋〉一七七九

クデールの鋳鉄橋〉である［写真1］。よく見ると、構造を構成する鋳鉄の部材が、組積造の石橋アーチの目地の位置にあることに気づく。このように、この作品は従来の石造橋梁のデザインをほぼそのまま鉄骨に移し替えたものと考えられるが、しかし、それまでになかった視覚的効果をあげていることもまた明らかである。すなわち、シルエットで見透かす構築のありさまである。この橋を見る者は、視点を変えるたびに変貌する骨組を透し見て、「全体が個々の細く小さな部材が組み合わされて出来上がっている」ことを立体的に知覚するのである。CADの立体モデリングをワイヤーフレームで動かしているときの面白さ、といえばわかりやすいかもしれない。

鋳鉄から煉鉄へと進む製鉄技術の発展とガラス工業の発展が出会うことによって、この効果の建築物への応用が可能となった。造園家のジョセフ・パクストン（一八〇一～六五）によって設計された〈水晶宮〉［図1］は、こうした動きの直接の成果である。鉄とガラスの組合せは、内部を外部と切り離しつつ「構築の表現」を可視化する手法となり、広大な駅舎上屋や巨大なアーケードなど、様々な都市スケールの建築物に用いられていった。

この変革は、どちらかといえば技術者主導で行われたものであった。当時のオーソドックスな建築界は、むしろ拒否反応を示したのである。たとえば、A・W・N・ピュージンは〈水晶宮〉を「ガラスの怪物」と呼んだし、[▼1] ジョン・ラスキンは「真の建築は鉄を構造材料として認容せず」とまで論難した。[▼2] 石造建築の圧縮力基調の積層的構築に親しんだ眼にとって、空中をラチス梁が縦横無尽に飛び回る鉄骨構造黎明期の姿は、きっと構築の基本的マナーに則らない、無造作で野蛮な造形に見えたことであろう。

しかし、その一方で、鉄の様式的可能性を見出そうと企図した建築家もいた。彼らがモデルとしたのはゴシック様式である。中世ゴシックの教会堂のリブヴォールト、とくに後

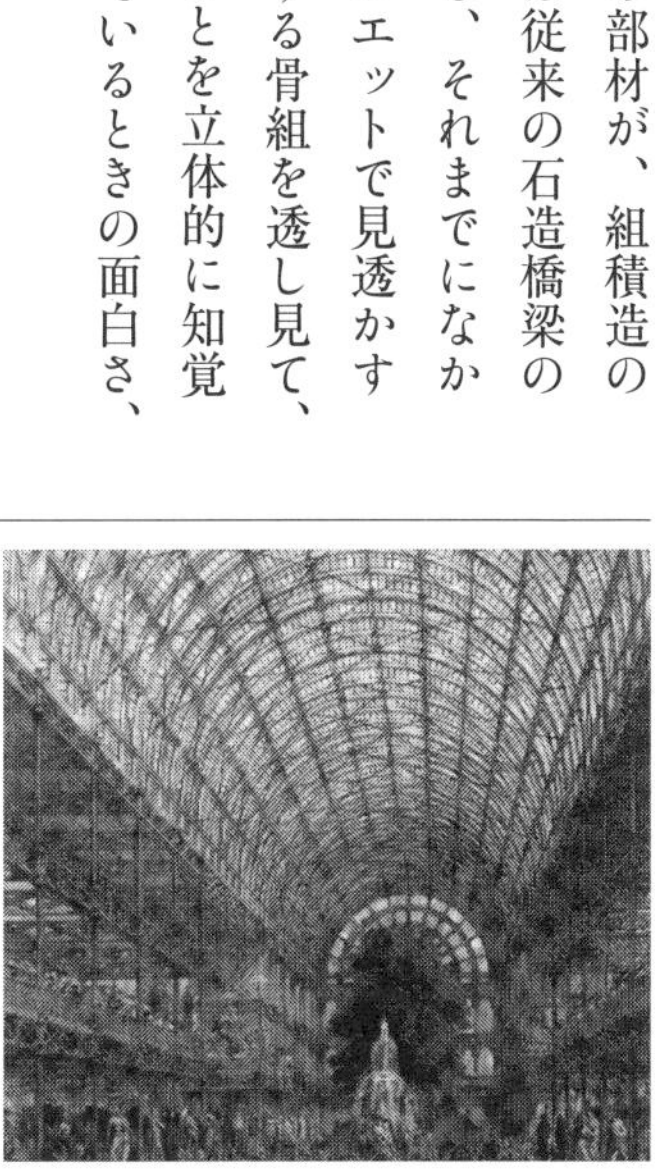

［図1］ジョセフ・パクストン〈水晶宮〉ロンドン万国博覧会、一八五一

▼1
ニコラウス・ペヴスナー著、小野二郎訳『モダン・デザインの源泉』一三ページ、美術出版社、一九七六

▼2
ジョン・ラスキン『建築の七灯』第二章第一〇節、一八八〇

期の扇状ヴォールトは、細くしなやかなリブが、内部空間を網目のように覆っている。ゴシックのリブは、構造的な部材ではなく、「支持の態様」を示すために彫り出された装飾である。この装飾を鉄に置き替え、構造体そのものへと変貌させようというのである。〈オックスフォード自然史博物館〉［写真2］は、この企図を雄弁に物語る名作である。中庭の屋根はガラスで葺かれ、ゴシックの尖頭アーチが、シルエットとして浮かびあがる。ここで実現した構造体は、ゴシックのリブヴォールトが表現しようとしていた「支持の態様」そのものである。「現代の建築は、ゴシックの夢をとり戻した」というブルーノ・ゼーヴィの言葉[▼3]や、「〈ボーベー大聖堂〉には、われわれが現在手にしている鉄が必要だったのである」というルイス・カーンの言葉[▼4]は、まさにこのことを指摘したものといえるであろう。

［写真2］B.ウッドワード
〈オックスフォード自然史博物館〉1860

▼3
ブルーノ・ゼーヴィ著、栗田勇訳『空間としての建築 下』一九八ページ、鹿島出版会、一九七七

▼4
L.I.Kahn 'Monumentality', 1944, Alessandra Latour ed. "Louis Kahn - Writings, Lectures, Interviews" Rizzori, 1991, p.21.

◆力動感の表現

このような流れをさらに推し進め、建築デザインと鉄を強く結びつけたのが、ヴィオレ・ル・デュク（一八一四〜七九）である。主として建築修復家として活動を行っていた彼は、ゴシック教会堂の修復に携わるうちに、その構造の合理性に気づき、いわゆる構造合理主義の考えを発展させた。彼の理論の集大成ともいうべき『建築講話』[▼5]には、鋳鉄を使用した設計案がいくつも掲載されている。中でも〈Market-Hall〉と題された設計案［図2］は興味深い。二階建て組積造の一階部分に鋳鉄材が挿入され、縦横に連結する梁を受けて、上階の荷重を斜めに支えている。さらによく見ると、梁の端部はファサード面に顔を出し、そこから延びるテープ状の材が浅いアーチの根元を引っ張りあげ、さらにファサード面を水平に走る軽やかなガラスの庇を片持ちで支えている。

彼の設計案に共通に見られるのは、「支えられる石の量塊」と「それを支える鉄の骨組」の対峙である。各々の部材には「突っ張る」「引っ張る」「縛りあげる」といったそれぞれの力学的意義がはっきりと表現され、かつ、全体として力学的に筋の通った骨組がつくりあげられている。この意味で、彼の視線は、過去の様式を単に新しい材料によって置き替えて表現しようという意図をはるかに超え、新しい支持の様態の発見へと向けられている。腕の関節のようなピン継手、引張力と圧縮力のつり合いの幾何学。それは建築構造学の端緒でもあり、また同時に新たなデザイン技法の発見でもあった。

「支えられる石の量塊」と「それを支える鉄の骨組」の対立。現代の建築の中で、この手法の延長上にあると目されるものを指摘するとするならば、懸垂構造や張力膜構造の作品を挙げることができるだろう。このような作品で、圧縮を受ける骨組と対立・拮抗する

▼5
Eugéne-Emmanuel Viollet-le-Duc "Lectures on Architecture", 2 volumes, Dover, 1987（Original French Edition/1872, Original English Edition/1877, 1881)

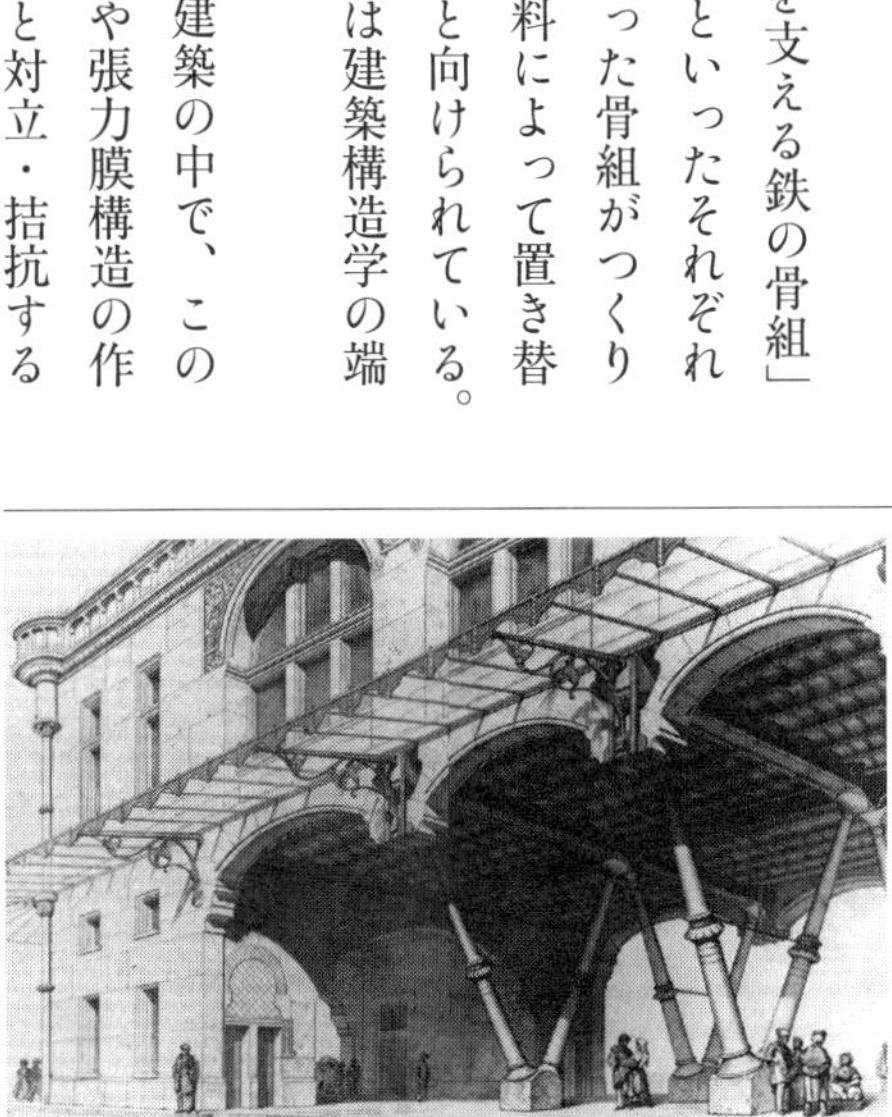

［図2］ヴィオレ・ル・デュク〈Market-Hall設計案〉

のは、「石の重量」に代わって膜やケーブルの張力になっている。しかし個々の部材の力学的意義が明快に表現されていることに変わりはない。

ヒロイックでモニュメンタルな力の対立の表現は、さらに力動感の表現へとつながっていく。いわゆる「かたちのダイナミクス」である。◀6 ロシア構成主義の造形家ウラジミール・タトリンが計画した〈第三インターナショナル記念塔設計案〉[図3]に見られる斜行する竜骨、そしてそれに絡み合いながら立ち昇る二重螺旋の梁は、物理的な荷重を支えるだけではない。地面から突き出し、渦巻きながら天を目指すかのような、あるいは、はじけ飛ぶ力を秘めたバネのような、造形的・知覚的な「力」を発揮しているのである。

・スケールの重層性

〈エッフェル塔〉は一九世紀の構造技術の集大成であり、「構築の表現」を受け継ぎ、後の〈第三インターナショナル記念塔〉の「力動感の表現」へと引き継いだ重要な作品である。この作品には、その巨大さゆえに「スケールの重層性」とも呼ぶべき新たな効果が加わっている。すなわち、遠くから眺めるときの軽やかなシルエットと、中に入って間近に眺めるときの力強さの印象の対立である。

写真家アンドレ・マルタンは、このことを見事に描き出している[写真3]。都市のスカイラインを従えて建つ軽やかな姿は、内部に入ると跡形もなく消え去り、うねりながら雄々しく立ち昇る箱形断面の柱、その間を結びつけるラチス梁の織りなす交錯へと一変する。さらに細部を見つめれば、巨大な塔は、ほとんど片手で持ちあげられそうな細かい部材にまで還元されうることがわかる。

このような、顕微鏡を覗いたときの驚きにも似た感覚は、確かに巨大構造物を可能にし

◀6 形態によって喚起される「力」や「動き」に関する一般論については、ルドルフ・アルンハイム著、乾正夫訳『建築形態のダイナミクス』鹿島出版会、一九八〇を参照。

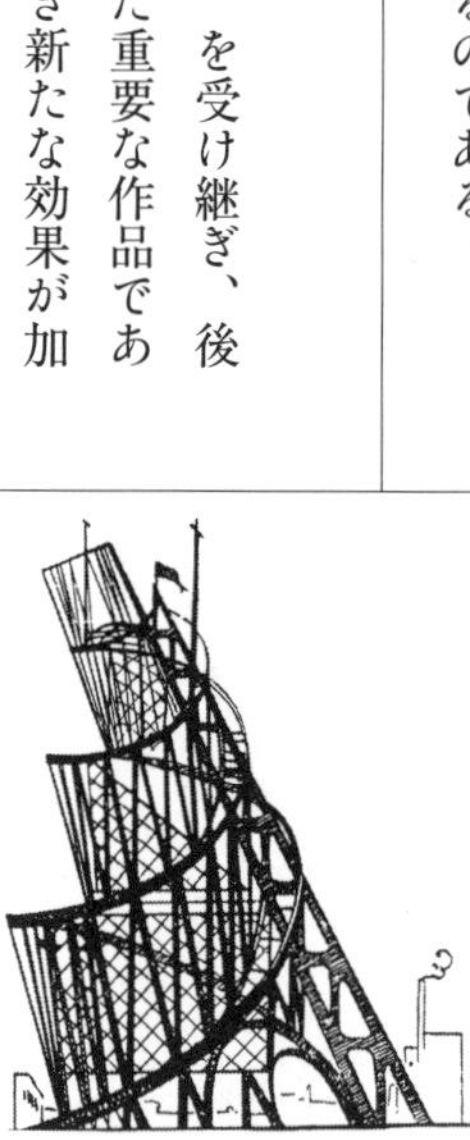

[図3] ウラジミール・タトリン〈第三インターナショナル記念塔設計案〉一九二〇

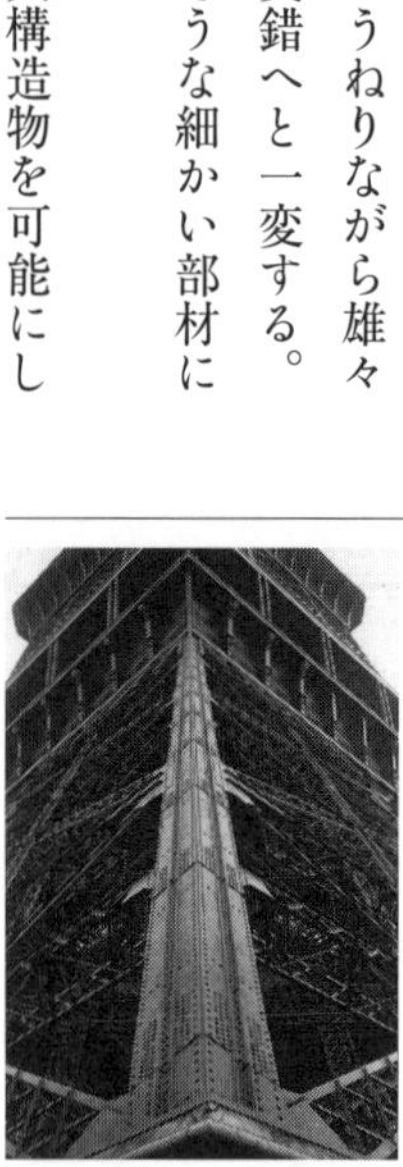

[写真3] アレクサンドル・ギュスターヴ・エッフェル、ステファン・ソーヴェストル、モーリス・ケクラン〈エッフェル塔〉一八八九

た鋼構造の技術的発展が生み出したものに違いない。〈エッフェル塔〉の場合、構築のシルエットは人間のスケールをはるかに超え、視点の変化は構築そのものの内へと融け込んでいってしまう。この時間的な体験の中で、塔はその表情を刻々と変え、軽やかさと雄々しさの対立した印象をともに見る者に刻み込むのである。

超高層ビルの中には、このようなスケールの重層性を、時間的ではなく、同時に表現しているものがある。ノーマン・フォスターの〈香港上海銀行〉[図4]は、空間表面を覆う細かな割付けのカーテンウォールの手前に巨大な構造骨組を突き出し、表層と構造のふたつの面を重ね合わせている。対立するスケール間の同時的表現、いわば古典主義のジャイアント・オーダーに相当する手法である。

◆他の素材との対比

鉄骨構造を建築物の一部分にだけ適用して、組積造や鉄筋コンクリート造の躯体と対比

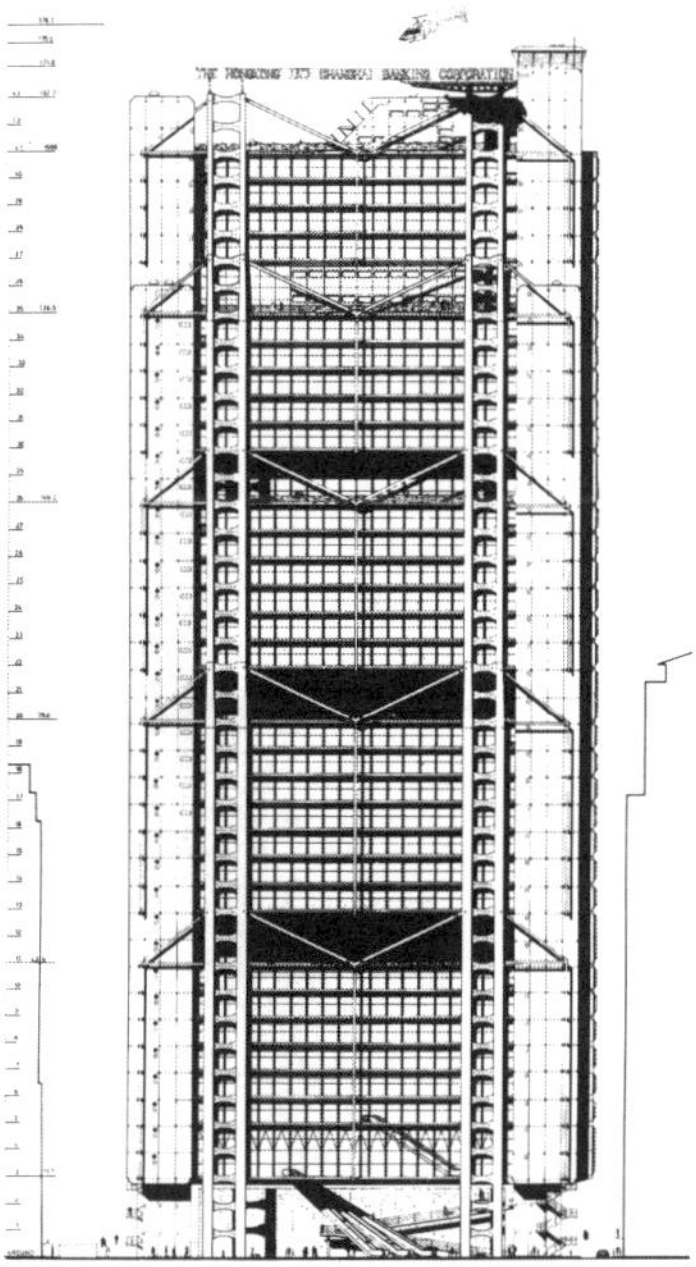

[図4] ノーマン・フォスター
〈香港上海銀行〉1986

させて用いる手法は、近代初期から現在に至るまで、広く連続して見られる。ベルラーへの〈アムステルダム株式取引所〉［写真4］は、組積造の建物に囲まれた中庭状の部分を、鉄骨の架構を用いてガラスで覆った作品である。アーチの穿たれた壁面が平滑かつマッシブに仕上げられ、細い鉄骨との対比が映えるように配慮されているのがわかるだろう。ほぼ同じ時期にベルリンに建設されたベーレンスの〈AEGタービン工場〉では、躯体の量塊は切れ切れに欠き取られ、鉄骨の柱で縁取られて大判の窓が挿入されている。この手法の根本は、閉鎖的な壁体と開放的な骨組との対比であり、また、このことによって生じる光と影の対比である。このことは、現在でも基本的に変わってはいない。たとえば、ジェームズ・スターリングの〈シュトゥットガルトの美術館〉では、様々な色彩に塗られた鉄骨の部材で支持されたガラスの庇やスクリーンが、重々しい石の壁体とあざやかな対比をなしている。

•ディテールの表現

鉄骨建築において、接合部のディテールは、「構築」や「力動感」の表現を成り立たせる、デザイン上極めて重要なポイントである。そもそも「構築の表現」を成立させるためには、全体形が部分へと視覚的に還元できるように、個々の部材の輪郭を区分するような分節がなければならない。また、「力動感の表現」を成立させるためには、「支えるもの」と「支えられるもの」、あるいは「引っ張るもの」と「突っ張るもの」の対立が、視覚的に明瞭でなければならない。この役割を担うのが接合部のディテールなのである。

近代建築の中には、このような表現の裏をかいた手法を見ることができる。たとえば、デ・スティルの代表作、リートフェルトの〈シュレーダー邸〉［写真5］の鉄骨の支柱は、軒

［写真4］H・P・ベルラーへ〈アムステルダム株式取引所〉一九〇三

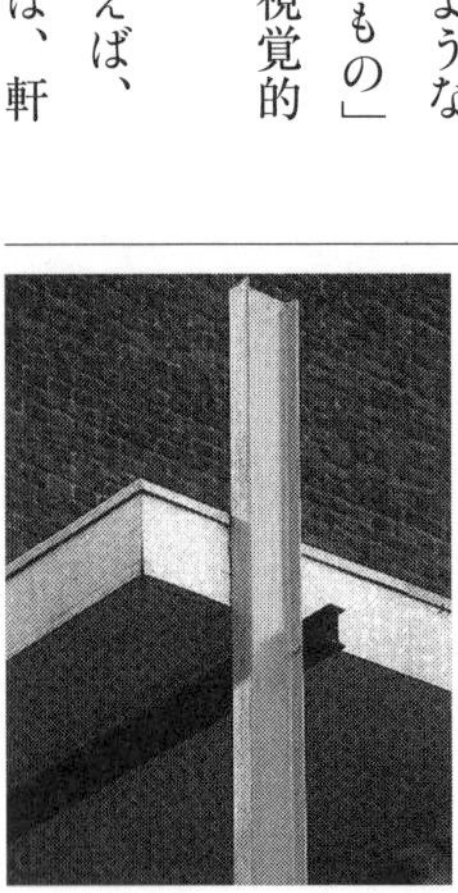

［写真5］G・T・リートフェルト〈シュレーダー邸〉細部、一九二四

板の下部を支えるように下から挿入されるのではなく、軒の側面にそっと寄り添い、上端は空中に突出する。「支えるもの」の部材端を突出させながら「支えられるもの」の側面に面外から取りつけるという、デ・スティルに特徴的なディテールの語法である。このようなデザインは、「支えるもの」と「支えられるもの」の間の視覚的対立を引き起こしにくい。いわば、後ろ手に何気なく支えてしまう、というような風情なのであり、前述の「力動感の表現」とはちょうど正反対の「浮遊感の表現」なのである。ミース・ファン・デル・ローエの作品には、このような細部が多く見られる。

今日のカーテンウォールの外装や、ガラスやパンチングメタルを用いたスクリーンのデザインにも、この手法がしばしば応用されている。さらに、部材どうしの接合部を徹底的に隠して、「構築の表現」と「力動感の表現」をともに弱め、単純で平滑な「重さのない」形態をつくりだす手法が、今や当たり前に見られるようになっている。

こうした潮流に抗する建築家も多い。「構築の表現」や「力動感の表現」を豊かに復興しようとする人々、素材の生の声に耳を傾ける人々である。中でもカルロ・スカルパが鉄の接合部に込める情熱は特筆に値する。「支える」「つり下げる」「止める」「編み込む」「挟み込む」といった部材の意義をつぶさに明確に造形し、ディテールの「組立」が力強く表現されている［写真6］。

◆素材のデザインを学ぶ

「デザインするからには、まずオーダーを理解する必要がある。レンガを扱ってデザインしようとするのならば、君はまずレンガに、それが何になりたがっているのか、それに何ができるかを尋ねてみなければならない……。これがオーダーを知るということなので

［写真6］カルロ・スカルパ
〈カステルベッキオ美術館〉一九六四

あり、その本性を知るということなのである」――ルイス・カーン[7]

この言葉によく示されているように、「素材」は現代の建築デザインのキーワードのひとつになっている。ここでとりあげた鉄鋼材料の場合と同じく、木材、コンクリート、アルミニウム、ガラス、レンガ、石材などでも、材料の能力や製造法の特質が、建物全体の造形からディテール、さらにその視覚的効果に至る幅広い表現領域をつくりだしているに違いない。そしてその可能性は、まだまだ広がり続けている。CFT、FR鋼、高張力鋼、耐火塗料、薄鋼板の加工技術……、鉄鋼材料に限っても、まだ技術は発展のさなかにあり、新たなデザインへの契機を生み出し続けている。一度、素材ごとに作品をサーベイして、スケッチブックに描きため、その表現を分類してみてはどうだろうか。

素材のデザインを学ぶには、素材のオーダー、構造のオーダーを知る必要がある。カーンはそういっている。カーンのように素材の声を聞き、さらにそれと対話するにはどうすればよいのだろうか。エコール・デ・ボザールでは、大理石のオーダーに落ちる細やかな陰影を精確に割り出し、その効果を水彩画で精密に再現することを学生に課した。バウハウスでは素材ごとに工房を編成し、素材と格闘しながら手ずから造形することを学生に課した。いずれの場合も学生は心の中で素材との対話を楽しんだことだろう。

ドローイングは素材との対話にぴったりの場所である。できれば大判の紙に鉛筆で矩計図を描く。平・断面と立面を対応させ、表面のテクスチュアを点描やハッチングで描き込んでいく。陰影も正確につける。するといつの間にか素材との対話が始まる。図面の中でその素材を指先で直接なでているかのような感覚が生まれてくる。そうなればしめたものだ。どうやってデザインしようか、どう取りつければいいか、などと考えあぐねていたことを、今度は図面が自然に答え始める……[図5]。

▼7
L.I.Kahn 'I Love Beginnings', 1972, Alessandra Latour ed. "Louis Kahn - Writings, Lectures, Interviews" Rizzori, 1991, p.288.

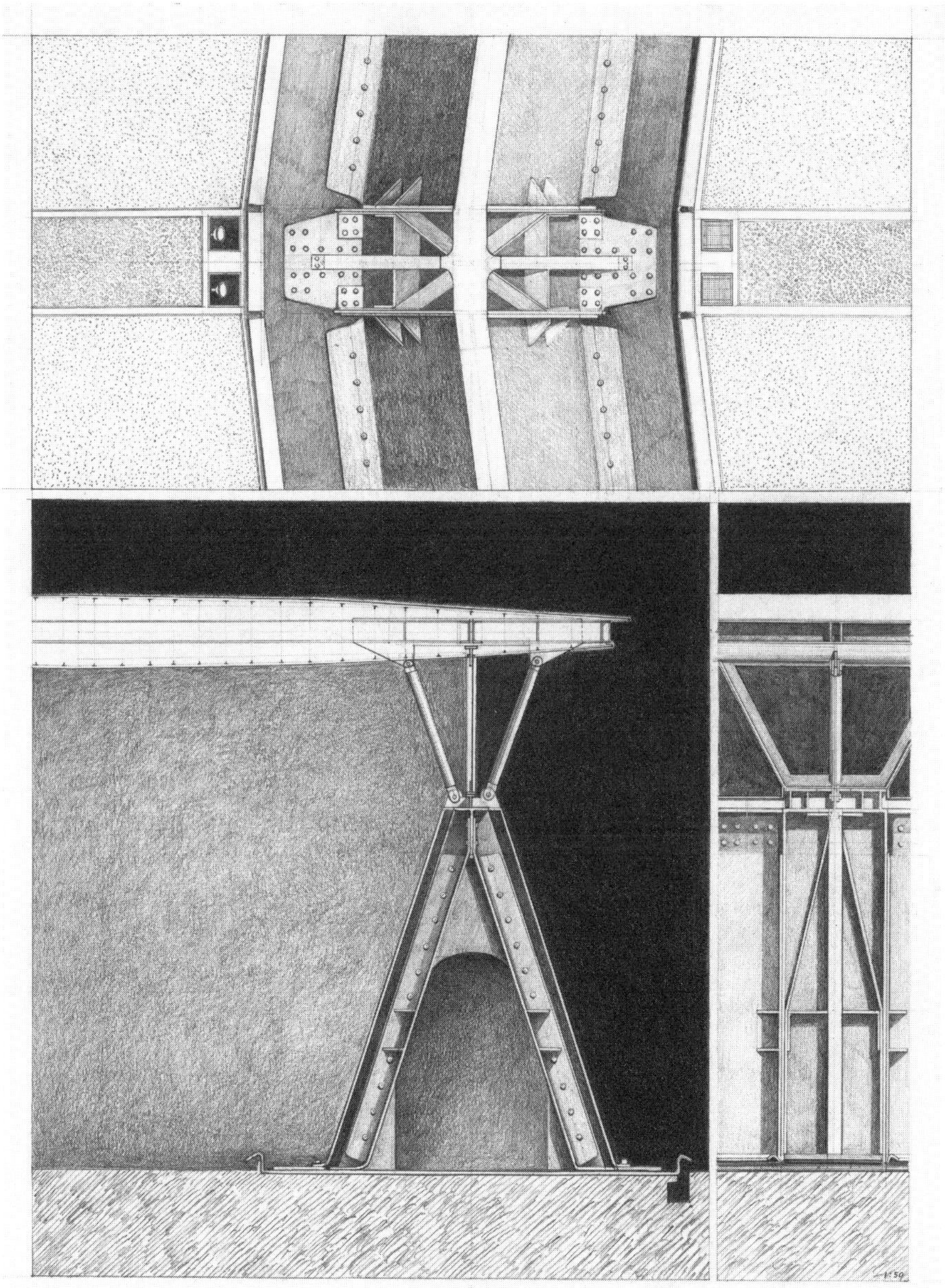

［図5］富岡義人＋熊谷逸子〈鋼鉄の習作〉ケントボードに鉛筆、36×51cm、1996

STEEL
MCMXCVI
YOSHITO · ITSUKO
TOMIOKA · KUMAGAI

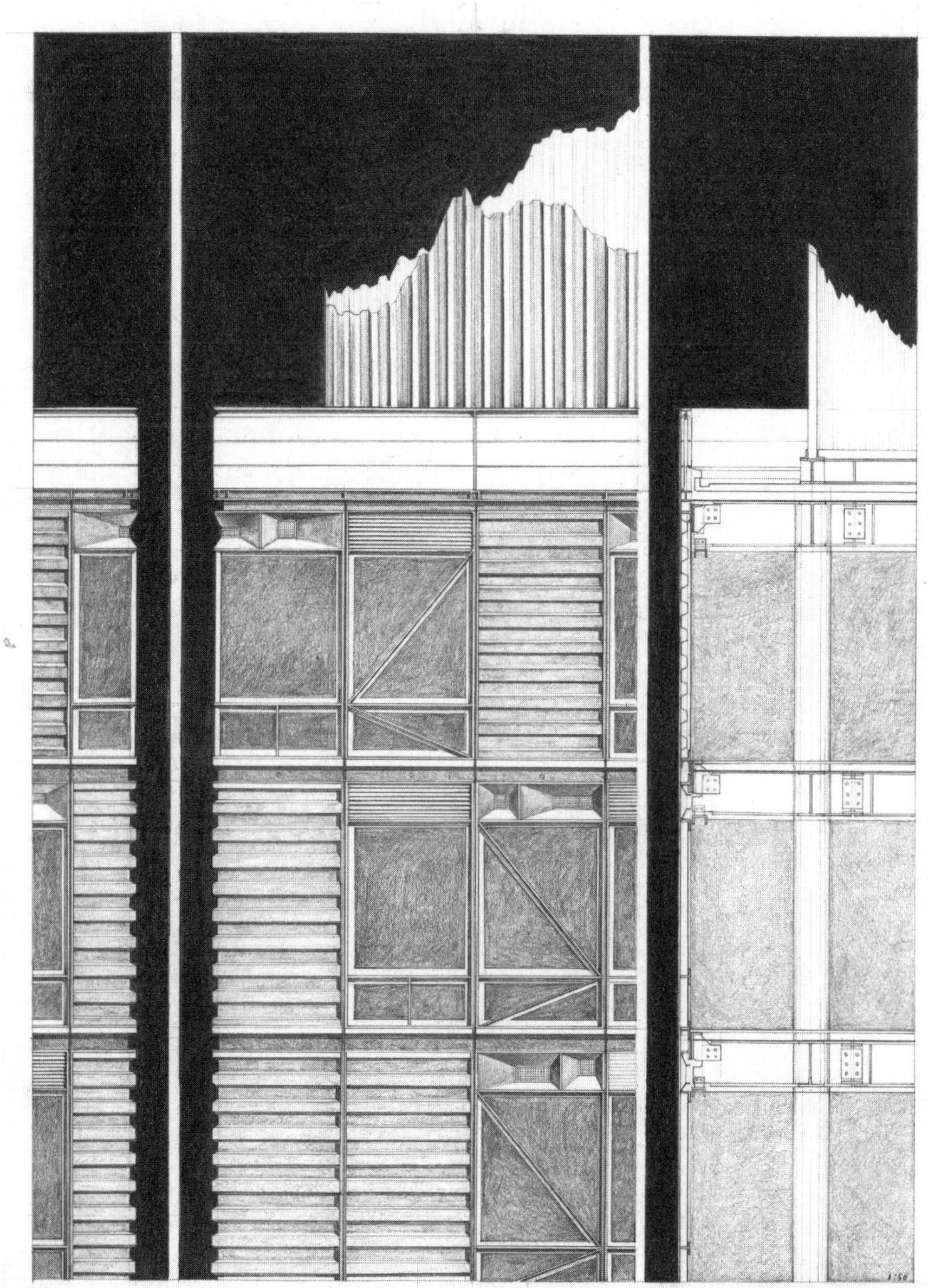
1:50
STEEL
MCMXCVI
TOSHITO . ITSUKO
TOMIOKA KUMAGAI

本物の材料とも格闘しよう。木を鋸で切ったことぐらいはあるだろう。だから今度は鉄のアングルを金鋸で切ってみよう。うんざりするぐらい硬いことがわかる。マメの二、三個ぐらい、どうしても必要なステップなのだ。こうして鉄筋を曲げ、コンクリートを打ち、木材を貼り合わせ、タイルを割ると、素材レベルの本当の造形、本当のプロポーション、本当の力感が手に入ってくる……。

造形演習、構造実験、設計演習、建築学科にはこういうチャンスがあふれている。素材と表現とデザイン、それは建築のかたちを現実の製作、現実の建設と結びつけるリアリティの糸なのであり、また新しい造形をたぐり寄せるアイデアの糸でもある。この糸をぴんと緊張させよう。そうしてCADの画面に浮かぶ柱状体や回転体のかたち遊びから、一歩前へ踏み出していこう。

高島守央

「スケール」を通して見る
超高層建築のデザイン

4

TAKASHIMA Morihisa

◆「かたち」と「スケール」

建築における「かたち」は、つねに具体的な「スケール」をもち立ち現れてくる。ここでいう「スケール」とは物体がもつ具体的な大きさ（寸法）のことで、建築という「かたち」を理解するうえでは非常に重要なパラメータである。「ヒューマン・スケール」という言葉があるように、建築の大きさにはわれわれがちょうどいいと感じる大きさが存在し、またあえてその「スケール」を大きくしたり、小さくしたりすることでわれわれに新たな感覚を与える建築も多く存在する。建築のデザインは、つねに「スケール」を意識しながらなされているのである。そもそも寸法とは、ある基準を決めてそれに対して相対的に理解するものであり、先の「ヒューマン・スケール」は身体を基準とした最も基本的な建築空間の捉え方であるが、さらにより広範な環境の中での建築のあり方を考えるときも、つねに「人」との相対的な関係をもとにそのデザインを捉えていくことができる。

今、都市の環境を考えるとき、その中には様々な超高層建築が建ち並んでおり、これらの建築はその巨大さから必然的に都市の景観に多大な影響を与えている。近代的な高層建築は、一八八〇年代のシカゴにおいてその祖型が成立したといわれているが、それから今に至る百十数年の間、高さを追い求める人間の欲望によって超高層建築は世界中で建設されてきた。もはやヒューマン・スケールといった観点からでは捉えようもない途方もない高さをもつこれらの建築は、われわれに新たなスケール感をもたらした。しかし、この一見捉えどころのないスケールも、「人」という基準をもとに考えていくことができるはずである。そこでは「人」と「モノ」の距離をもとに、そのデザインを理解することができる。遠方からもその姿を見ることができるこれらの建築にわれわれが徐々に近づいていく過程で、その距離に応じた様々なスケールのもとでそのデザインがなされていることに気づくだろう。そこには巨大さから徐々に小さなものへと移り変わる連続的なスケールを見ることができるし、またさらには建築があまりにも大きくなりすぎたことで、連続ではなくある断絶や飛躍があるかもしれない。

本項では、近代に生まれその後現在に至るまで都市環境を規定する最大の因子のひとつである超高層建築に焦点を絞り、とくに外観においてそのデザインを観察し、超高層建築の「かたち」に現れる「スケール」の変貌と意味を探っていきたい。

◆高層建築の成立ち

まずはじめに、高層建築の成立ちの歴史を簡単に振り返っておく。

近代的な高層建築が成立するのは一八八〇年代のシカゴにおいてである。これは一九世紀後半のエレベーターと鉄骨骨組構造の発明により実現した。一八五二年にニューヨークで開催された万国博覧会ではじめて乗用エレベーターが公開されると、間もなく建築に採用され建築の高層化が進行する。この時代は経済が急速に成長し始め、都市の高密度利用が叫ばれるようになった時代であり、またシカゴでは一八七一年の大火でその市街地の大半が焼失するという出来事もあり、このような背景のもとシカゴにおいて様々な技術革新を伴った高層建築が生まれてくるのである。この新しい高層建築という分野に対し、シカゴの建築家たちは、それまでの様式主義とは異なる新たな建築表現を発見しようとする様々な試みを繰り返した。積層された層を何層かずつにグルーピングして立面に秩序だった表現を与える試みや、立面を基壇部、中間部、頂部という三部構成にまとめあげその垂直性を強調する表現、後のモダニズムのデザインに通じるような構造体をより素直に表す表現などである。このようにシカゴにおいて様々な試みがなされた高層建築は、その後ニューヨークにおいてさらに発展し、その高さを増していく。しかしその表現に目を向けると、シカゴ派の建築家たちが取り組んだこの新たな建築形式に対する表現の試みは広く受け入れられることなく、高層建築は古典主義をはじめとする歴史的様式を身にまとうことになる。これは高層化が進むにつれ、建築がもつランドマーク的性格がより強く認識されるようになり、歴史的様式のほうがより象徴としての表現力に富んでいると判断されたためであった。

このように高層建築の黎明期には、都市の中での特異点としての存在が認識され始め、その単体のデザインについての試みが様々に行われていたのである。

◆高層建築の「シルエット」

大都市において高層化が顕著になるにつれて、ひとつの問題が認識され始める。それは高層建築が密集して建てられた場合に、街路上および建物の低層部において陽光および新鮮な空気を得ることが困難になるという事態をいかに解決するかということであった。このような背景のもと、ニューヨーク市当局は一九一六年に「ニューヨーク・ゾーニング法」という世界初の高層建築規制法を発布する。これは道路斜線制限の考え方を基本とする形態規制であったが、この形態規制によってどのようなボリュームの高層建築が生み出されるかを示したのがヒュー・フェリスによる四枚のドローイングである［図1］。彼は一九二二年三月一九日の『ニューヨーク・タイムズ』紙上の「新しい建築」と題する小論において、ゾーニング法下における高層建築の造形を四段階に分けて明快かつ論理的に図解している。またフェリスは同じ記事の中で「一九二四年のニューヨークの想像的光景──ゾ

［図1］ヒュー・フェリスによるゾーニング法に基づく形態のスタディ

ーニング法の効果を示す」と題する新しい高層建築群が建ち並ぶ未来のニューヨークの姿を描き出したのであった。そしてこのフェリスのイメージは、十数年も経たないうちに現実のものとなっていく。

厳格な法規制とそれによってもたらされる結果としてのフェリスのイメージのもと、この時代の高層建築のデザインは、あえていうならばすでに用意されたボリュームの表層をいかに飾るかを問題にした時代であったといえるだろう。その表層を飾る装飾のモードは、一九二〇年代前半は様式主義を引きずり、後半には一九二五年のパリ万博で結晶化するアール・デコを採用し、一九三〇年前後にはアメリカにおいてインターナショナル・スタイルと呼ばれる、抽象的形態や水平性の強調を特色とする、いわゆるモダニズム的なものへと急速に変化していくのである。またこの時代、建築の高さはゆうに三〇〇メートルを超え、同じような塔状のボリュームが林立していく中でそのデザインの主眼は頂部に置かれ、いかに個性的な「シルエット」をもちうるかが競われた時代でもあったのである。

この「シルエット」は、超高層の「かたち」を捉えるうえで最もわかりやすく基本的なものであり、遠方からの視点に対する「かたち」のデザインである。しかしはじめに述べたように、われわれはその建築に近づいていく過程で、「シルエット」にとどまらない様々なスケールでのデザインを理解するのである。次節以降、具体的な作品を通してこのことを見ていきたい。

◆連続的な変化

最初にとりあげるのは、ミース・ファン・デル・ローエによる〈シーグラムビル〉（一九五八年）［写真1］である。彼の代表作のひとつに挙げられるこの建築は、モダニズムの高層建築の頂点を極めた作品だろう。

まずその建ち方であるが、高層建築が敷地いっぱいに立ちあがって街並みを形成しているマンハッタンの中で、前面のパーク・アヴェニューに面して奥行き三〇メートルのプラザを設け、その後ろに高さ一五七メートルの直方体が聳え立っている。プラザはパブリックなオープンスペースとして都市環境に貢献しているばかりでなく、絶対的なプロポーションのファサードを十分な引きをとって見せるうえでも効果的な装置となっている（この前面に広場を設ける配置構成は、それまでの建物上部でのセットバックによって斜線制限に対応する従来の方法に代わる新たなあり方を示し、この建物の影響で一九一六年以来ゾーニング法により高層建築の形態規制を行ってきたニューヨーク市当局も法の改正を検討し始め、そして一九六一年に法を改正し、形態規制ではなく容積率規制を採用してプラザの設置を推奨することになる）。

[写真1] パーク・アヴェニューから望む〈シーグラムビル〉

[写真2]〈シーグラムビル〉見上げ

外観の大きな特徴は、ブロンズのスパンドレルとガラスによる壁面にとりつけられたマリオンである。このI型鋼のマリオンは、一九五一年に完成している〈レイクショア・ドライブ・アパート〉ですでに用いられているが、この〈シーグラムビル〉ではその断面形状まで建物のスケールにあわせてミース自身が綿密にデザインしている。

遠くに見えるその姿は、漆黒の純粋な立方体で周囲のスカイラインの中でも異彩を放っているが、パーク・アヴェニューを進み近づいていくと、斜め横から見ていたマリオンの重なりが徐々に広がっていき、トパーズ・グレーのガラス面が輝いて見えてきて、そしてその正面に出ると広大なプラザの後ろに完璧なプロポーションをもったその姿を見ることになる。建物に近づいて見上げれば、I型鋼のマリオンが真っ直ぐ天まで延び、無限の高揚感を思わせる。このマリオンは、耐火被覆され露わにすることができない実際の鉄骨構造の代わりに、この建築が鉄とガラスでできていることを表象しているといわれるが、単にそのような装飾的な意味のみでなく、まさにミースが「モノ」と「人」との距離を連続的に捉え、非常に限られた洗練された操作で、それをデザインに落とし込んでいった証として見ることができるであろう［写真2］。

•スケールの断絶

〈シーグラムビル〉の完成以降、この金属とガラスでできた単純な矩形という形式は、インターナショナル・スタイルと呼ばれ世界中に広がっていく。しかしそのほとんどは、ミースのデザインに見られたような「モノ」と「人」をつなぐ細やかなデザインが行われることなく、安易な模倣で終わってしまったものがほとんどである。そもそも高層の建築物は、原理的には基準階と呼ばれる同一の平面を繰り返し積みあげることでどんどん高くなっていくことができ、この原理に対しインターナショナル・スタイルはまさに合理的な回答でありえた。しかし、この基準階の反復という操作が、外装についても同一のカーテンウォールの反復となって現れ、均一で退屈な立面を生じさせる結果ともなった。大概の高層建築は、遠方からの視点に対するシルエットにのみそのデザインの主眼を置き、その建築に近づいていっても、ただあるシルエットをもったボリュームがどんどん大きくなっていくだけであり、そこには「人」との距離に応じたスケールという観点のデザインを見ることができない。ポストモダンと呼ばれる時代に入っても、その多くが結局表面の装飾的な問題に終始し、以前のデザインの改訂版でしかないものがほとんどであった。

そのような中でひとつ特殊な例として〈シティコープセンター〉〈ヒュー・スタビンス、一九七七年〉[写真3]をとりあげたい。この建築は箱形の頂部を四五度に切り落としただけの非常に単純なものであり、その点ではインターナショナル・スタイルを踏襲したものであるが、その一番の特徴はこの箱が四本の巨大な柱で地上レベルから約三八メートルもちあげられていることである[写真4]。この巨大なピロティによって足下が解放され、敷地のほとんどがオープンスペースとなっており、そこに商業施設、地下鉄駅を含むサンクンガーデン、教会などの都市機能が置かれている。この建築は遠方からのシルエットを担う部分はそのままに、それを高くもちあげることで巨大なスケールがもつ象徴性を切り離し、足下には大屋根で覆われた都市空間をつくりだし、地上を歩く人々により小さなスケール感をもつ場を提供している。ここでは一連の連続するスケールの扱いではなく、役割を分離させ、割り切りともいえるスケールの断絶が存在しているのである。

[写真3]〈シティコープセンター〉

[写真4]〈シティコープセンター〉足下のピロティ

◆分節のデザイン

人々がこのような経済的合理性のみに基づいたインターナショナル・スタイルに幻滅していく中で、新たな高層建築の表現の試みがなされていく。そこでの流れは、均質になりすぎた表現に分節を与え、あるまとまりを感じさせることにより、高層建築のデザインにスケール的な視点を与えることであった。

そのような分節を与える要素として、構造が表現の一翼を担う動きが出てくる。ノーマン・フォスター設計による〈香港上海銀行〉（一九八六年）は、スーパーストラクチュアによる吊り構造を採用し、その構造を表面に露わにすることで新たな表現を獲得している［写真5］。一辺約五メートルの正方形に束ねられた四本の鋼管円柱によるマストからちょうど二層分の高さをもつ巨大なブレースがハンガーのように延び、その先に各階を固定する引張り材が吊り下げられている。これによって基準階における高いフレキシビリティを獲

［写真5］〈香港上海銀行〉

［写真6］〈香港上海銀行〉内部の様子

得すると同時に、それぞれのハンガーから吊り下げられる床の数は上にいくに従い一層ずつ減らされており、立面にリズムをつくりだしている。この建築は海からその姿を一望できる敷地に建っており、構造により分節を与えられたその姿は周囲の高層建築群の中で際立った存在となっている。建物の足下はピロティ状の広場となって人々に解放され、そこからの見上げはスーパーストラクチュアのもつ力強さを感じることができる［写真6］。

このように高層建築のデザインにおいて、その立面の中に段階的に中間的なスケールの分節を設ける手法はほかにも様々な形で行われている。いろいろな事例を調べてみると、その分節の単位は水平、垂直方向ともに約一〇メートル、三〇メートルというオーダーの寸法で行われているものが多く、階にするとそれぞれ三層、九〜一〇層といったまとまりとなり、これくらいのスケールが「人」が建築という「モノ」と対峙するときに、まとまりとして捉えることのできるちょうどいいスケールということができるかもしれない。

また、超高層というわけではないが、別の例としてニューヨーク・バワリー地区に建つ〈ニューミュージアム〉（SANAA設計、二〇〇八年）は、箱を積みあげたような形をしている［写真7］。全体を均一なエキスパンドメタルメッシュで覆い、周囲の建物の二層から三層分の高さをもつ箱のズレだけを強調したその姿は、われわれのもつスケールの感覚を狂わせ、実際の建物の高さを錯覚させる。ひとつのまとまりある全体を小さく分節していくのではなく、もともとあるちょうどいい大きさのまとまりを積みあげていくこのやり方は、全体的なシルエットについてはオープンエンドな構えをとり、巧みに高層建築の象徴性の問題を回避しているようにも思える。

［写真7］〈ニューミュージアム〉

◆揺れ動く「かたち」

最後にレム・コールハースによる〈CCTV〉(中国中央電視台)のプロジェクト［写真8］に言及したい。今の時点ではまだ完成を見ていないが、その姿は新たな高層建築のデザインの展開を示しているからである。

レム・コールハースはもともとその著書『錯乱のニューヨーク』の中で、建築が高層化していくときに起こるその分裂症的な姿を描き出しており、また「S, M, L, XL」の中の「ビックネス」と題するマニフェスト的な小論において、建築家には巨大さを扱う術がもはやないことを宣言している。そんな彼が満を持して実現した巨大なプロジェクトであるが、ここには今までにない高層建築に対する新たなビジョンや、また逆にスケールという観点から見ると普遍的なデザインのテーマも見てとることができる。

まずこの建築の一番の特徴は、輪を捩ったようなその形態である。この形態を形づくるボリュームは全面をガラスで覆われ匿名的な表層を帯びているが、デザインの主眼はそのボリュームではなく、むしろ中心に開けられた穴にこそあると思える。この穴はコールハースのこれまでのデザインの中でつねにテーマであったヴォイドとして捉えられ、捩じれた形態に抱えられたこの巨大なヴォイドは見る位置によってその形を変化させるのである。どのような距離から見てもある決まった形のシルエットを認識する多くの巨大建築とは異なり、そのヴォイドは「人」が動くことによってはじめてその「かたち」を理解することができ、そしてその「かたち」はひとつのものに定まらない。またボリュームのほうに目を向けると、表面

［写真8］〈CCTV〉

にはその構造のありようを表現する溝が縦横無尽に走り、遠くからは認識できなかったそのパターンは建物に近づくにつれ徐々に細部まではっきり見えるようになり、このモノリシックなマッスに建築的なスケールの分節を与えている。さらにはこのガラスの壁面は映像装置としての機能も備え、建築としての実態の認識を揺るがすような仕掛けも施されている。このように、この建築は幾何学的な形態としてはそれほど複雑なものではないが、しかしそれがゆえにまさに、われわれがこの建築を鑑賞・理解するときに、その了解をつねに揺れ動かすような仕掛けが綿密にデザインされているのである[写真9、10]。

◆巨大な「かたち」

ここまで見てきたように、巨大な高層建築のデザインにはその絶対的な高さからくるシンボル＝シルエットとしての問題だけでなく、「人」との距離に応じた多様な回答がなされてきたことがわかるであろう。そのデザインは、「人」との距離を連続的につなぐこと、またはずらし、断絶をもたらすことなどでなされているのである。そのアプローチは時代的な変遷により様々だが、つねに共通しているのは巨大さの中に含まれる様々なスケールのもつ意味や役割を理解し、その理解のもとで「かたち」を与えていることである。

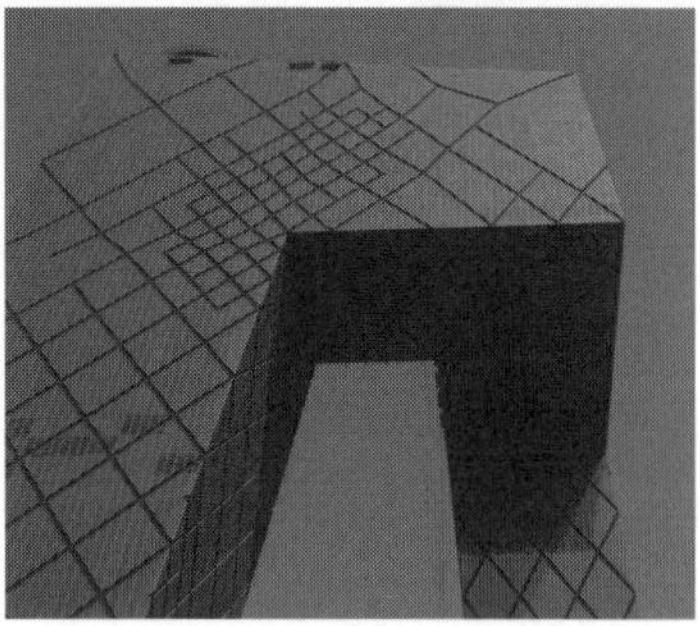

[図9]〈CCTV〉ヴォイド

[図10]〈CCTV〉ヴォイド

富永 讓

建築的散策

5

TOMINAGA Yuzuru

◆「建築」の体験とはいかなるものか？

「建築」は人間にとってどのように、運動や時間の中で経験され、一定の体験の印象を形づくるのだろう。そして自らの「建築」の経験の仕方に対するそうした反省は、「建築」のかたちをデザインする設計者にどのような見通しを与えるのだろう。

まず私の経験からお話ししよう。時々、新築の家に呼ばれることがある。また賞の審査などで地方に建つ公共建築を泊まりがけで訪れることがある。見終わって、とりたてて際立ったところもないが、歩き回っていると、利用者や周囲の地形や建物に調和していて、さて帰る段になると、なんとなく心惹かれ、様々な建築の細部が寄り集まって、立ち去り難いことがある。翌日、帰りの飛行機までの時間が空いていればもう一度、朝訪れて歩き回る。きっとそんな建築はよい「建築」なのだと思う。一方、出会うと人目を驚かすような構成や明快なデザインであっても、一度見たら、「もういいや」といった気持ちになってしまう建築もある。

これは「建築」というメディアの性格を物語っているに違いない。グラフィックデザインや美術作品と異なって、「建築」は運動や時間の中で歩き回ることによってはじめて、その内容が了解されてくるのである。様々な事物の佇まいに触れながら、それらの集積が心に生み出すものなのである。明るさや暗さ、壁の閉鎖と視界の抜け、驚きや落着き、その佇まいのよさは生活世界と照合して、実際経験することによってしか判断できない。ましてや訪問者としてではなく、その建築が数十年その土地を占有し、長い人間の生活の舞台であり続けるということを考えるとき、設営したその場所が「立ち去り難い」魅力や、歩くことで深まってゆく魅力を備えているということこそが重要であると思われるのである。

吉田五十八は、同種の感覚を建築の中に見出し、「住宅余話」という新聞に載せたコラムの中で、棟梁の古老がいい住宅を定義する話の続きに、次のようなエピソードとして語っている。「驚いたことに、これによく似た話を私の若い頃、パリで聞いたのです。服飾の方面のベテランだという婦人に、いまパリでこれはすばらしいといわれる服装というものは、どういうのでしょうか、と聞いてみたところ、〝それは毎年流行が変化しますし、人々の好みも違うので、はっきりしませんが、こういった、いい伝えのようなことだけは、いつまでもいっこうに変わりはありません。――いまかりに、道で、あるきれいな女の人とすれ違ったとして、失礼ではありますが、ちょっとふり返って、なかなかいい服装だと思いながら、またもう一度ふり返って……ああ、なんとすばらしい、シックな服装だろう、あれだけの好みは、ちょっと見つからない、としばらく見とれていて……さて家へ帰ってくると、どうも、さっきの服装が、**はっきり覚えていないが、何か目に残って、はなれない**……といったようなものではないでしょうか。ということは、少しも目に立たなくて、しかも、どこかシックで、それで**どこからどこまでも、行き届いている身だしなみ**……こういった好みを、伝統的にパリの人は好みますね〟と、その婦人は答えたが、何ごとによらず、家なり、服飾なりの究極は一致するのだ」と吉田は語り、最後にこう結論づけている。「要は、人に見せようとせず、自分だけ、つつましく満足しているが、しかしどこかに、幾分の、もの足らなさを感じる、いわゆる、〝**もの足りなさの、もの足りさ**〟といったもの」が建築作品の魅力の根元にあると述べるのである。その魅力は同時に、そこはかとなく、何かそこに、ある静けさ、ある寂しさという美的風情がしばしば伴うものだともつけ加えている。

ここではまず、建築というフィールドの独自性が指摘されているだろう。建築は三次元的な事物(たとえば床、壁、天井)の組立であり、外部があり、内部があり、その中を人が動く。その組立を今「建築の枠組《フレーム》」といっておこう。それは人の動きを制御する物的な機構であるともいえる。しかし、経験する側からいえば、人間の運動や意識に働きかけ、いわばそこを生きられるときにしか起こりえない現象、「身体の枠組《フレーム》」を形づくるもの——環境として把握される。

「建築の枠組《フレーム》」における「もの足りなさ」といった属性は、体験する人間が加わることで、そのとき働く運動や意識の自由を許容する枠組《フレーム》ということであって、運動の遊びや意識のゆとりを伴う「身体の枠組《フレーム》」として、「もの足りさ」に結びつくといっているかのように見える。また建築が、(服装と同じように)「はっきりと覚えていないが、何か目に残って、はなれない……」といったかたちで、人間の記憶にとどめられるということも、建築の体験が、具体的な「目に立つ」事物としてより、体験するものにとって、動きとともに継起する場の連続——リズムとして捉えられていることを語っている。かといってある場所が、人の動きのルートを強制し、遊園地をめぐるように、面白い場面を次々と経験させることが魅力に結びつくというわけではない。そうしたある効果に向けて人為的に仕組まれた枠組《フレーム》は、むしろ一度見たら「もういいや」という気持ちになってしまうことが多い。自ら発見するということがない。

行動や感情や、季節や気候の変化、その日の光の具合の中で、建築は変容しながら同一性を保ち続ける環境として受けとめられる。建築の枠組《フレーム》は、そうした長い時間の中での人間の行為や感情の幅を読みこんで構成されるのである。そこでは際立った「目に立つ」具体的な図像の印象が、かえって人間側の環境の解釈の幅を狭める障害となってしまうことさえある。建築は人間の生の背後を支え、長い時間を想定してゆっくりと働きかけるメデイアだということであろう。そうした場所の魅力が持続しうるということが建築というフィールドの独自性である。

具体的な事物の形象《シェイプ》のあれこれの集まりそのものではなく、それらが人間を取り巻いている空気の固まり――空間《スペース》のつながり方が振舞いを決めているということである。設計者は事物の具体的なあり方を決定しているように見えるが、体験する人間は抽象された空気の固まり――空間《スペース》の連続の中を生き、動き回り、印象を形づくるという建築の事実がクローズアップされてくるのである。

服装と同じように「どこからどこまでも、行き届いている身だしなみ」、細部まで行き渡った空気の一貫したリズム、その格調、空間《スペース》を連続させてゆく独特のやり方を受け取って、一定の体験の印象を心の中で形づくっているのだということを反省し、ここでは心にとどめておこう。

◆「建築的散策」――場面（シーン）と連続（シークエンス）

そんな「建築」の経験の仕方の固有性を、具体的な建築デザインの方法としてはっきりと表明した近代の建築家にル・コルビュジエがいる。

二〇世紀や今世紀の都市や建築に多大な影響力をもつことになったこの建築家の思想の新しさの核心は、建築が、人間の知覚と記憶に関わるイメージの生産に関わっているものであり、空間の現象を運動と時間が生成するものとして思考し始めたことである。彼はそれを「建築的散策《プロムナード》」(promenade architecturale) と呼ぶ。

ル・コルビュジエの作品集の第一巻（一九一〇～二九）の、〈ラ・ロッシュ・ジャンヌレ邸〉（一九一二三）の作品説明文の中で、はじめて「建築的散策《プロムナード》」という語が記されている。「人が入ると建築的な光景が次々と目に映ってくる。巡回するに従って場面は極めて多様な形態を展開する。流れ込む光のたわむれは壁を照らし、あるいは薄暗がりをつくりだす。正面の大きな開口に達すると外部の形態のありさまが見え、そこでもう一度建築的な秩序を発見する」。これは、要するに、歩んでゆくに従って、次々と現れてくる、三次元的な事物──「建築の枠組《フレーム》」が目と精神に訴えかけ、さらにそれらが「身体の枠組《フレーム》」としてある秩序──リズムを体験させることを記述したものである。それ以後、ル・コルビュジエは、依頼主に住宅を説明するときも、しばしば建築の内部にある人間の運動を想定し、その効果を計算して示すといった手法をとって見せていたらしい。たとえば、作品集に依頼主に宛てた手紙がそのまま掲載された〈メイヤー邸計画案〉（一九二五）では、居住空間のイメージが、建築の中の散策に沿った視点の連続的変化が生み出す場面《シーン》を描いた八枚の図面の連続《シークエンス》の中で表現されている。さしずめ映画における設計図ともいうべき脚本と絵コンテのようなものであろう。左頁に七つのカット［図1］があり、右頁に各階の平面図と断面図が載っている。左がものの現れ方──現象の形式を示す「身体の枠組《フレーム》」の表示であり、右がもののあり方──存在の形式を示す「建築の枠組《フレーム》」ということになる。まず1は地上階の玄関であり左に斜路が見える。2はそのまま視点は垂直に、床を抜いて二階に移動し、広角で二階の広間の家具類と、右手に実際には見えるはずもない食堂が描きとられている。食堂の奥からは庭の光が人を誘う。この住宅を動き回るときに生起する現象が図上に示唆されているわけである。3は、正反対に回り、切り返して今いた2の視点のほうを見返している。吹き抜けた居間の風景だ。左側は庭に解放されその上半分は壁になっていて部屋としての落着きを醸し出し、三階の寝室のギャラリーが上部に跳ね出している。4は3の視点から対角方向に歩みを進め、屋根が囲われた庭に出て、隣地への通路のブリッジを見ている。5は一転して三階の寝室が超広角で手前のスロープの壁を取り払って描かれている。6は屋上に登り、手前に日除けテントが架かる向こうに外気に開けた庭園があり、7はそこで展開される静かな生活、軽快な椅子と果物やティーポットの置かれたガーデンテーブルの向こうに、枠取られた樹木に覆われたパリの風景が見晴らせるという具合だ。

［図1］ル・コルビュジエ〈メイヤー邸〉
計画案第2案の7つのカット、1925

今七枚の図を解説しながら、言葉でこの計画された住宅を地上の玄関から屋上に至るまで、ぶらぶらと歩みを進めたとき、生起する出来事として書きとめてみた。しかしル・コルビュジエは、図を通して各所に散置された魅力的な場面《シーン》の展開によってこの住宅が「建築的散策」を誘う質、時間の持続の中で人間生活に働きかけるリズムをもっているのだと語ろうとしている。左のこの七つの場面《シーン》は、右頁のそっけない記号として示された平面図や断面図［図2］に秘められた、真の内容である。図には言葉では表しえないような限りなく多彩な意図が匿されてあり、設計者は図面のうえで、仮想上、何度も何度も歩き回ることによって、住居のイメージを形成し、床や壁や柱や天井のあり方を決定したに違いない。また専門家である図面制作者としての建築家は、左頁のそれが生成するであろう、新しい住宅の内外の流動性と発見に満ちた内部空間の〝使用説明書〟を、緑や人影や家具を書き込むことによって、建築を日々体験することになる依頼主に、差し出しているともいえる。

つまり建築や住宅の内容とは、目に立つ具体的な事物のあれこれの集まりではなく、とりもなおさず、歩みを進めるときの実際的使用が生み出す空間の豊かな、今、ここでの意味の生成であって、細部まで行き渡った空間の一貫したリズム、その格調、空間を連続させてゆく独特のやり方──「建築的散策《プロムナード》」の中に秘められているということを明らかにしたのである。

図面上ではささいな事柄に見える、一本の柱と壁の関係が、そして壁に穿れた外側へと向けられた開口のサイズが、カーブする壁や造作のスケールが、そして部屋を形づくる壁と天井面の交線が、それを受け取る「身体の枠組《フレーム》」にとって、いかに現実には決定的な事柄であるかを示しているのである。ささいとも思われる一枚の扉の開け方について例を挙げ、ル・コルビュジエがそのことに言及しているので、長くなるが引用してみよう。

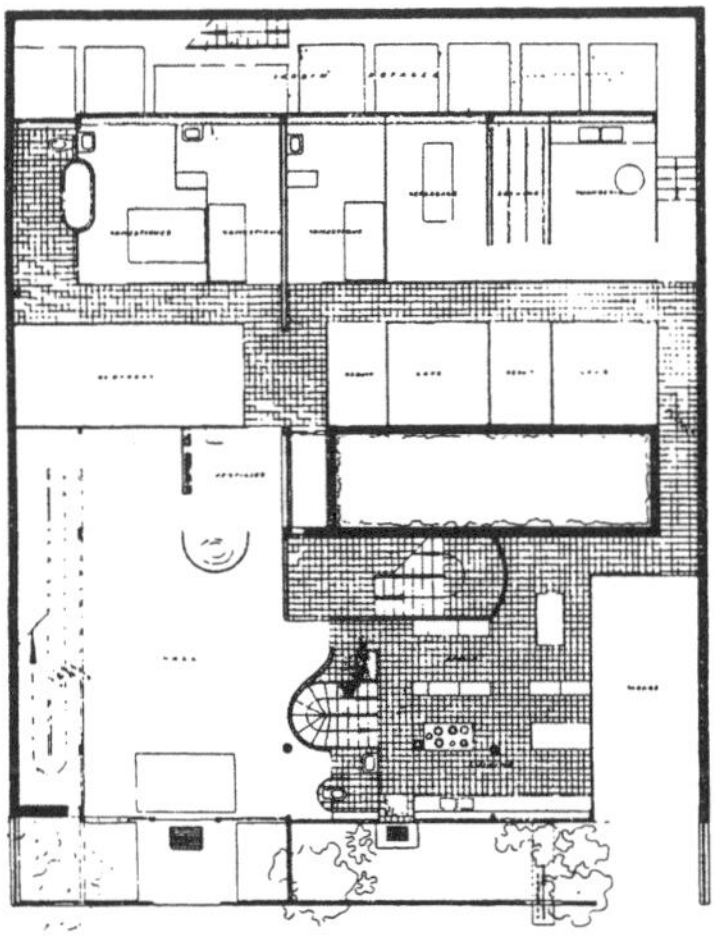

地上階平面図

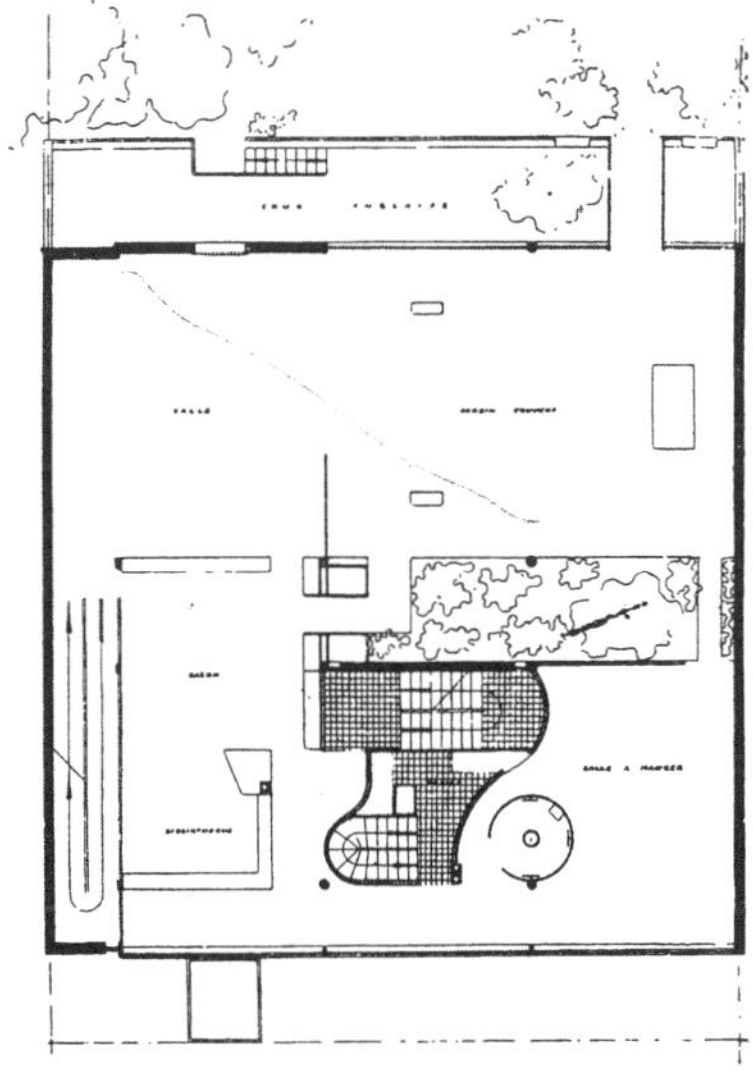

2階平面図

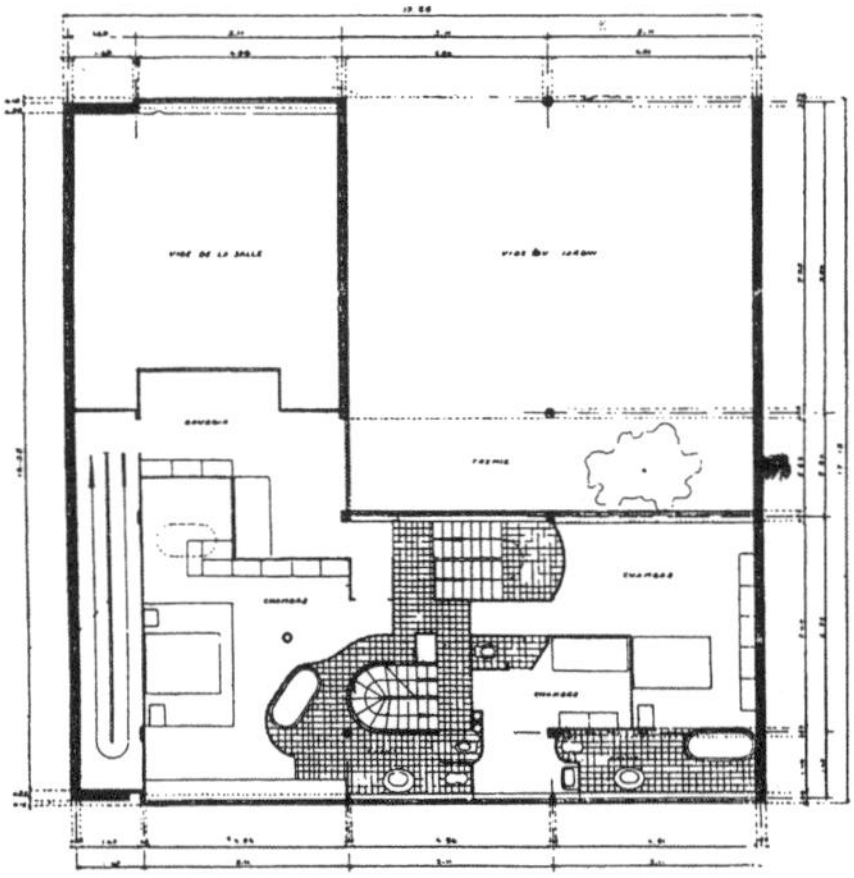

3階平面図

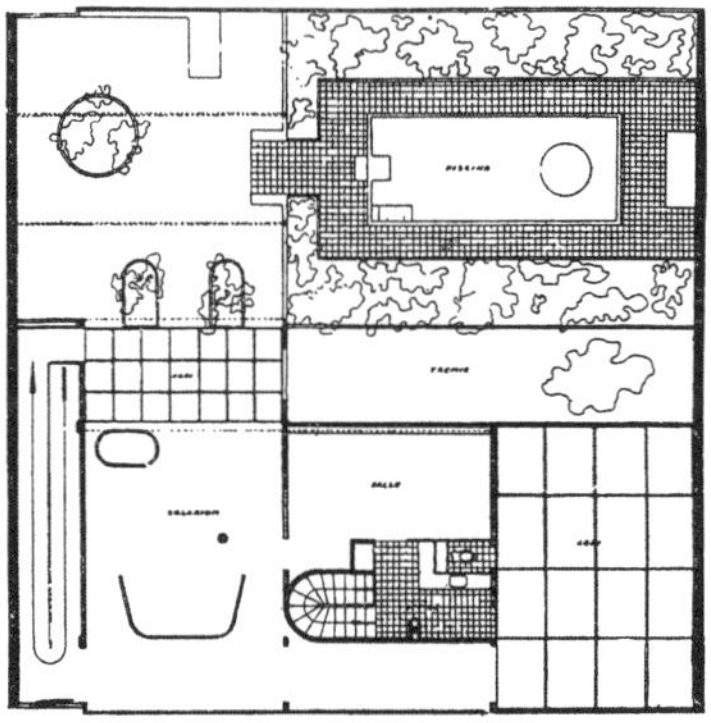

屋上階平面図

［図2］ル・コルビュジエ〈メイヤー邸〉
計画案第2案の一般図、1925

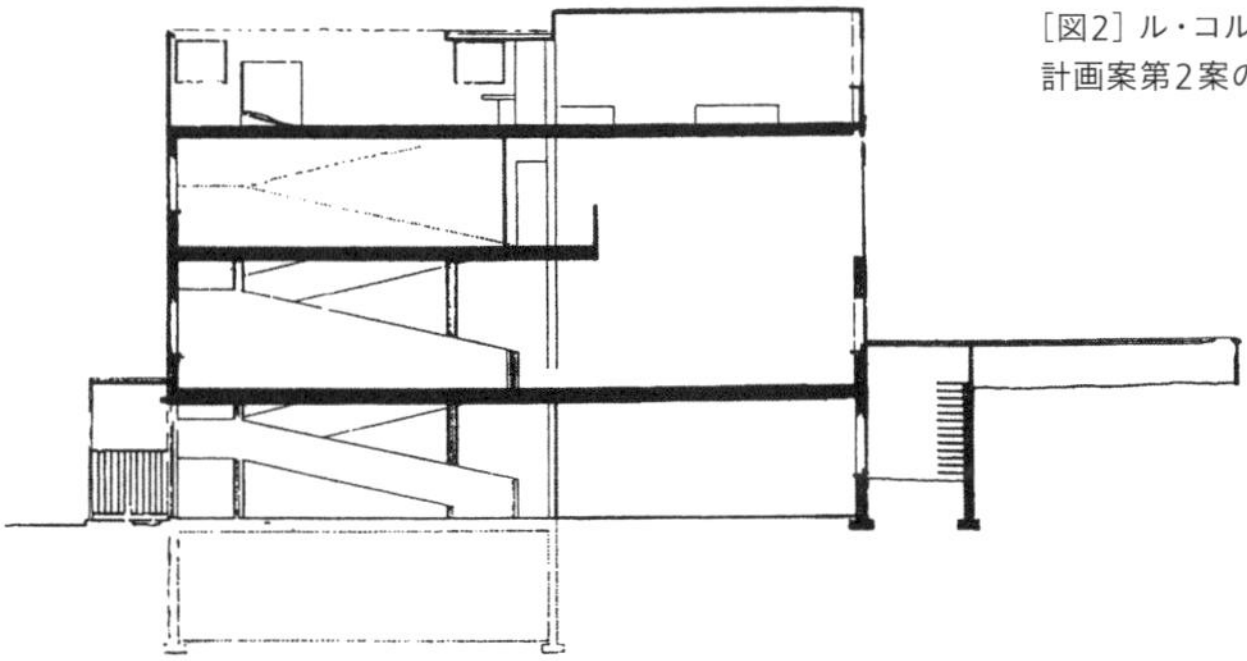

断面図

「建築のリズム、距離、時間を屋外に、そして屋内に。われわれの設計する住宅の内部のありとあらゆる部分に心配りを傾注するのは、職能人としての誠実さの問題であります。中に入る、そこで衝撃を受ける、これが基本的感動です。ある大きさの部屋が別のある大きさの部屋に続いている、あるフォルムの部屋が別のあるフォルムに続いている。これにより感銘を受ける［図3 a］。**これこそ建築であるのです。**そして、ある部屋に入るときの入り方、つまり壁の中にどう扉が配置されているかということによりそれぞれ受ける衝撃は異なるのです。**これこそ建築であるのです。**ところで建築的衝撃はどのように受け取られるのでしょうか？ それは知覚される対比の効果によるのです。この対比は何によって創られるのでしょうか？ 事物、目に映る各面によってであり、目に映るということはそれらに光が当たっているからなのです。そのうえ、太陽の光は人類の本質そのものに根ざした影響力をもって人間という動物に作用するのです［図3 b］。ですから窓の開口位置の重要性を理解しなければなりません。光が部屋の壁にどう当たるかという点を考慮しなければなりません［図3 c］。**ここにこそ建築というものの大部分があり、建築の決定的印象はここに由来するのです。**もう様式や装飾の問題ではないということがよくおわかりでしょう」

「建築」の把握が、時間的持続としてしかなされえないという認識を踏まえ、新しい構成法を提示しようとするのである。「**これこそ建築であるのです**」という「建築」というものを定義するような言明が、この文の中に三度現れるが、最初は「身体の枠組《フレーム》」の側からで、運動する体験者の意識についてであり、次は「建築の枠組《フレーム》」の側からの、引き起こす現象に想いをめぐらせる設計者の手段についてである。最後は、建築が人間に果たす役割、その本質を明らかにする建築論としてである。

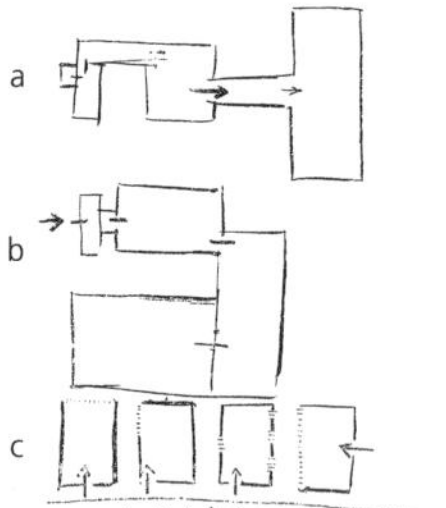

［図3］ル・コルビュジエ、引用文中の説明スケッチ

◆「建築的時間」と「えもいわれぬ空間」をめぐって
——運動（知覚）のイメージと時間（記憶）のイメージ

「建築的散策」が生み出す場面《シーン》と連続《シークエンス》の展開はどんなやり方で人間に訴え、イメージを生産し、一定の体験の印象を形づくることになるのだろうか。

人間の身体や意識の関わりからすると、「建築の枠組《フレーム》」とは運動を制御する機構そのものであるといった。そして、身体や意識の運動はどうやってつくりだされるのだろう。身の周りの、それこそ「身体の枠組《フレーム》」となるような場所の固有性をまず築き、それらの差異が生み出すものに注目しながら、一定の生活経験に結びつくような持続を構成してゆくのが「建築の枠組《フレーム》」の設計作業である。ル・コルビュジエが「これこそ建築であるのです」といった、設計者の手段、具体的な事物の設定の数々、たとえば、①屋外から屋内、②部屋のサイズの広がりや天井高や床レベルの変化、③壁の取囲み具合、室形の変容、④明るい部屋から暗い部屋へ、そうした場所から場所へ歩むときの移行の様相、差異と連続が、イメージを生産するのである。つまり場所の体験のイメージは運動—場面《シーン》と場面の連続《シークエンス》、によって認知されうるということになるが、今そこにふたつの異なったレベルが想定されることに注目しよう。

ひとつはこれまで「建築的散策」として述べてきたような身体の運動に伴った体験を通して得られる、つまり〝この場面〟と〝次にくる場面〟との間の差異を通して感受されるものであり、これを〝移行の運動のイメージ〟と呼ぶ。行動とともに経験される次元である。

もうひとつは場面を見る人の意識の運動である。〝今ここでの体験している場面〟が〝かつて、すでに経験した場面〟と結びついて生成してくるものであり、心の中での現象の運動〝時間のイメージ〟と呼ぶことにする。時間のイメージのレベルでは、見る個人の記憶が作用することによって物理的な前後を越えて場面を見ている。これは人々の中に書き込まれた歴史の時間が反響して、豊かな意味の層が同時的なものとして浮かびあがって時間のイメージが生成されるといった内容に相当する次元であり、ここでは事物の前と後ろにつながった継起が認められるというわけではない。時間は厚みをもち、歴史性という共存する時間として広がりだし、それに訴えかけ前後を越えて結びつきを生成し、心の中での現象を引き起こす。

たとえばル・コルビュジエは作品集の中で、しばしば、自らが若いときに旅先で経験したことを書きとめたスケッチを示し、設計のアイデアとしたことを示している。二四歳のときの六カ月間にわたる〝東方への旅〟のスケッチブックは後の半世紀にわたる制作の源泉となっている。人はそんな風にして、心の中に沈澱した個人の記憶を、遠い歴史の中か

[写真1]〈ヴィラ・アドリアーナ〉

[図4]〈ヴィラ・アドリアーナ〉で
ル・コルビュジエが描いたスケッチ、1910

[写真2]〈ロンシャンの教会〉

ら、今、ここに呼び立て、イメージを生産しようとしているのだ。

〈ロンシャンの教会〉の小聖堂の三本の塔を設計するとき、一九一一年のその〝東方への旅〟の途上で出会った〈ヴィラ・アドリアーナ〉の室内の採光の仕方が蘇ってくる［図4］。設計者はデザインの過程において、体験されるべきその場の構造を形づくろうとするとき、自らの記憶から、ふさわしきものを呼び出し定着しようとするのである。

そうした事実はなにもル・コルビュジエに特別の事柄ではなく、一般的に体験者はそれぞれに風土や文化という生きられた時間の記憶を抱え込んで生きているのであり、先に述べた建築の「その佇まいのよさは生活世界と照合して、実際経験することによってしか

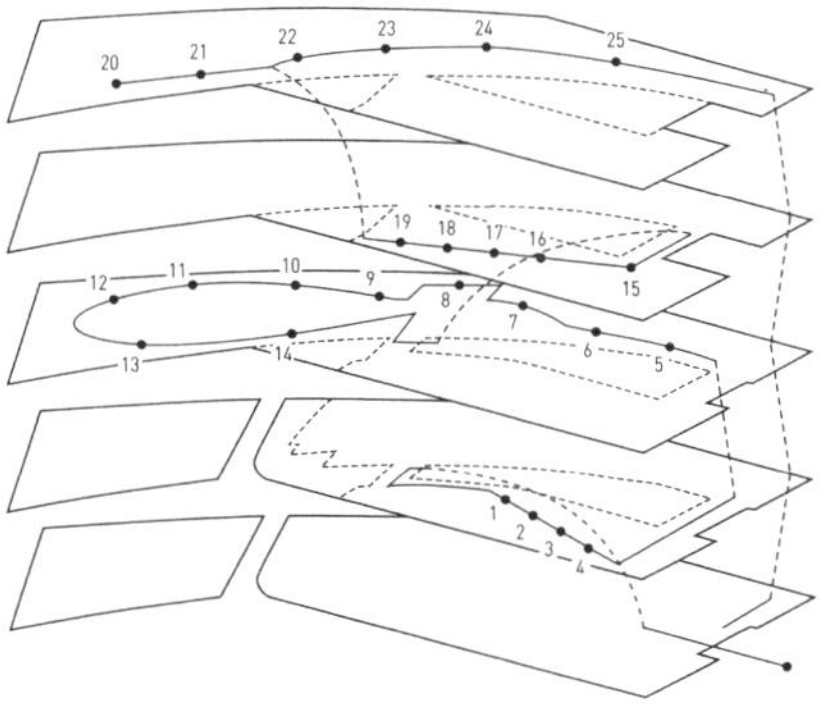

［図5］スティーブン・ホール〈キアズマ現代美術館〉
サーキュレーションのダイアグラム

［図6］〈キアズマ現代美術館〉ギャラリーの平面と動線のダイアグラム

判断できない」というのも、そのすでに書き込まれた記憶との差異を味わいながら判断しているからだといえる。歴史の中で人々が繰り返し、体験し、感銘を受ける建築とは、設計者と体験者の記憶を相互に宿した非常に莫大な意図を抱え込んだ世界である。それは今、ここでの運動、知覚のイメージを超えた記憶の総体、時間のイメージであるだろう。設計者の記憶と体験者の記憶が共振して交流し始めるとき、静まり返った物質の中に「建築的時間」が創造されたとル・コルビュジエはいうのである。

ル・コルビュジエにとって、一生涯制作の究極の目標であったととれる謎に満ちた鍵語《キーワード》「えもいわれぬ空間（Espace indicible）」という言明も、相方に書き込まれてある記憶を一挙に覚醒させる構造が「空間の奇蹟」と捉えられていたに違いない。莫大な記憶の構造に触れているからこそ、言説を空しくするようなものであったのだと私は考えている。

建築の設計者にとって、建築を実際経験することが第一であり、歴史が最大の教師であるというのも、場面《シーン》の設計とは見るものにとっては書き込まれた記憶への誘発のしかけであり、設計するものにとっては自らに刻まれた身体の体験を図式に書き込むことであるからである。

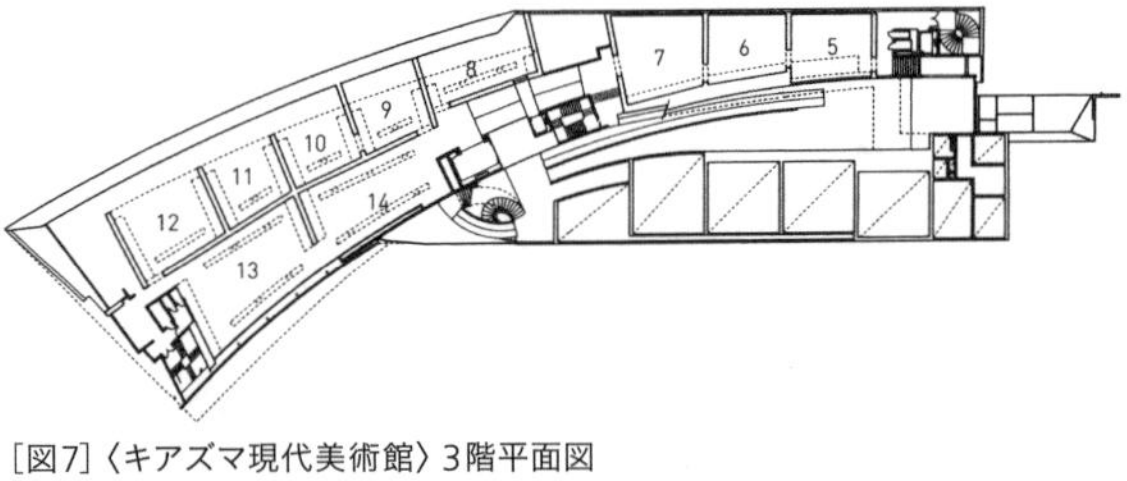

［図7］〈キアズマ現代美術館〉3階平面図

［図8］〈キアズマ現代美術館〉断面図。
図5〜8は現代建築における「建築的散策（プロムナード）」

菊池 誠

都市のコラージュ／建築のインターテクスト

6

KIKUCHI Makoto

本稿では、紀元二世紀につくられたハドリアヌス帝の離宮、一八～一九世紀にピラネージやシンケルといった建築家により描かれたローマやヴェネツィア、二〇世紀のフォト・モンタージュなどを例にとり、「コラージュ」という手法が都市を読み解き、またデザインするための有力な方法となるのではないかということを考察する。また、近現代の建築作品が、過去や同時代の建築を意識的に参照してデザインされている事例を見ていき、多様に重なり合う影響関係によって建築デザインが展開していくことを考察する。他の分野でも同様のことがいえようが、都市や建築のデザインというのは、過去になされ、集積されたデザインの成果を再読し、書き直していく作業であるといえるのではないかということを論じる。

実は、こうした議論は別に新しいものではない。一九七〇年頃からたびたび論じられてきたものである。とはいえ、これからの都市・建築のデザインというものを考えていくうえで、少なくともこうした議論の積み重ねがすでにあったということを知識としてもっておく最低限の必要はあるだろう。

•コーリン・ロウの「コラージュ・シティ」

建築史家で批評家のコーリン・ロウは、一九七四年に「コラージュ・シティ」というタイトルの講演をカリフォルニア大学ロサンゼルス校で行った。またここで展開された議論を発展させ、フレッド・コッターと共著で、同タイトルの書物を刊行している。[▼1] ロウは同時代の建築界に議論を巻き起こし、後の世代に影響を与える多くの優れたエッセイを著しているが、その文章は必ずしも平易ではない。とりわけ単行本『コラージュ・シティ』の文章は晦渋である、といってもよい（その晦渋さも含めて独特の魅力があるが）。

▼1 カリフォルニア大学での講演の記録は、コーリン・ロウ講演、滝沢訳「コラージュ・シティ」『a＋u』一九七五年四月号、三六～五〇ページ。C・ロウ、F・コッター著、渡辺真理訳『コラージュ・シティ』SDライブラリー、鹿島出版会、一九九二

これに比するなら、講演版「コラージュ・シティ」のほうが、ロウにしばしば見られる議論の短縮法は見られるにせよ、全体の分量が短い分だけ、また聴衆に話し言葉でともかくも意を伝えなければならない講演の記録であるため、主旨はわかりやすい。

講演の中で、ロウは、哲学者アイザー・バーリンの議論を引きながら、建築家の思考のふたつのタイプについて論じている。バーリンはトルストイの文学を論じた著書『ハリネズミと狐』の冒頭で、ギリシアの詩人アルキロコスの詩の中の、狐はたくさんのことを知っているが、ハリネズミは大切なことをひとつだけ知っているという一節を引いている。通常、この寓話はハリネズミの側に重点を置いて受けとられるのだろう。つまり、ハリネズミは敵に襲われたらその針だらけの背を丸めうずくまって身を守るという一事しか知らないが、それは狐のずる賢い知恵にも増して大切なことなのだ、という教訓としてである。が、バーリン自身が述べるように——そしてロウがそれを敷衍するように——この対比は芸術家や思想家の思考法を大別する、それなりに興味深い差異を指し示しているのかもしれない。バーリンは述べている。

「一方では、いっさいのことをただひとつの基本的なヴィジョン、ある程度論理的に、またはある程度明確に表明された体系に関連させ、それによって理解し考え感じるような人々——ただひとつの普遍的な組織原理によってのみ、彼らの存在と彼らのいっていることがはじめて意味をもつような人々と、他方では、しばしば無関係で時には互いに矛盾している多くの目的、もし関連しているとしてもただ事実として、なんらかの心理的ないし生理的な理由で関連しているだけで、道徳的、美的な原則によっては関係させられていない多くの目的を追求する人々とがあり、その両者の間には、大きな裂け目が存在しているからである」▼2。

▼2
I・バーリン著、河合秀和訳『ハリネズミと狐』七〜八ページ、岩波文庫、一九九七年版。一九五三年に原書が刊行されたこの書物の冒頭で、バーリンは「ハリネズミ族」としてプラトン、ルクレティウス、ダンテ、パスカル、ヘーゲル、ドストエフスキー、ニーチェ、イプセン、プルーストを挙げ、「狐族」にヘロドトス、アリストテレス、モンテーニュ、エラスムス、シェークスピア、モリエール、ゲーテ、プーシキン、バルザック、ジョイスを挙げている。

ただひとつの普遍的な原理を追い求めるか、必ずしも整合性はとれていなくても多くの有用な考えに従うか、というふたつの基本的に異なる知のあり方がある。そして、ロウは無論、前者を否定するのではないが、後者の有用性を積極的に評価する。そして、このような知のあり方を「コラージュ」というキーワードで説明しようとする。

「コラージュ」に関して、ここでロウがたとえに引いているのは、パブロ・ピカソによるオブジェ〈サドルの雄牛〉［図1］である。現在パリのピカソ美術館に納められているこの作品は、自転車の鞍部《サドル》とハンドルが組み合わさって、あたかも牛の頭部であるかのように見える立体作品である。「コラージュ」の語と概念は二〇世紀の美術の中ですでに一定の認知度を有しているし、美術の文脈の中で「コラージュ」作品としてはほかにもっとよく知られたものも多いだろう。が、ピカソという二〇世紀で最も著名な芸術家によるもので、しかしながら彼の絵画作品ほどには知られていないこの立体作品においては、私たちが日常目にする最も身近な（卑近な）機械であるところの自転車の部品を用いて、生命ある（尊厳ある）雄牛の頭部を造形しているという点で、ロウによるこのたとえは彼の意図をよりはっきりと示すものになっていると、私は思う。この卑近な金属機械部品は、元来それが置かれてあった文脈の中で正当な位置と機能をもっていたものであり、そこから引き剥がされ、新たな文脈の中に再配置される——頭骨のようなこの作品にあっては、ほとんど「脱臼され」「接骨される」と形容したくなる——ことによって新しい価値と意味を獲得する。そういうものとして、この作品は、それ自体の芸術的価値を差し置いても、意味・価値の換骨奪胎のたとえとして秀逸である。そして、こうしたコラージュ作品は、先のハリネズミ／狐の議論の文脈でいうと、芸術家の中の狐派の手法である。二〇世紀の美術の中で、ピエト・モンドリアンがハリネズミ派の代表格だとすれば、ピカソは狐派の代表と

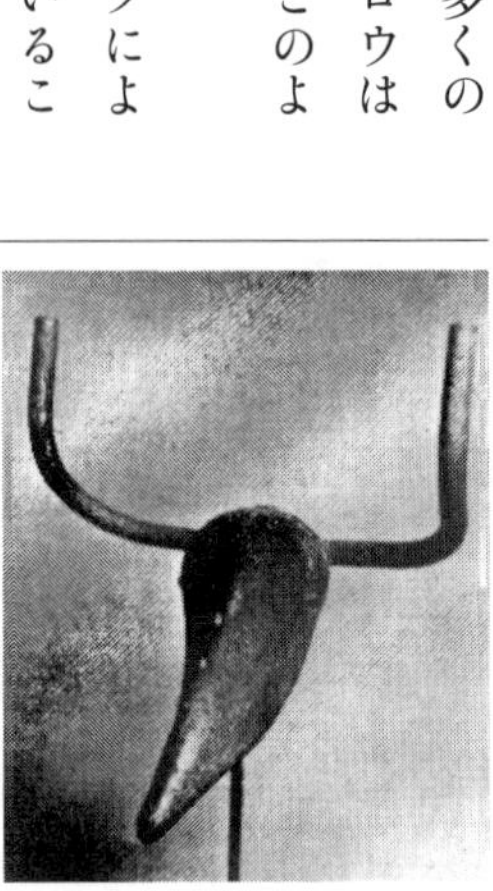

［図1］パブロ・ピカソ〈サドルの雄牛〉一九四四

いうわけである。

建築家たちについては、ロウは以下のような事例を挙げている。モダニストの中では、ミース・ファン・デル・ローエがハリネズミ派、ル・コルビュジエが狐派に分類される。一六世紀イタリアの建築家で『建築四書』をもってその後の建築史に甚大な影響を及ぼしたアンドレア・パッラーディオはハリネズミであり、他方パッラーディオの少し後に活躍した特異な作風のジュリオ・ロマーノは狐である。

歴史をさらにさかのぼって、この狐の系譜をたどってみよう。古代ローマ帝国の皇帝ハドリアヌス（在位一一七〜一三八）は優れた教養人でもあり、また詩人や学者たちのパトロンでもあったが、建築愛好家であった。ローマの有名なパンテオンを現在の形に建造し、また、ローマ郊外ティヴォリに現在は廃墟となって残存する広大な離宮をつくった［図2］。この離宮においてハドリアヌスは、自ら皇帝として帝国の領土を視察して回ったときに見た各地の遺跡やモニュメントのいわばコピーを丘上の敷地に建造し、コレクションした。建築のテーマ・パークとさえ呼べそうなものであるが、高低のある地形に従って建物が建てられていることもあり、多くの方向を向く軸線が一見無造作な感じで重ね合わされている。まさにコラージュとしてつくられた都市の様相を呈している。

◆都市の奇想画

一八世紀ヴェネツィアに生まれた建築家ジオバンニ・バティスタ・ピラネージは、ローマのそこここに残存していた古代ローマの遺跡を銅版画の形で記録し、出版していた。〈古代ローマのカンプス・マルティウス〉［図3］は大判の銅版画六枚からなる古代ローマの復元都市図であるが、ピラネージの時代に残存していた遺跡は考古学者としても第一級であ

［図2］〈ハドリアヌス帝の離宮〉模型写真、ティヴォリ

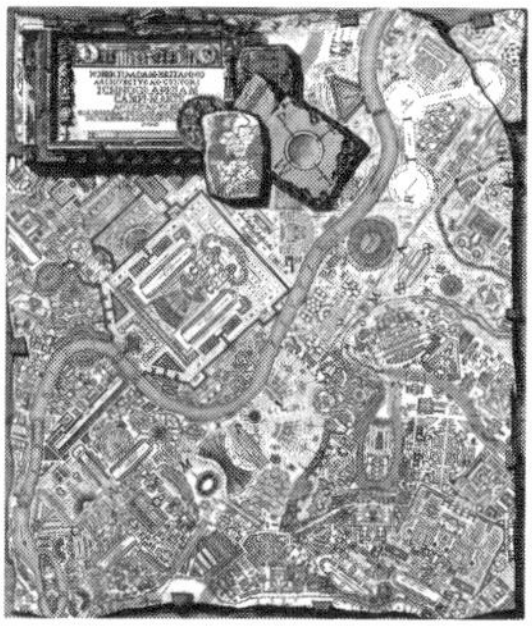
［図3］G・B・ピラネージ〈古代ローマのカンプス・マルティウス〉一七六二

ったピラネージの知見に基づいて復元されているが、それら遺跡の間にあって古代のものが消失してしまっている空白部分は、「建築家」ピラネージの想像力によって思い描かれた虚構、いわばヴァーチャルなローマである。画面の中を蛇行しながら上下に抜けるテベレ川や様々な古代の建物がもつ軸線が複雑に重なり合って、この半ば仮想の都市もまた、コーリン・ロウのイメージするコラージュ・シティの優れた一例となっている。

　建築の歴史において、私たちの時代まで連なる近代という時代の始まりをどこと見るかは、何通りかの見方があるが、ひとつはこのピラネージらが活躍した一八世紀の半ばあたりから、とすることができる。その名称とともに意識的に「コラージュ」という技法が用いられたのは二〇世紀の美術において、といえるであろうが、その源流はたとえば、ピラネージの作品に現れているといってよい。またピラネージから大きな影響を受けた世代の新古典主義時代のベルリンの建築家カール・フリードリッヒ・シンケルは、古代やルネサンス期の建築を学びにイタリアを訪れているが、その後〈海辺の都市の広場〉と呼ばれる素描を描いている［図4］。遠景は、海に面

［図4］カール・フリードリッヒ・シンケル〈海辺の都市の広場〉1804以降

して立つ二本の円柱など、ヴェネツィアのサン・マルコ広場の景観からとられたモチーフが描かれているが、無論サン・マルコ広場には前景に描かれたような大階段はない。前景左手の大階段脇の柱台座と彫像は、ローマのカンピドリオ広場へ通じる階段を想起させる。ひとつの画面の中に重ね合わされたヴェネツィアとローマ。これは紛れもなくコラージュの手法である。そして、景観のコラージュという点では似たようなもっと卑近な例を現代のある銀行の広告に用いられたモンタージュ写真が示している。アルプスを遠景に、オランダの風車やパリの凱旋門、ピサの斜塔などが一枚の景観写真の中にモンタージュされている［図5］。この種の趣向は観光みやげ用の絵はがきなどでも目にするが、外国旅行の記憶のダイジェスト版として恰好のものだといえるだろう。先に、テーマパークのようでもあると書いたハドリアヌスの離宮だが、あれもこの種の観光絵はがきの3D版であるとさえいいえなくもない。だが、ハドリアヌスの離宮を単なる建築マニアの道楽にすぎないと、またシンケルの奇想画を彼の建築の実作とは無関係なペンの遊びだと切り捨ててしまうことはできない。むしろ、この奇想画とベルリンという都市に実際建てられた彼の建築には、都市と建築に関する建築家の想像力が共通に込められていると考えるべきだろう。

◆建築のインターテクスト

一九六〇年頃からの構造主義人文諸科学で挙げられた成果を下敷きにして、建築も含めて芸術作品をテクスト、つまり言語芸術のように分節化・構造化された意味の織物と見なす考え方が現れて久しい。そして、いろいろな芸術作品の間に相互参照関係が存し、またその網の目のような参照関係がいわば推力となって芸術作品が発展していくことに注目するために「インターテクスト」というキーワードが用いられてきた。

［図5］ミッドランド・バンク広告のフォト・モンタージュ

建築のインターテクスト性の事例として、これはコーリン・ロウが別のところで例示しているものでもあるが、◀3 先述のシンケルが設計したベルリンの〈アルテス・ムゼウム〉と、ル・コルビュジエの設計になるインド〈チャンディガールの議事堂〉の平面図を見比べてみると、中ほどに円形のホールを抱え込んだ四方の枠のような建物ブロックで構成されているのが見てとれる［図6、7］。さらに、それは二〇世紀も終わりに近い頃〈ジャーナリスティックに「ポストモダン」と呼ばれた時代〉の作品で、ジェームズ・スターリングによる〈シュトゥットガルトの美術館〉の平面計画にも同様のモチーフが用いられている［図8］。これらの作品の間の類似性が当の建築家たちによってどの程度意図されていたのかは詳らかにしないが、一八、一九世紀ヨーロッパの建築界を席巻した新古典主義の代表的作品を、ル・コルビュジエは当然熟知していたし、スターリングはル・コルビュジエからあらゆる面で影響を受けた建築家であった。

あるいは別の事例として、ジェームズ・スターリングの〈レスター大学工学部〉の建物と、磯崎新による〈福岡シティバンク大分支店〉を見比べてみよう［図9、10］。大部分が一層で拡がる低層部のコーナーにタワー状の建物ブロックが置かれる、低層部の屋根部分は大部分が自然光をとりいれるための天窓を形づくる、それら天窓が建物外形とは四五度をなす角度に線上に展開する、などの点でふたつの建物はよく似ており、磯崎はスターリングの影響を大きく受けているといってもよいと思う。ところで、そのスターリングの建物だが、こちらはフランク・ロイド・ライトの〈ジョンソン・ワックス本社ビル〉に、その低層部とタワーによる全体構成、低層部の天窓採光、ガラスという素材の徹底的な援用などにおいて明らかに影響を受けていると考えられる［写真1］。さらにいえば、ハンス・ホラインがやはりこの一連の建物群とよく似た構成の作品〈アプタイベルク美術館〉をものし

◀3
コーリン・ロウ著、伊東豊雄、松永安光訳「理想的ヴィラの数学」一九七三年の補遺『マニエリスムと近代建築』所収、彰国社、一九八一

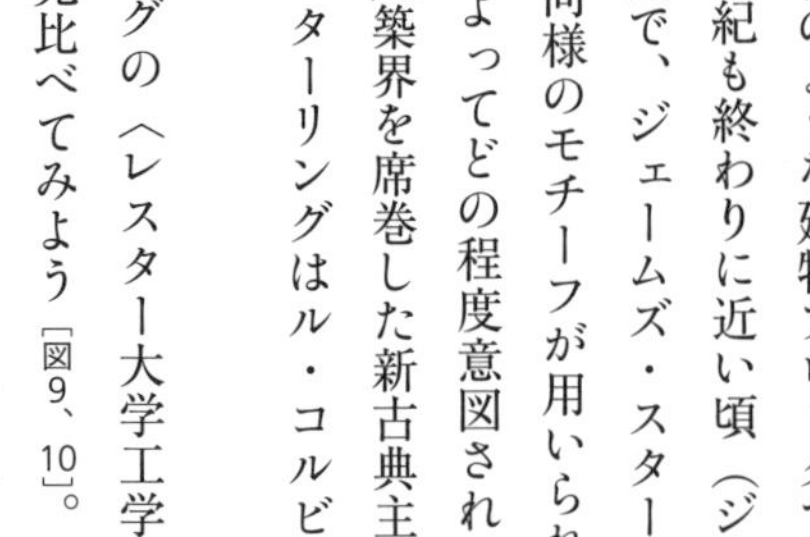
［図6］カール・フリードリッヒ・シンケル〈アルテス・ムゼウム〉平面図、ベルリン、1823

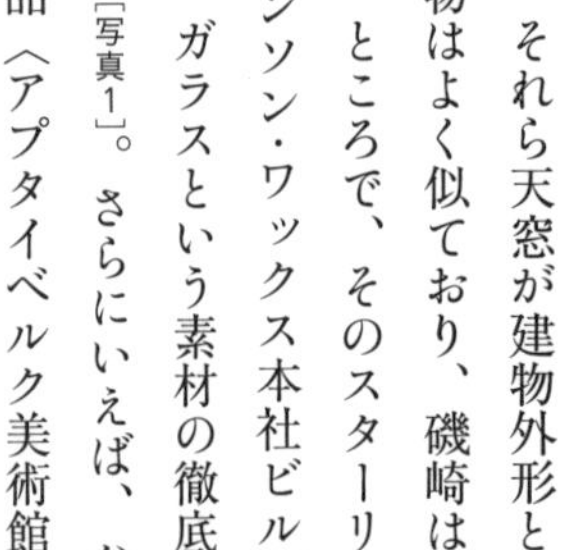
［図7］ル・コルビュジエ〈チャンディガールの議事堂〉平面図、1953

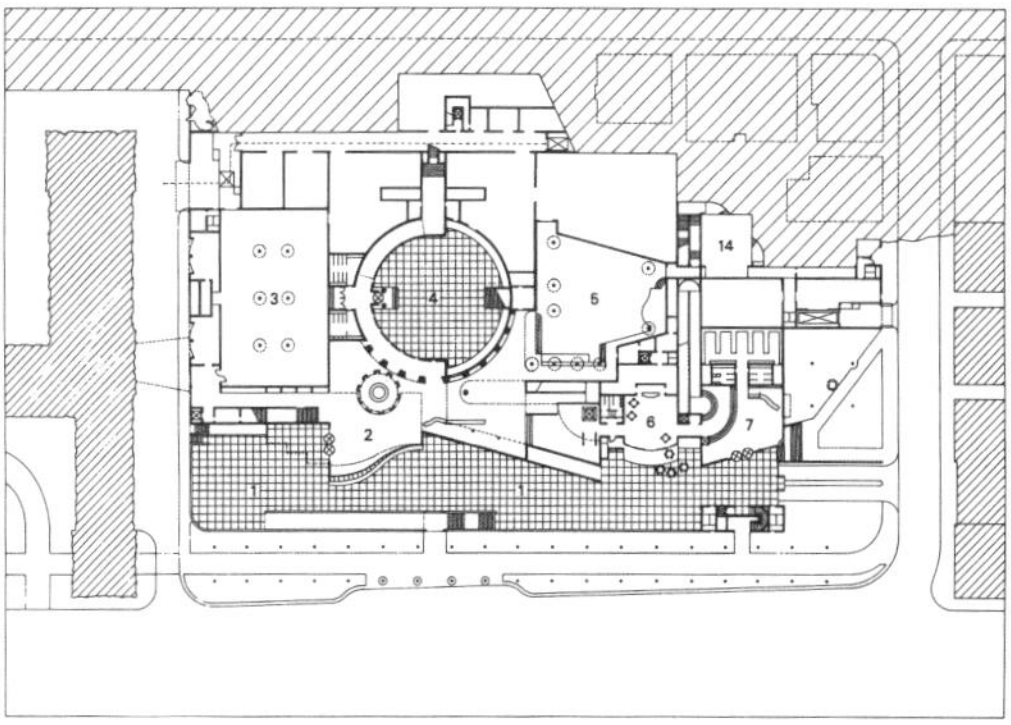

［図8］ジェームズ・スターリングおよびマイケル・ウィルフォード
〈シュトゥットガルト国立美術館〉エントランス階平面図、1984

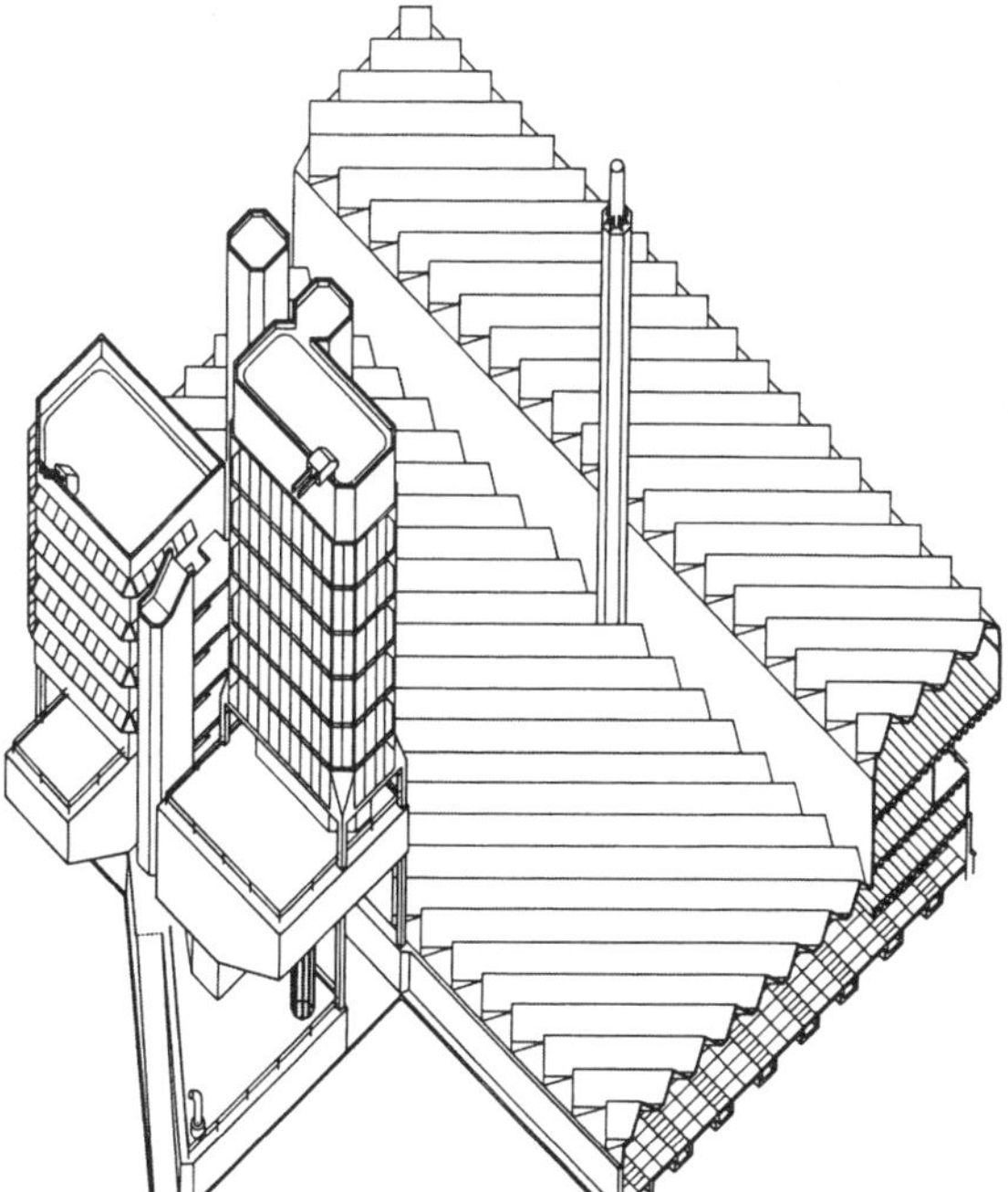

［図9］ジェームズ・スターリング
〈レスター大学工学部〉1963

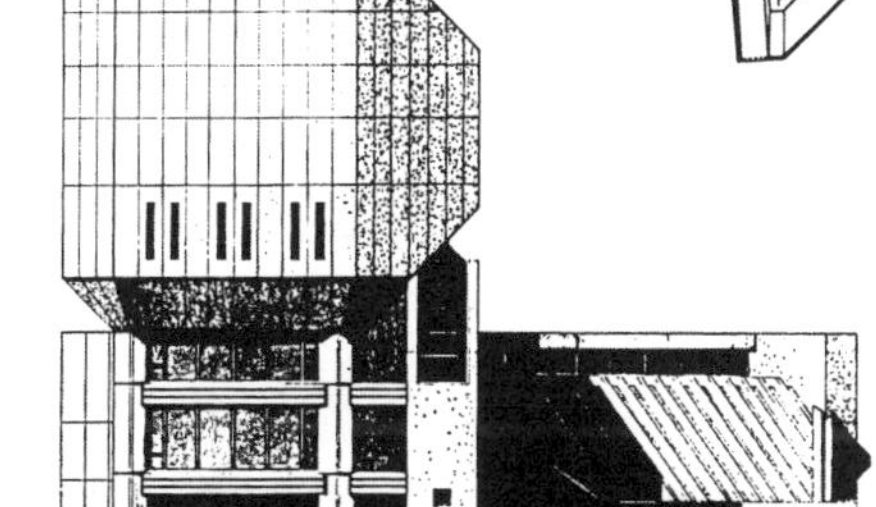

［図10］磯崎 新〈福岡シティバンク大分支店〉1967

ており、外壁の金属仕上げなども鑑みると磯崎の美術館からの影響を受けているのではないかと思う［図11］。

こうしたことは、別に「ポストモダン」と巷間呼ばれる、過去の様式を折衷し、表面的に用いようとする状況の中でだけ起こった現象ではない。哲学者ミシェル・フーコーも述べていたように、近代絵画の開拓者といってよいエドゥアール・マネの作品は美術館から生まれた絵画である。近代文学の端緒を拓いたフローベールの文学作品もまた図書館から生まれた。つまり、マネやフローベールの作品は過去の絵画や文学作品の収蔵庫《アーカイヴ》を前提としそれを参照することを通じて生み出されてきたものである。先に例を挙げた建築作品もまた過去の建築からモチーフを掬いあげ、変形操作することで出来上がったという側面をもつ。普通はスクラップ・アンド・ビルト、つまり過去をすべて清算してゼロから出直したと思われてきた近代芸術も、その展開の当初から、過去の作品のアーカイヴを探って回り、そこに打ち捨てられていた断片を用いて、新たに作品を編み直していくという側面をもっていた。

［写真1］フランク・ロイド・ライト
〈ジョンソンワックス本社ビル〉1936〜39

◆混成系としての建築

ところで、ル・コルビュジエのチャンディガールにおける議場の大空間は、その双曲放物面による外壁が遠景上の大きな特徴となっており、あたかも原子力発電所のようだと称されることもあるが、彼の主著『建築をめざして』にも写真が載せられている穀物サイロ

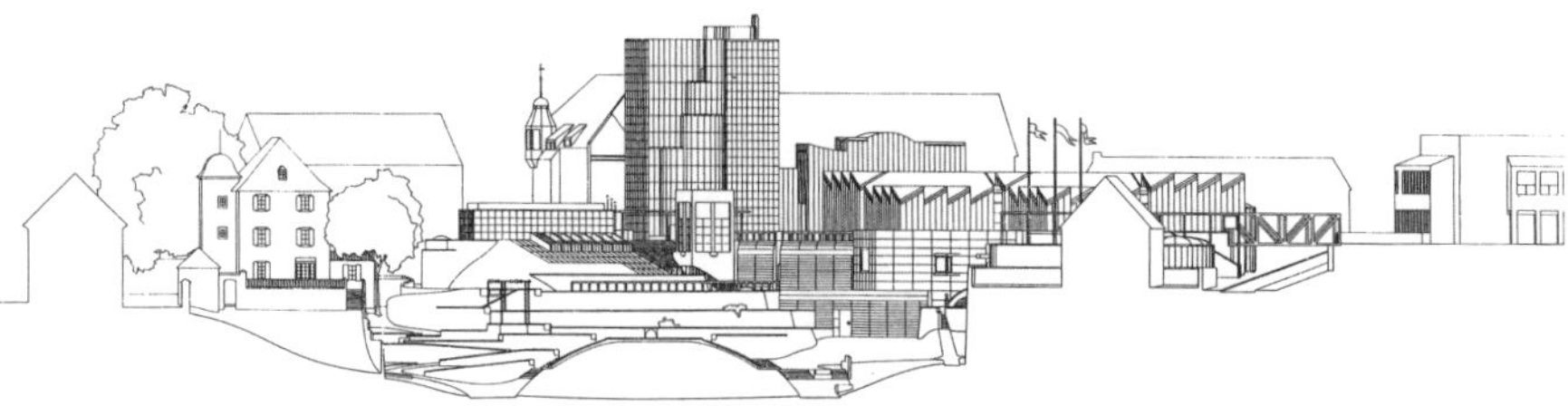
［図11］ハンス・ホライン〈アプタイベルク美術館〉
メンヘングラートバッハ、1982

や大洋航海船の煙突を思わせるモチーフでもある。

あるいは、〈レスター大学工学部〉の場合には、その特徴的なレンガとガラスという外壁・屋根素材は、ライトの作品由来であるとともに、産業革命をいち早く通過したイギリスにおける工場建築などのような一九世紀産業ヴァナキュラーをも明らかに参照源としている。このように建築のデザインにおいて、形態とその参照源を二重、三重写しにもちこむ手法と、前半で記した都市のコラージュ的理解は通底するところがある。

ロウによる狐の規範にある通り、単一の原理で全体を統御するような構成法ではなく、多数のシステムの重ね合わせで全体をつくる。建築の構成法として「ハイブリッド＝混成」という概念があってよいだろう。近年の省エネルギー技術のひとつとして、ガソリン・エンジンと電気モーターを併用する「ハイブリッド・カー」に用いられた、あの「ハイブリッド」である。「混成系の」と呼んでもよいが、この日本語もこなれたものではない。私が考えているのは、前項のコラージュとしての都市と同様、ハイブリッドとしての建築というものがデザインの手法としてあり得るということだ。

建築作品の中で適当な事例が思い浮かばないが、グラフィックなアイコンとしては、ルイス・キャロルの『不思議の国のアリス』に登場し、ジョン・テニエル卿によって挿絵の描かれた「まがい海亀」はまさに適切な例であると思う［図12］。よく知られているように、この想像上の動物は、まがい海亀のスープという料理名からつくられている。少女アリスの思考過程をたどればこうである。海亀という動物がいて、それを材料にして「海亀のスープ」という料理が出来上がる。ところで、これとは別に「まがい海亀のスープ」という料理がある。だとすれば、それは材料名「まがい海亀」からできていて、「まがい海亀」という動物がいるはずだ。それは、海亀の甲羅をもち、頭と尾、後ろ足が仔牛で、前足は

［図12］ジョン・テニエル卿〈まがい海亀とグリフォン〉

海亀という怪物《キメラ》である。ちなみに、このアリスの物語に挿絵を描いたテニエル卿の絵の中で、まがい海亀の隣にはギリシア神話以来の想像上の動物グリフォンが描かれている。グリフォンもまた、様々な動物から頭部、胴体、四肢、尾を寄せ集められたキメラである。つまり、この文脈でいう「ハイブリッド」であった。ハリネズミと狐を交えて始められたこの議論の最後に、海亀（もどき）をゲストとして招くというのも、そう悪くはない趣向のように思える。

冒頭に引いたバーリンの一節の続きをここで引いておこう。

「後者の部類に属する人々―つまり〝狐〟派だが―が送っている生活、彼らの演ずる行為、彼らの抱いている理念は、求心的ではなくて遠心的であり、彼らの思想は散乱したり拡散したり、多くの次元を駆けめぐって、極めて多様な経験と対象の本質をあるがままに捉えようとする。しかも意識的にも無意識的にも、なんらかの一定不変で無限抱擁的な内的ヴィジョン、ときにはそれ自身で矛盾していて不完全で、またときには熱狂的な統一的ヴィジョンの型に多様な経験と対象をはめこもうとはしないし、またそれをヴィジョンから排除しようともしない」

私が今、こういう建築家がありうるのではないかと考えているのは、求心的ではなく遠心的で……錯乱したり拡散したり多くの次元を駆けめぐり……時には矛盾していて不完全で……ちょうど、「まがい海亀」のような存在である。

木内俊彦

共存する境界

――カルロ・スカルパの作品から見えてくるもの

7

KIUCHI Toshihiko

カルロ・スカルパ(一九〇六〜七八)は、中世から繁栄した「水の都」ヴェネツィアで生まれ、そこを拠点として活躍した建築家である。生涯を通じて二三〇余という数多くの作品を手がけたが、そのうちの約八割は展示デザインと改修デザインであった。スカルパは展示作品や既存建築を丹念に観察し、それらと新しいものとの間で相乗効果が生まれるようにデザインをしたといわれている。

ヴェネツィアでは、様々な時代のものが複雑に重なり合い、溶け合うようにして共存している。スカルパが既存のものとの関係の中からデザインを構想した背景には、ヴェネツィアという彼が生まれ育った環境が深く関わっていると考えられる。スカルパの建築に感じられる、様々なものが折り重なっているような不思議な魅力には、ヴェネツィアの街で感じるものと共通性があると思われるからである。本論では、そのようなスカルパ作品の魅力を、「境界」という言葉を手がかりに考えてみたい。

◆わかる空間とわからない境界

写真1は、スカルパの代表作のひとつであるカステルベッキオ美術館〈カングランデ騎馬像展示〉の様子である。まず、この写真をじっくりと眺めてみよう。古い建築に手が加えられているということはすぐにわかると思われるが、実際にスカルパがどこに手を加えたのかを判別することは難しいだろう。

[写真1] カステルベッキオ美術館〈カングランデ騎馬像展示〉の様子

解説すると、カングランデ騎馬像は、組積造の壁（写真左手）と建物の間のくぼんだ外部空間に、二階部分の高さにもちあげられて配置されている。左手の壁は一二世紀につくられた城壁の一部である。右手の建物は一九世紀ナポレオン占領下に兵舎として建造され、一九二〇年代に美術館に転用される際、大幅改修されている。ゴシック様式の尖頭アーチ窓はそのときに移設されてきたものである。ここまではスカルパ以前のことである。スカルパは一九五八〜七三年までの間、四度にわたって様々な改修を施した。騎馬像のある外部空間は、既存建物の一部を取り壊し、内部空間であったところを外部化することによって生み出された。既存建物の壁と屋根がジグザグに切断され、新しい屋根と鉄骨梁が取り付けられている。建物の外壁には石膏が塗られ、窓周りの装飾を塗り込めたり、一部壁下地の石材が見えるように塗り残すなどの操作がなされている。写真下方では、古い堀が発掘され、露出されている。ブリッジや手すり、窓枠などには新しい黒いスチール材が対比的に用いられている。

以上はこの場所の空間と物の構成についての説明である。このような知識は作品を理解するうえでもちろん意味のあるものであるが、一方で、いくら細かく説明しても、この場所で感じる魅力や不思議さを十分に伝えられないように思われる。なぜなら、私たちがこの場所を経験するときには、このような知識をもっていなくても、その魅力を感じることができると思うからである。では、そのように、空間や物の構成よりも先に私たちが捉えているものとは、いったい何だろうか。▼1

もう一度、写真1を見てみよう。まず、先に述べたように、ここに古いものと新しいものがあることはわかる。しかし、その境界はわかりにくい。また、既存の建物が切断され

▼1
ここで用いている「空間」という言葉は、均質空間を含意している。空間という言葉が用いられるとき、それが均質空間を指示しているとは限らないが、一般に、均質性、分割可能性が前提されてしまうと思われる。以下の著作などを参照。原広司『空間〈機能から様相へ〉』二三六ページ、岩波現代文庫、二〇〇七（原本は岩波書店、一九八七）
アンリ・ベルクソン著、中村文朗訳『時間と自由』一一九〜二〇ページ、岩波文庫、二〇〇一

ているようであることもわかるが、その境界線も曖昧である。切断線は壁と屋根の間、また壁の一階部分と二階部分の間でずれているが、それぞれの端部に段差があり（屋根なら茶褐色の瓦屋根と緑色の金属葺きの段差）、その先に黒い鉄骨部材が延びているという構成は共通（反復）している。それは、ただそこで建物が切断されているというよりは、外部空間が切り開かれつつある、あるいは、はじめからあった外部空間を建物が覆い尽くそうとしているようでもある。

そのような曖昧な境界の中空に、騎馬像は浮かんでいる。この騎馬像が展示物であるということもわかるが、それと建物の境界も曖昧ではないだろうか。騎馬像を支える床は、像を中空に浮かすためにつくられた展示台であるが、その大きさと高さから、まるで建物が延びてきたように感じられる。この展示台によって像は、右手の建物からも、左手の城壁からも、地面からも屋根からも離されて、この空間のほぼ中央に位置している。そのため、このくぼんだ外部空間がこの像のために存在しているようであり、逆説的に、この像をこの場所から切り離して考えることがほとんど不可能であると感じられる。

以上のように、この場所には、古いものと新しいものの対比があり、切断による建物と外部空間の対比があり、そして建物と展示物の対比があることがわかるが、それぞれの境界はわかりにくい（わからない、あるいは曖昧である）。実は、このように「何か異なるものが存在していることがわかるが、それらの境界はわかりにくい」という感覚が、この場所の特別な知識なしに、私たちが捉えるものではないだろうか。

結論をいうと、このように「あることはわかるが、どこにあるのかわかりにくい境界」がいくつも仕組まれ、共存していることが、はじめに述べたようなスカルパ作品の不思議な魅力を生み出していると私は考えている。かつてはじめてこの場所の写真を見たとき、私はその不思議な魅力に引きつけられて、「いったいここで何が起こっているのか」

とひとしきり考えたが、納得のいく答えを見出すことはできなかった。しかし実は、そのように「何かが起こっているると感じるが、それが何なのかわからない」という状態こそが、魅力そのものなのではないだろうか。そして、そのような状態は、「感じるがわからない境界」がいくつも仕組まれ、共存することによって引き起こされている。このような仮説に基づいて、以下ではスカルパ作品に見られる境界の例を挙げ、それらが共存する様について述べたいと思う。[2]

◆境界の交差

写真2、3は、やはりスカルパの代表作のひとつである〈カノーヴァ美術館増築部〉である。カノーヴァ美術館は、一八世紀の彫刻家アントニオ・カノーヴァの石膏像陳列館で、一九世紀前半に建てられた建物の増築と、常設展示の構成をスカルパが行っている（一九五五～五七）。スカルパが手を加えた範囲がまとまっているため、特徴を捉えやすいと思われる。それほど大きくないひと続きの内部空間であるが、床や天井の複雑な起伏、様々な形状の開口部から入る光、様々な仕方で固定された展示など、非常に密度高くデザインがなされている。

［写真2］〈カノーヴァ美術館増築部〉奥を見る

［写真3］〈カノーヴァ美術館増築部〉奥から入口方向を見返す

◀2
ここでは、はっきりとした線で示すことのできるエッジとしての境界と、ある認識のまとまりとそれ以外のものの間に想定される曖昧な境界（たとえば、既存建物における新しい要素群の境界など、図と地の境界）をあわせて「境界」と呼んでいる。それは、そのようなすぐにわかる境界と徐々に現れてくる境界の並列性、連続性をこそ、スカルパ作品が示していると思うからである。

図1〜図4は、写真2を下描きにして、この場所に存在するいくつかの境界を捉えられるように塗り分けをしたものである。まず、すべての図を順番にぼんやりと眺めて、塗り分けパターンの変化を感じてみてほしい。

図1は、外部空間（開口）と内部空間、および展示を塗り分けており、外部空間と内部空間の境界、建築と展示の境界を示している。これらは一般的な空間や物の輪郭であり、最も理解しやすい境界であると思う。

図2は、濃色（黒と褐色）・淡色（白からクリーム色）・中間色（グレー）を塗り分けており、大まかに見たときの色調（トーン）の境界を示している。この図から、濃色は建築の幅木とサッシュ、そして展示台にあることがわかる。つまり、濃色は建築と展示の両方にわたって存在している。同様に、淡色は壁・天井と石膏像に、中間色（グレー）は床やトップライト（写真3右上参照）と展示台に現れており、三つの色調がすべて建築と展示の両方にわたって存在していることがわかる。別の言い方をすると、図1で示される建築／展示の境界と、図2で示される色調の境界はそれぞれ独立に存在し、この場所で交差している。たとえば写真3の左手奥に見えるハイサイドライトは、その箱形の形状と濃色の縁取りから、空を切り取る展示のようであるが、このように建築と展示が一体化するような効果が、ひとつには建築／展示の境界と、色調の境界の共存から現れているといえるだろう。

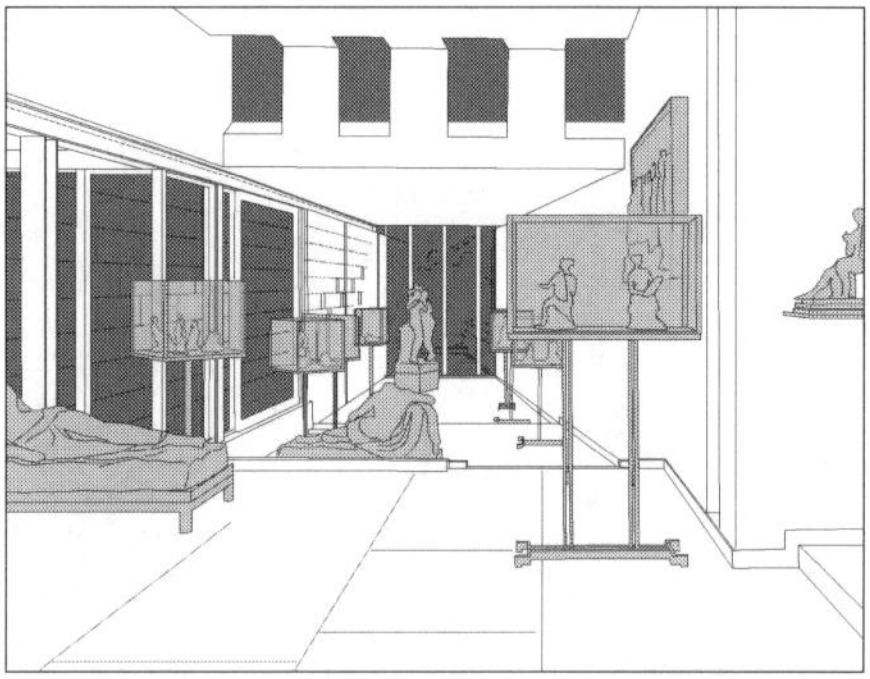

［図1］「空間ー物」的境界
外部空間／内部空間
建築／展示

外部空間（開口）
内部空間
展示物

［図2］色調の境界

濃色（黒〜褐色）
中間色（グレー）
淡色（白〜クリーム色）

図3は素材表面の肌理の境界である。表面がツルツルしている（平滑面）かザラザラしている（粗面）かを塗り分けている。図3から、平滑面、粗面ともに建築と展示の両方に存在しており、色調と同様に、肌理の境界も建築／展示の境界［図1］と交差していることがわかる。

図4は、床、壁、天井などの仕上げの構成に着目し、組積的な仕上げ（目地があるなど）と、左官的な仕上げ（石膏調）を分けている。組積的な仕上げは旧館外壁とのつながりを示すものであり（写真2左手窓の外に見える組積調壁が旧館の外壁）、一方、左官的な仕上げは展示の石膏像とのつながりを示しているといえるだろう。左官的仕上げの壁のみにスチールの黒い幅木がついていることも、展示（展示台のスチール）との関連を感じさせる。組積調が旧館とのつながりを感じさせることから、組積調／左官調の境界が旧館／新館の境界をまたいでいるということに気がつく。さらに、組積調／左官調も、ともに建築／展示のそれぞれに存在しており（写真3左手奥に組積調の展示台がある）、ここでも境界が交差し、共存している。

写真2の手前から奥へ延びる三枚の壁（左：旧館外壁、中：鉄骨梁下の壁、右：石膏レリーフが掛けられている壁）に着目すると、新／旧の境界では右の二枚がグループとなるが、肌理の境界［図3］と組積調／左官調の境界［図4］では左の二枚がグループをつくっていることがわかる。つまり、中間の壁は、左右どちらの壁ともグループをつくる媒介的存在となっている。さらにこの壁は、内部空間と外部空間の境界をまたぐようにも存在していることなどから、ここに存在する様々な境界を結びつける結節的存在であるといえるだろう。

光と陰も重要な境界であることを忘れてはならない。光と陰の境界は、ここまで説明し

［図3］肌理の境界

平滑面
粗面

［図4］組積調／左官調

組積調（石調）
左官調（石膏調）

たような他のすべての境界と交差し、いっそう複雑であると同時に一体的な場を生み出している。

◆反復による境界

図2の色調の説明において、三つの色調がすべて建築と展示の両方に存在していると述べた。これは別の言い方をすれば、建築における色調関係と、展示における色調関係が共通性をもっているということである。これは、スカルパのしたことがすでにあったカノーヴァ美術館の増築であったことを考えれば、基本的には、展示の色調関係が建築にとりいれられたということである（スカルパは展示台もデザインしているので、すべてがそうであると単純にはいえない）。同様のことは色調以外にもいえる。肌理［図3］も展示（石膏像）の関係が建築にとりいれられている。組積調／左官調［図4］では、もともとあった旧館と展示の関係が増築部において繰り返されている。

このように、すでにそこに存在している何らかの要素を別のところで繰り返すことを「反復」と呼べば、スカルパは反復を用いて「空間―物」的な境界とは異なる境界をつくりだしているといえるだろう。古い物／新しい物、建築／展示、外部／内部といった「空間―物」的な境界をまたいで、色調、素材の肌理、仕上げの構成などを反復することにより、境界が共存する様相が生み出されているのである。

写真4、5は、最初に挙げたカステルベッキオ美術館〈カングランデ騎馬像展示〉空間（以下、カングランデスペース）を写真1とは別の視点から見たものである。カステルベッキオ美術館はカノーヴァ美術館よりも規模が大きく、空間構成も複雑である。また、スカルパ

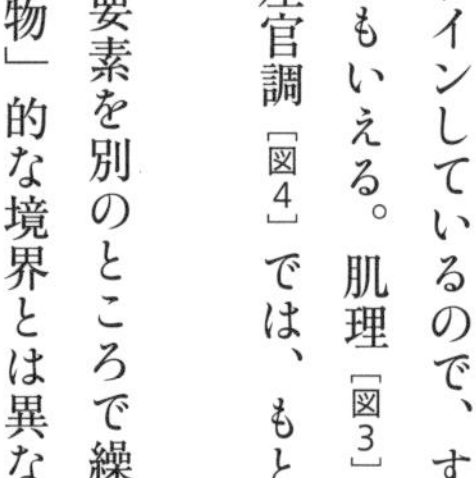

［写真4］城壁から見たカングランデ騎馬像

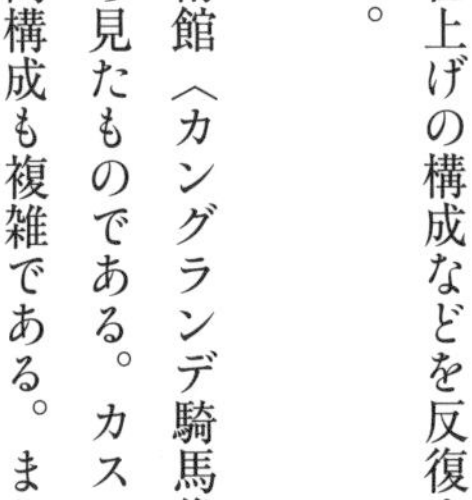

［写真5］二階の渡り廊下から見たカングランデ騎馬像

が手を加えた範囲も美術館の全域にわたっており、既存のものとの関係はより緊密で複雑になっている。ここで、このような複雑な様相を理解するひとつの手立てとして、先ほど述べた反復とは異なる、もうひとつのタイプの反復を考えてみたい。

カステルベッキオ美術館の展示空間は大きく三つに分けられている（本館一階展示室、城壁をはさんだ別館、本館二階展示室）が、スカルパの改修によって、その三つのエリアを行き来するときにカングランデスペースを通過するような構成となっている。一連の動線の中でカングランデスペースは繰り返し現れるのであるが、その現れ方は、そこへ入っていく方向によって大きく変化する。つまり同じ空間の繰返しでありながら、そのたびごとの見え方、捉え方の間に差異＝境界が生じるのである。それぞれの見え方は、それと隣接する展示室や中庭などと結びついている。つまりカングランデスペースは、はじめに「庭から見える展示空間」であり、「一階の六番目の展示室」であり、「城壁につながる外部空間」であり、「二階の展示空間」でもある。そのような複数の捉え方が、ひとつのカングランデスペースとして反復することによって、それぞれの記憶は混じり合い、それとともに美術館全体の経験がひとつに束ねられていく。

このような反復は、「そこにないものの反復」であるので、ここで「異時的反復」と呼ぶことにする。異時的反復は、ある反復によってできるグループの内側（反復するものどうしの間）に境界が現れる反復であり、記憶（時間）が重ね合わせられるように結びつけられていくといえる。それに対して、先に述べた「そこにあるものの反復」は、「同時的反復」と呼ぶことができるだろう。同時的反復は、ある反復によるグループとそれ以外のグループの間に境界が現れる反復であり、境界が交差することによって、分割されていた空間や物が結びつけられていく。◀3

◀3
ここでいう「同時的反復」と「異時的反復」は、記号論でいう連辞と範列（連合）、あるいは換喩と隠喩との対応を想定している。以下の著作などを参照。
丸山圭三郎『ソシュールの思想』一〇〇ページ、岩波書店、一九八一
ジル・ドゥルーズ著、小泉義之監修・訳「何を構造主義として認めるか」『無人島1969-1974』八三ページ、河出書房新社、二〇〇三
また、ここでいう「反復」は、全く同じものの繰返し（コピー）という意味ではなく、むしろそこから異なるもの（境界）が現れてくることが含意されている。以下の著作などを参照。
ジル・ドゥルーズ著、財津理訳『差異と反復』三九ページ、四二六ページ、河出書房新社、一九九二

しかし、異時的反復と同時的反復も、実は明確に区別できるわけではなく、その境界は曖昧である。たとえば、同時的反復の共通性の中から徐々に差異が際立ってくる（異時的反復が現れる）というようなことは特別なことではない。スカルパ作品においては、そのような変化が次々と起こるように境界が交錯し、うごめくような一体感が生じていると考えられる。

◆反復の過剰

スカルパ作品には、時に過剰とも思われるような反復の様相がある。以下ではそのひとつの例について、境界と反復という観点から考えてみたいと思う。

写真6はスカルパの数少ない新築デザインである〈ブリオン家墓地〉（一九六九〜七八）の入口であるが、コンクリートの壁を段々に削り取ったような繰形が反復していることに気がつく。スカルパの作品には、他にも同様の繰形を用いたものが多数ある（写真7〈ヴェネツィア大学文学・哲学部本部増改築〉一九七四〜七八）。また伝統的な教会の入口にも、これに似た繰形を見ることがある［写真8］。このような繰形は、内側へ奥へという方向性をもち、何かを迎え入れる、あるいはそこから何かが出てくるような、出入口的な意味合いを感じさせるといってよいだろう。〈ブリオン家墓地〉では、この繰形が過剰なまでに反復されている。しかし、それが反復するのは出入口だけではない［写真9、10］。

〈ブリオン家墓地〉において、この繰形から出入口的な意味合いを感じたり、あるいは以前に見た他のスカルパ作品（たとえば写真7）や他の建築（たとえば写真8）を連想したとすれば、それは異時的反復である。一方、繰形が墓地の中で何度も繰り返されることにより、墓地内のいくつかの場所を結びつけていると感じれば、同時的反復となる。さら

［写真6］〈ブリオン家墓地〉入口

［写真7］〈ヴェネツィア大学文学・哲学部本部増築部〉入口

に、この繰形はそれ自体として物のエッジ（境界）でもある。それは塀のこちら側と向こう側の境界でもあり、塀と空の間の境界にもなっている。

このような反復と境界は、実際の経験において明確に意識されるものではないだろう。それらは時に意識に浮かびあがっても、すぐに他の印象が思い浮かび、はっきりとしないかもしれない。しかし、それらは存在しないわけではなく、スカルパによってデザインされた物に引き寄せられるように共存している。そのようには感じられないだろうか。このような、ある強さをもった混在性、あるいは、開かれた一体性のようなものが、スカルパ作品の魅力ではないだろうか。

［写真8］サンタナスターシア教会、ヴェローナ

◆境界化するデザイン

スカルパ作品に接するとき、そこに様々な異質なものが結びついているように感じられる。しかしそれが何であるのか、はっきりとはわからないと先に述べた。本論で見たように、そこにはいくつもの境界が潜在し、交差し、共存している。それらの境界は、スカルパがデザインした物や場所に潜み、はっきりと意識されずとも、その情報を身体が捉えている。いわば境界は、私たち自身の境界（わかる／わからない、意識／無意識、現在／過去……）と交差している。スカルパ作品が発

［写真9］〈ブリオン家墓地〉繰形のある外観

［写真10］〈ブリオン家墓地〉繰形のあるインテリア

する（増幅する）境界は、私たち自身を貫き、巻き込んでいく。

ここで、物や場所が境界の共存を感じさせる様相をもつことを「境界化」と呼んでみたい。境界化とは、空間的、固定的に捉えられがちな日常的景色に違和感を引き起こし、別のものと思われていたものどうしが次々と結びついていくような作用である。

スカルパの作品には強い境界化が感じられる。本論の趣旨を拡張すれば、あらゆる場所は境界の共存と見なすことができるが、その中でとくに強い境界化が生じる理由は何であろうか。その理由のひとつは反復の過剰であると考えられる。スカルパは様々な反復（既存建物、展示物、自然、伝統的なもの、ヴェネツィア的なもの、記憶……）を駆使することによって、自らのデザインの内側にも外側にも境界をはりめぐらし、環境を、あるいは見る者を巻き込んでいくといえるのではないだろうか。

境界は徐々に、次々と発見され、重ねられていく。私たちは日常、物や空間を理解することと並行して、境界の共存を捉えている。むしろ、空間の理解は、境界の共存を豊かにしていくのだといえるだろう。そうであるならば、かたちとデザインについて考えるとき、その空間的構成だけでなく、境界の共存について構想することは意味のあることではないだろうか。

市原 出

内部／外部は自明か

8

ICHIHARA Izuru

◆アメリカ植民地住宅と初期郊外住宅

ここにアメリカ住宅の二枚の写真［写真1、2］がある。一方はニューイングランドの〈スター邸〉、一七世紀半ばに建てられた植民地時代の住宅である。もう一方は一八八三年にシカゴ郊外のリバーサイドに建てられた〈ハウランド邸〉。これらはどこがどのように違うのだろうか。もちろん、建て方、平面、様式、その他多くの点で異なっている。が、ここでは〈ハウランド邸〉の前面にある大きなリビングポーチ[1]に注目してみたい。

アメリカ植民地住宅の基本的志向性＝荒野——切り分けられた内部／外部＝閉じた壁

〈スター邸〉はガリソンハウス[2]と呼ばれる形式で、それにリーントウを付加したソルトボックス[3]とともにニューイングランドに入植したイギリス移民がつくった典型的なコロニアルハウスである。開口が少なく、小さい。木造でつくられた外壁は非常に閉鎖的で、内部と外部を切り分ける。すなわち、内部の住まいを外部の荒野からできるだけ切り離し、保護する姿勢が示されている。それとともに、大きな煙突が見える。それが一階にあるホールとパーラーというふたつの部屋の間にある暖炉から家の真ん中を立ちあがり、形態的な意味で中心を形づくっている。そして、暖炉は家族が集い、暖をとり、食べ、くつろぐ、生活の中心にあって、帰るべき精神的な中心でもある。このような暖炉をハース[4]と呼ぶ。このように東海岸の植民地住宅は閉じた求心的な空間をもっている。

アメリカ初期郊外住宅の基本的志向性＝郊外——内部／外部の関係づけ＝リビングポーチ

それに対して、〈ハウランド邸〉の大きなポーチ。住宅本体はシカゴで生まれたバルー

▲1
市原 出『リビングポーチ／アメリカ郊外住宅の夢』住まいの図書館出版局、一九九七を参照。

▲2
一階二室のホール・アンド・パーラーという平面形式をもち、寝室は上階に設けられる。平入り切妻屋根の単純な外形をもち、二階の外壁が前にせり出したジェッティが特徴。

▲3
ガリソンハウスの裏側にリーントウと呼ばれる下屋が付加された形式。

▲4
暖炉の前、炉辺を指し、団欒、家族愛の象徴。

ンフレーム構法◀5で建てられ、同様に壁が支配的である。その前にあるリビングポーチは郊外住宅の特徴的要素であり、一九世紀半ば以降に大都市近郊が郊外化されていく中で誕生したものである。一般に細い木材でつくられ、屋根は低く、内部と外部の中間的な空間を形成する。背後の壁と低い屋根によって囲われながら、風が抜け、光が射す。そこには椅子やベンチ、テーブルが置かれ、休日の午後をゆったり過ごす人の姿が見られる［写真3］。さらに、ダイニングやキッチンの前まで拡張されて朝食をとる場所となったり、ポーチ用のベッドが開発されてそこで寝るということまで行われた。ここに、閉鎖的な内部空間から外部空間に向かって人々が解放されていく過程を見ることができる。

政治的な独立と同時に文化的独立、つまり新たな国民的文化を確立する必要に迫られた人々は、旧大陸にはない無垢の自然を見直すことになる。産業革命によって環境悪化が進む都心部に対して、きれいな空気、水、緑はかけがえのないものとなり、その自然とともに生活することがブームとなる。ハドソンリバー派の風景画やアメリカ・ルネサンスの文

［写真1］〈スター邸〉1640～50

［写真2］〈ハウランド邸〉1883

［写真3］〈ハウランド邸〉のリビングポーチ

◀5　一八四五年以降、中西部で開発されその後全米に普及した木造構法。枠組壁工法の一種。

学がそのことを人々に伝え、アメリカの荒野は郊外へと変身する。実体としてではなく概念として。そのことを大衆生活の中で実現したのがリビングポーチである。図1はアンドリュー・ジャクソン・ダウニング[▼6]のパターンブック『カントリーハウスの建築』[▼7]に示されたリビングポーチの挿絵である。「内部から見たブラケテッド・ヴェランダ」と題され、内部空間がリビングポーチを介してハドソン川へと連続する様子が描かれている。質素な木製のポーチ、柱に絡まる蔦、岸辺には母子が遊び、自然と人間の幸福な関係が示されている。これが、内部空間と外部空間を積極的に関係づけるリビングポーチのアメリカにおける原点であり、さらに、フランク・ロイド・ライトのプレーリーハウスへつながるという点で、その建築的な意味は非常に大きい。

◆内部／外部の空間モデル

前項のような建築の内部空間と外部空間、あるいはそれらの間の関係を考えるときに、建築家が主張したり、その建築作品から読みとることのできる空間モデルを整理してみることは有効であろう。建築とは内部空間をつくることであるから、内部と外部とはそもそも異なるものであるという捉え方が一般的である。そこで、まず、内部と外部とが異なること（これを内部／外部と表記する）を前提とした空間モデルについて考えてみる。そして次に、そうではない視点をとること、つまり内部と外部とが異なるという前提を疑ってみることは可能かどうか、主に近代建築の空間概念と実体としての空間そのものを検証する。そのことは、まさに建築を空間的なものとして捉えた近代における空間、その形式についても考えることとなる。

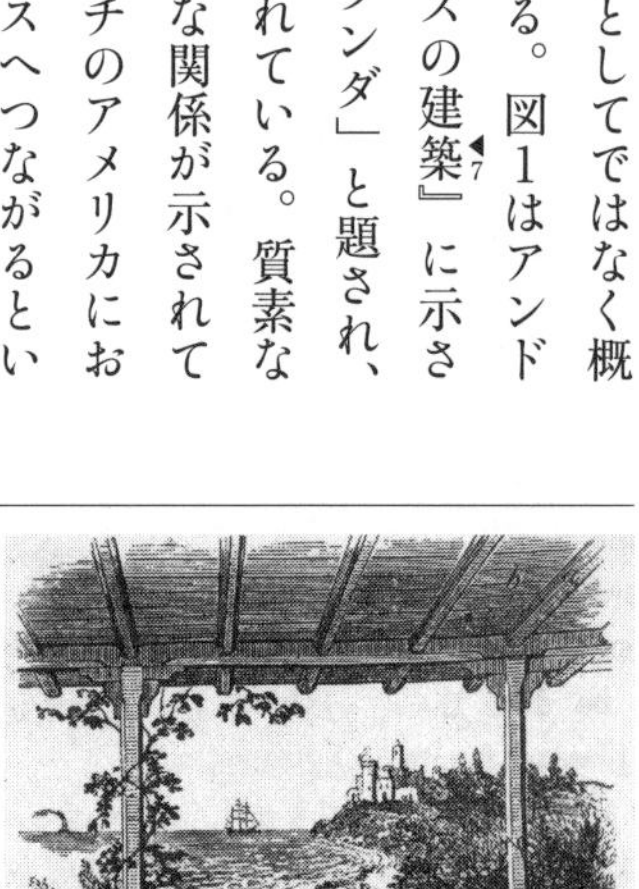

［図1］Bracketed Veranda from the Inside, A.J.Downing, 1850

▼6
一八一五年、ニューヨーク生まれの造園家。一八四一年から五〇年にかけて出版された三冊のパターンブックによって、郊外住宅の姿を定着させた。

▼7
Andrew Jackson Downing "The Architecture of Country Houses" Dover Publishing Inc., 1969, p.122

空間を考えるときに内部／外部を前提とすると

空間の基本構造・Cell／香山壽夫

香山は『建築意匠講義』[▼8]の中で、「空間の基本形を図式化してみると、次のようになるでしょう。中心があり、そのまわりの空間が囲いとられている形です[▼9]」と記し、空間の基本構造としてそれを図示した［図2］。ここで示されているのは、建築空間が中心、境界、開口の三つの要素で形づくられるということである。もちろん現実の建築はもっと複雑で、このような基本形の複合として捉える必要がある。しかし、この図式そのもので記述可能な初源的建築形式が世界中至るところにあることもすぐに確認できる。神明造の神社［図3］やプエブロ・インディアンのキーヴァなどである。

空間は私を中心として無限の拡がりをもつ。そして、私がその空間の中で安心していられるためには、その空間は限定されなければならない。クリスチャン＝ノルベルグ・シュルツ[▼10]がいうように、未知の土地を行く旅人は、谷間や湖岸や頂きに宿営地を求める。それはそれらの土地が空間的に限定された性質をもっているからであろう。このように、建築空間は私を中心に囲い込むこと、すなわち物理的な境界をもつものとして理解できる。そして、具体的に境界を形づくるものは床と壁と屋根である。何もない平らな土地に盛りあがった場所をイメージしてみよう。そこは周囲の盛りあがっていない場所と明らかに性質が異なる。このように土が盛りあがったただのマウンドが内部的な性質をもちうる。また、壁はなくても屋根に覆われたとき、やはり空間は限定される。公園の東屋やあるいは藤

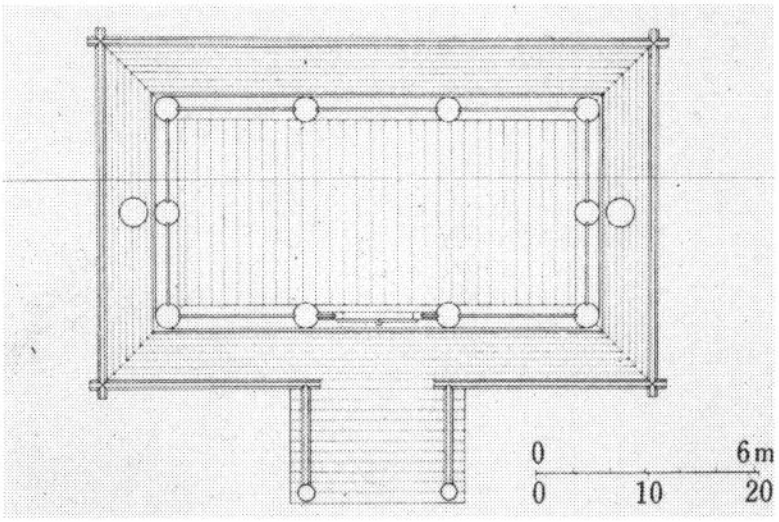

［図3］伊勢神宮内宮正殿平面図

▼8
香山寿夫『建築意匠講義』東京大学出版会、一九九六

▼9
前掲8、二六～二八ページ

▼10
一九六〇年代半ば以降の近代以後の建築思潮をリードした建築理論家。『実存・空間・建築』鹿島出版会、一九七三、『ゲニウス・ロキ／建築の現象学をめざして』住まいの図書館出版局、一九九四、などを参照。

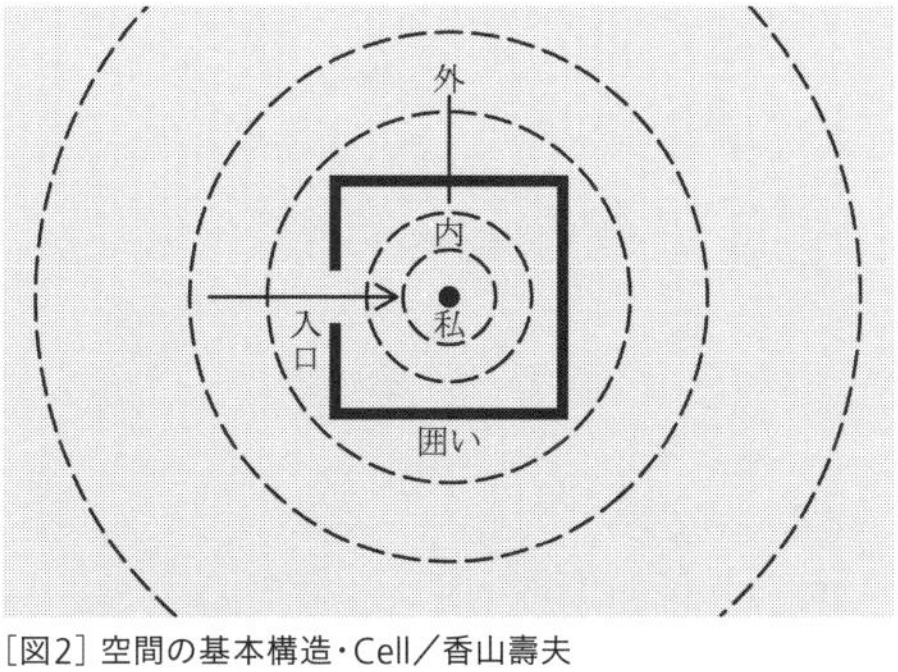

［図2］空間の基本構造・Cell／香山壽夫

棚など。そして、壁が囲い込む性質をもつことはあらためて論ずる必要もないであろう。

境界で囲いとられることによって内部と外部が切り分けられる。ただ、それはまだ建築空間ではない。建築空間となるためにはその境界に穴を開け、内部と外部を関係づけなければならない。その穴が開口であり、それを通して人やものや空気や光や水などが交通する。それが建築空間の前提条件である。

さらにここでは中心が重要な問題として扱われている。空間は私を中心として無限の拡がりをもつ、というとき、中心は私である。しかし、建築空間の中心は私だけでなく、物理的なものでありうる。先に示したアメリカ植民地住宅の暖炉・ハースはその好例であろう。あるいは、何もない原っぱを想像して、次にそこに一本の大きな樹がある状態を考えてみる。その空間的性質はおそらく大きく異なる。人はそこに拠りどころを見出し、その一本の樹は無限定な原っぱの空間の中心となる。ジークフリート・ギーディオンが示した三つの建築空間タイプのうち、古代ギリシア建築に代表される、ボリューム間の相互作用による建築空間形式のことである。[11]

有孔体／原広司

同様の空間モデルをもうひとつ見てみよう。『建築に何が可能か』[12]の中で、原は有孔体という考え方を示した。「かくて、空間を境界づけ、外部との連絡のための孔をもった被覆が新たに有孔体として定義づけられることになる」。原の説明を頭の中で図解すると、割れない風船のような立体的な皮膜をイメージし、そこに孔を開けることで有孔体ができ、すなわちそれが建築である。境界と開口の問題について、前記香山モデルと全く同形である。しかし、ここでは中心の問題は排除されている。ここにこの時期の原の近代に対する

▲11
ジークフリート・ギーディオン著、太田實訳『時間 空間 建築』丸善、一九六九を参照。

▲12
原 広司『建築に何が可能か』学芸書林、一九六七

位置も表れていると捉えることも可能であろう。

内部と外部／ロバート・ヴェンチューリ

「外部と内部とが異なるものだとしたら、その接点である壁こそが重要である。外部と内部の空間や用途上の要求が衝突するところに建築が発生する。（中略）建築は内部と外部の葛藤と和解を空間に記したものだといえる。そして、内部と外部の相異を認識することによって建築は再び都市的な観点から見直される」[13]。近代以後、つまり一九六〇年代後半以後の建築思潮を切り開いた一人であるヴェンチューリの『建築の多様性と対立性』[14]に記された文章で、近代建築の内部が周囲のコンテクスト、すなわち外部と切り離して思考されたことに対する異議申立てである。内部と外部はそもそも異なるものであり、それら自律する内部と外部は境界によって関係づけられる。

ここで考えてみたいのは、これらの空間モデルないし内部と外部の関係についての言説に共通に示された、その思索の順番である。まず囲い込み、そして孔を開ける。つまり、内部と外部を切り分けた後につなぐ。それは内部と外部とがそもそも異なるという前提を自明のこととした方法である。

空間を考えるときに内部／外部の前提を括弧に入れると

箱としての建築を壊せ／フランク・ロイド・ライト——中心によって規定される空間

前述のような通常の理解に対して、ライトは一九〇三年、〈ラーキンビル〉の模型を見ながら、四隅の階段室タワーを建物から離したらと思いつき、実行する。「これが箱としての建築の崩壊の始まりであった」[15]。そして「われわれが間を埋めるガラスをもたなかっ

◀13
ロバート・ヴェンチューリ著、伊藤公文訳『建築の多様性と対立性』一六二ページ、鹿島出版会、一九八二

◀14
前掲13

◀15
オルギュバンナ・L・ライト著、遠藤楽訳『ライトの生涯』二三〇ページ、彰国社、一九七七

たならば、キャンティレバーを手にしても何にもならなかったであろう。（中略）囲い込まれた箱の代わりに自由な壁ができた。隅はもうないのだ。（中略）外は内に入り、内は外に出るのだ」[16]というとき、それはまさに近代の空間概念そのものであるが、内部と外部とが境界によって区分されることをそもそも否定する。

建築をつくる方法には大きく分けてふたつある。ひとつは石やレンガを積みあげ、すなわちまず壁を立ちあげ、そこにいかに穴を開けるかということを問題とする方法である。いうまでもなく、西欧の建築は伝統的にこの方法でつくられてきた。そしてもうひとつの方法はまず柱梁のフレームをつくり、その穴をいかに塞ぐかということが問題となる方法である。近代になって鉄やコンクリートによってフレーム構造が可能になったとき、この方法によって近代建築が生まれた。すなわち、建築における近代化とは前者の方法から後者の方法への移行のことをいう。もちろん、木で建築をつくるところでは、後者の方法はむしろ当たり前で、新しいことでは全くない。桂離宮を始めとする日本建築が欧米における近代建築の形成に大きな影響を与えたことは自然なことといえる。

前述の通り、「箱型の建築をぶちこわそうと意識していた」[17]ライトは、そのような方法で内と外の区別のない建築をつくりあげたと自ら宣言しているのであり、そうであるとすると、境界に拠らない内部空間とはいかに可能なのであろうか。答えは中心である。初期のプレーリーハウス［写真4］で、言葉通りに壁をガラスにし、住宅内部と外部の平原とを連続させている。物理的な境界を限りなく曖昧にすることでそのことは達成される。そしてライトの住宅は植民地時代から続く家の中心・ハースによって確かな内部を獲得している。中心によって規定され、特徴づけられる内部空間といってよい。であるから、ガラスの外壁がどこにあるかは、この場合重要ではない。

◀16 前掲15、二三二ページ

◀17 ピーター・ブレイク著、田中正雄、奥平耕造訳『現代建築の巨匠』三〇七ページ、彰国社、一九七七

［写真4］プレーリーハウスの代表作〈ロビー邸〉一九〇八〜一〇

〈レンガ造田園住宅〉／ミース・ファン・デル・ローエ——壁のあちらとこちら

ミースは一九二〇年代に数々のプロジェクトを発表して、近代建築の方向性を示した。その中でその後の自身の主に住宅作品につながるものとして〈レンガ造田園住宅〉はある［図4］。ここに描かれた紙面の端に達する壁は何を意味しているのであろうか。仮想の田園地帯に延々と延びる壁。それは空間を囲い込むことなく、ただあちらとこちらとに峻別する。同様の壁が直行方向に交わることなく配置される。すなわち、十字に交わる壁はなく、L字、T字の壁が連続することなく置かれ、徐々に密度を増す。ここではそれらそれぞれ自立した壁が空間をあちらとこちらに分け、ふたつの壁によって、たとえばこちらのこちら、こちらのあちら、あちらのこちら、あちらのあちら、という具合に空間の質を与えていく。最終的に空間に濃淡といってよいような差が生じ、濃い場所が内部となるというように意図されたかに見える。壁のあちらとこちら、これがここに示された建築空間のあり

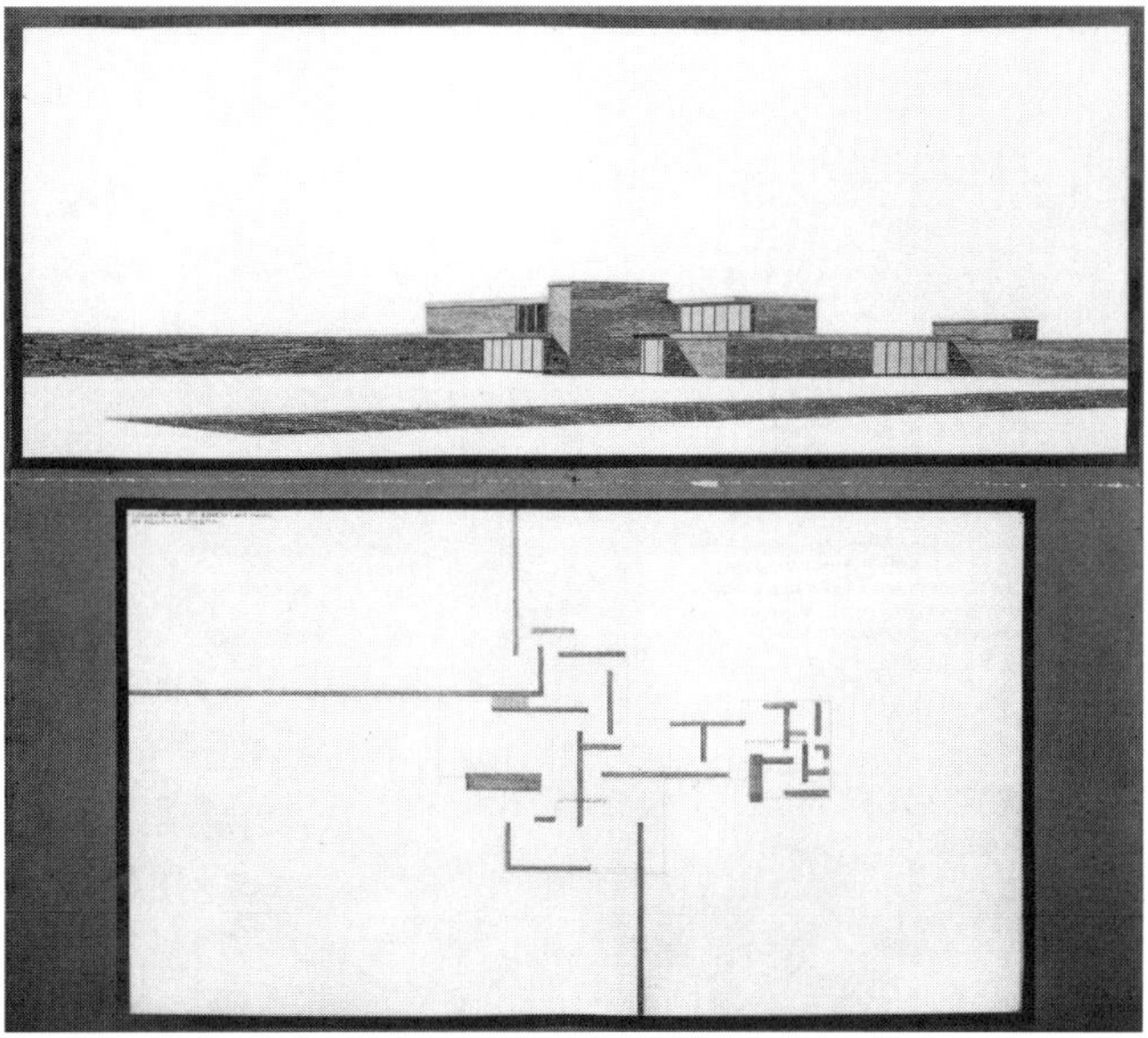

［図4］〈レンガ造田園住宅〉1924

ようであり、境界を形成し空間を囲い込む意味での壁はない。そして、ライトにとって重要であった中心もここでは明示されることはない。

石工の息子に生まれ、石工の修業でその経歴をスタートしたミースは、その実践の中で、レンガの壁が自分のいる側といない側に徐々に切り分けることを体験したに違いない。「ふたつのレンガを入念に組み合わせることから建築は始まる」[18]という言葉は、素材に対する深い理解とその精妙な接合方法の問題として石や鉄やガラスに敷衍され、ミース固有の細部へと、さらにそれによってつくられる流動的な空間へとつながった。しかし、ふたつのレンガを入念に組み合わせることによって、同時に、空間のあちらとこちらが切り分けら

[写真5]〈バルセロナ・パヴィリオン〉1929

[写真6]〈ファーンズワース邸〉1950

▲18
フランチェスコ・ダル・コォ「洗練—ミースの文化を彼の筆にたどる」、ケネス・フランプトン他著、澤村明＋EAT訳『ミース再考—その今日的意味』所収、鹿島出版会、一九九二を参照。

れる。空間の流動性はその結果であろう。そのような空間はその後、〈バルセロナ・パヴィリオン〉［写真5］や〈ファーンズワース邸〉［写真6］などで具体化された。

〈せんだいメディアテーク〉／伊東豊雄――内部／外部を貫通する「外部」[19]

一世紀を経て伊東が「内部と外部とを切り分けない建築」というとき、その意味がかつてと同じであるとは考えられない。〈せんだいメディアテーク〉［写真7］で意図されたことは、まず「透明性」[20]であり、次にサイバー空間との関係であった。さらに、先の言葉によって、中空の柱によってできた空間が、内部と外部の関係において、今までになかった形式をつくりだしたことが説明される。通常の内部／外部の内部に挿入された中空の柱の内部という外部。それが街路という外部と連続しており、外部的といえる性質をもっている。当初の目論見が達成されたか否かは別にして、実現された空間が今までに見たことのないものであることは確かであろう。

◆建築設計における空間の意味

建築設計における中心課題は、近代以前における様式、近代における空間、近代以後における場所、と変遷してきたと説明される。ギーディオンは外部空間主体の古代ギリシア建築、内部空間主体の古代ローマ建築と併置するかたちで、第三の空間形式として、近代建築は内部空間と外部空間の関係を問題とするとした[21]。前述のライト、ミースの作品にそのことが最もよく表れている。

その近代的空間は流動性、時間性、均質性という特徴をもち、そのことは特定の場所に落ち着いてとどまることと相反する、もしくは関係がないと考えられた。しかし、たとえ

［写真7］〈せんだいメディアテーク〉二〇〇〇

◀19 「新しい世紀の建築をめざして―思索と創作の問題―」一九九七年度日本建築学会大会建築歴史・意匠部門PD

◀20 コーリン・ロウ著、伊東豊雄、松永安光訳「透明性―虚と実」『マニエリスムと近代建築』所収、彰国社、一九八一を参照。

◀21 前掲11

ば近代的空間の代表例である〈ファーンズワース邸〉は、そこに住まうことが可能かどうかの議論さえあったが、確かな場所性をもち、心安らぐ空間となっている。つまり、空間と場所とは矛盾するものではない、あるいはそれらは別のことではない。場所性を獲得した空間が内部空間であり、すなわち建築空間である。

◆制作の試み——内部／外部の関係づけ＝空間の積層と一枚の壁

建築意匠はつねに制作と関係づけられなければ意味がない。というより、建築について思索することと制作することはコインの表裏のように不可分である。内部と外部の問題について考えてきたが、そのような思索が実際の制作とどのような関係をもちえるのであろうか。自作により具体例を示すことで本章のエピローグとしたい。

〈IC2〉［写真8］

地方都市の既存街区の中の空地がすでに内部的な性格をもっていることを利用して層状の空間を構想した。外部的外部である街路に対し壁を建て、その内部的外部を強化する。そして、街路側の壁から壁に依存する内部的内部、柱によって規定され内部的外部として残される庭に解放される外部的内部。これらを層状に配置することで空間の質の差をそのまま住まい方に投影することを模索した。

〈IC3〉［写真9、10］

ミースの一枚の壁を東京世田谷の狭い敷地に入れ込むことを考えた。そのために壁をS字に折り曲げて挿入し、外部的外部である街路と内部的外部の庭をまず切り分ける。S字

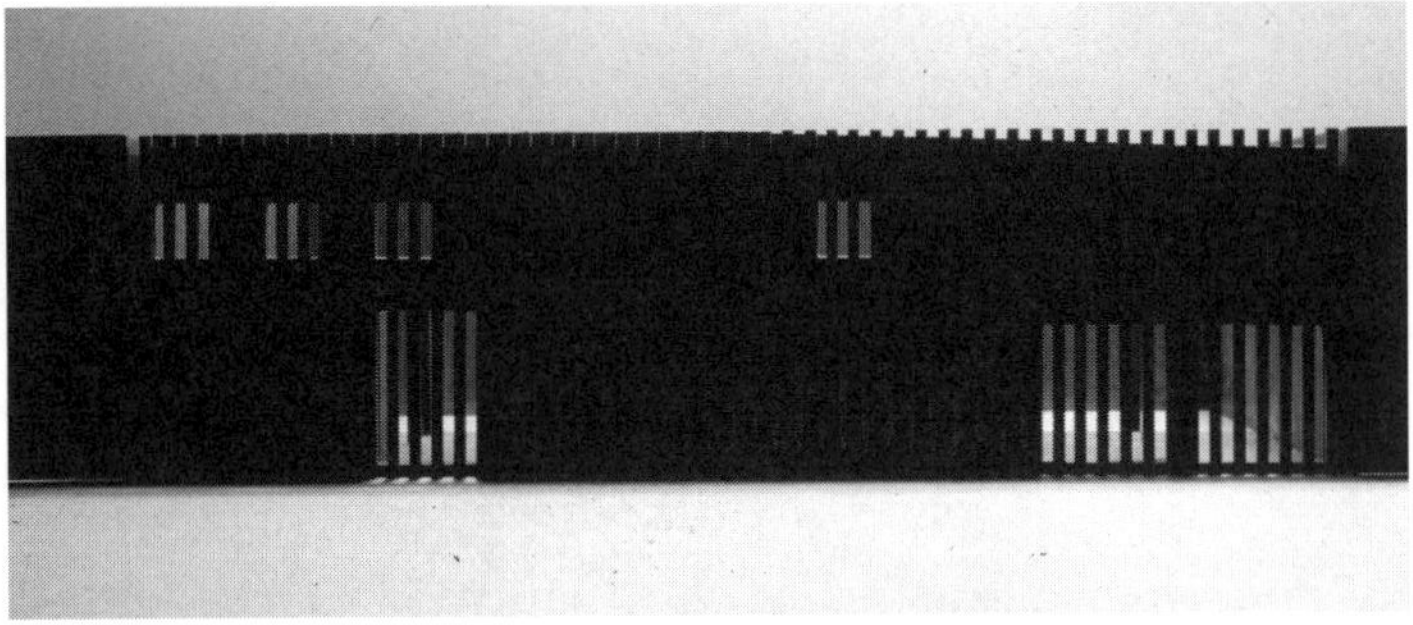

［写真8］〈IC2〉模型 一九五五

はコの字の組合せであるから、ふたつのコの字に囲まれた内部が生じ、道路側を外部的内部、庭側を内部的内部として、ここでもそれら性質の異なる空間を、住まい方そのものと対応させた。

〈ORANGE〉［写真11、12］

大学の既存体育館をプロダクト工房に変更する最適再利用である。金属加工を含む大騒

［写真9］〈IC3〉2000

［写真10］〈IC3〉模型 二〇〇〇

音を閉じ込めるために、コンクリートの箱を既存の体育館の中に別構造でつくる。そうすることによって、入れ子の建築ができ、アリーナは外側の体育館そのものとしての箱の内部でありながら、内側に挿入された箱の外部となる。内側の箱の屋上からアリーナに連続する螺旋状の空間構成はそのままカリキュラム構成に対応しており、全体として内包される空間はここでも住まい方と緊密に関係している。

[写真11]〈ORANGE〉2004

[写真12]〈ORANGE〉2004

野上恵子

日本の庭

9

NOGAMI Keiko

日本では古代からたくさんの庭がつくられてきた。そのいくつかは今でも残っており、長い時間を経てもその価値を失っていない。庭を訪れると、そこにはたいてい屋根のかかった部分、つまり家がつくられている。今日、そうした家にもとの住人のように上がり、庭を眺めることができるケースは残念ながら稀になってしまった。しかし、日本の庭はこの家の部分と切り離しては捉えられないものなのだ［写真1］。

◆「内」としての庭

ここにN・シュルツが彼の著書[1]の冒頭に使った写真がある［写真2］。小さな女の子が砂山に囲まれて笑っている。彼女はそこに微笑みたくなる居心地よさを発見したのだ。砂山が彼女がつくったものであれ、もともとあったものであれ、その場所を発見しそこに入り込むことは、彼女が環境に働きかけて自分の「家」とよぶべき空間をつくっている、ということだ。家は自分を守り、心地よさを与えてくれる場所である。彼女にとって砂山の内側は「内」、その向こうは「外」である［図1］。

日本の古い寺院や住宅の座敷に座ると、開け放たれた建具の向こうに庭が眺められる。江戸時代に建てられた〈詩仙堂〉の座敷から庭を見た写真1も、そうした眺めのひとつである。座敷は庭に面した縁側に接し、縁は直角に折れて隣の座敷に回り込んでいく。本来、縁の内側には舞良戸と明り障子、外側には雨戸がはまるのだが、来訪者のためにすべて戸袋に引き込まれ、開放されている。欄間には縁の内外とも障子がはまり、ぼんやり光が入る。障子の形状は内側と外側で違っている。この部位にディテールが集中しているのがわかる。庭に目をやると、遣水と呼ばれる水の流れが、ちょうど座敷の真ん中あたりで建物に沿って折れ曲がり、庭の奥へと延びていく。鴨居と縁側の水平線に切り取られた庭の景

［写真1］〈詩仙堂〉の座敷より庭を見る

▼1
ノルベルク・シュルツ著、加藤邦夫訳『実存・空間・建築』鹿島出版会、一九七三

は、こんもりした木立で終わる。

この庭は屋外であるが、「内」と呼べる性格をもっている。親密さが室内から外へとはみ出し、屋根がかかった家の中の空間は庭と一体となって成り立つ。シュルツの少女の砂山の家、つまり「内」の空間は、庭の端の木立まで続いているのだ。屋根のある場所から庭に広がる空間は、座敷、縁と建具、その先の庭の遣水、木立に至るまでが、ひとつの「内」としての空間構成なのである。

◆庭の記述

魅力的な空間に出会ったとき、その空間を解釈することは創作のためのストックとなる。それは新しいものを見るときの物差しになり、新しいものをつくるときのアイデアになる。解釈の方法のひとつは、空間を「記述する」ことである。重要なのは記述するときに用いる単語、つまりキーワードの選び方だ。設計という動機と、記述したい空間の特徴が、単語を選ぶときの尺度になる。

庭の空間構成の場合、それを一般的な建築図面（平面図と断面図）を通して見ると、その構成のポイントは庭とそこに面した部屋の関係に現れる。平面［図2］では、庭と部屋のまとまりはどこにあるか。庭の焦点が部屋とどのような関係にあるか。また、室内の焦点はどうか。断面［図3］では、庭と建物の境界部分、庭の終点はどのようにつくられているか。図面に現れない素材なども、キーワードになり得る。こうしたキーワードは、必要に応じて変更可能なフレキシブルなものだ。それらのいくつかを挙げてみる。

・庭の端［図3］
建物から庭を見たときの終点にあたる部分。「内」と「外」の境界。生垣や塀のような

［写真2］自分の実存的空間を〈具体化〉している幼児（前掲書▶1キャプション）

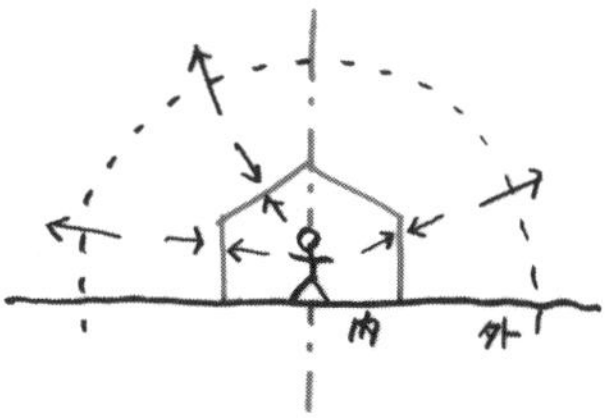

［図1］環境への働きかけによる「内」と「外」の形成

明快な境界のほか、木立によって曖昧になったり、遠くの山並みが借景されることもある。

・庭と建物の境界［図3］

縁や庇で構成される部分。軒高や奥行き、また建具、欄間、欄干、階段などのディテール。

・室内の壁の位置［図2］

日本の座敷では可動間仕切りが主体のため、固定壁の位置が空間構成上の重要な要素となる。

・庭の焦点となる要素の配置［図2］

庭は海がモチーフとされることが多い。仏教界の中心である蓬莱山を表す三尊の石組み

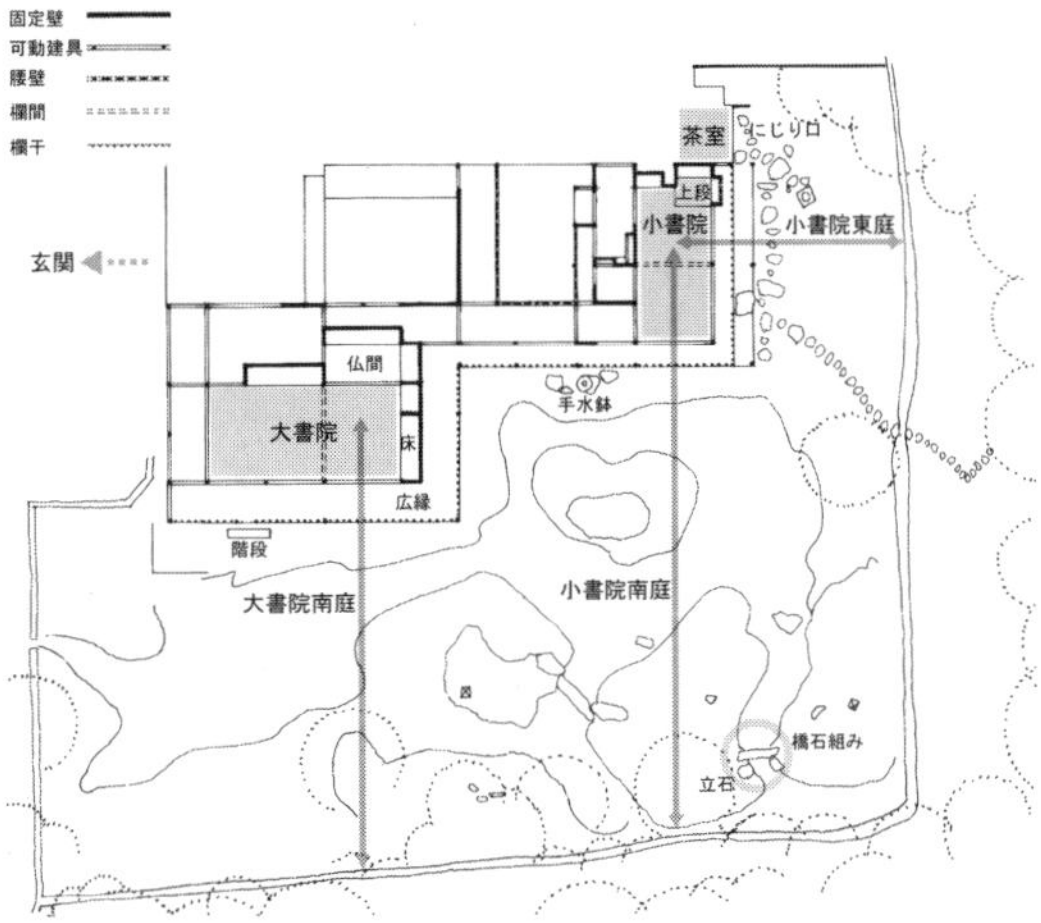

［図2］〈曼殊院〉平面図

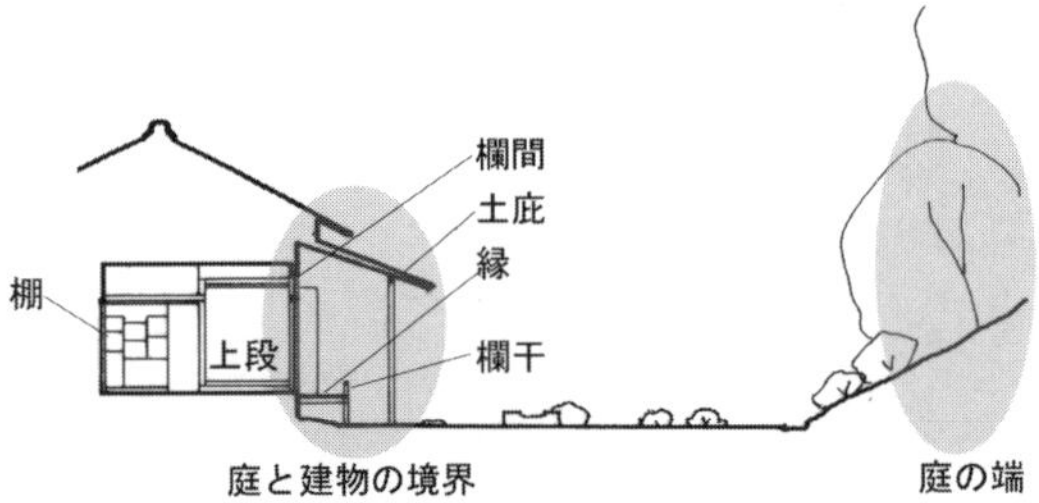

［図3］〈曼殊院〉断面図　小書院東庭

や、水流の始点を示す滝石組みが重要な要素となる。

・室内の焦点となる要素の配置[2]〔図2〕

床の間をはじめとする座敷飾りなど。部屋の格式を表し、室内に方向性も生まれる。

◆三つの型

伝統的日本庭園には、枯山水庭園、回遊式庭園といった通説となっている分類がある。堀口捨巳はそこに、建築家として「内」としての庭の視点を取り入れ、次のように書いた。「住宅建築において、建築史の立場から寝殿造り、書院造り、数寄屋造りという三つの様式が、わが国においては目立つ性格をもって成り立っていたことは、既に世に広く知られていたところであった。それについていた庭園においてもまた同じように、この三つが成り立っていたと考えられるのである[3]」。

一般的な住宅の分類を庭の分類にそのままあてはめることができる。寝殿造りや書院造りといった住宅の定型が成立したとき、庭と建物は空間として一体なのだから、同時にそれぞれの庭の定型も定まった。数奇屋造りについては、従来の住宅に茶室の要素が取り入れられたものだとすると、茶室の完成がその型を決定づけたと考えられる。堀口はそれぞれを「寝殿造り庭」「書院造り庭」「数寄屋造り庭」と呼んでいる。

この三つの型について、先ほど挙げたキーワードを使って記述してみる。それぞれに新しい名前をつけ、できるだけ簡単な図式で表現する。キーワードによる記述が具体的な設計行為に近づくものだとすると、ネーミングと図式は、空間構成のテーマをより抽象化・一般化するのに役立つ。それらは次のようになる。

一「寝殿造り庭」→ 家としての庭―庭につつまれる〔図4〕

◀2
書院造りにおいて部屋の格式の高さを表す要素。床、棚、付書院、頂台構えなど。

◀3
堀口捨巳『庭と空間構成の伝統』鹿島研究所出版会、一九七七

二「書院造り庭」→絵としての庭―庭と向き合う［図6］
三「数寄屋造り庭」→橋としての庭―庭を渡る［図8］

最初に、〈桂離宮〉と同じ一七世紀半ばにつくられた〈曼殊院〉の庭を見てみよう。千利休によって茶の湯が完成する、すなわち「数寄屋造り庭」の型ができるのが一六世紀の終わり頃であるから、三つの型が成立してまもなくの時代の庭だ。〈曼殊院〉の庭は、水を使わずに池と滝、島の構成を表現した、一般に池泉型の枯山水庭園とよばれるものだ。庭に面する建物には他よりも重要度の高い部屋、つまり床の間や棚といった座敷飾りのついた部屋が、大書院、小書院、茶室「八窓軒」と三つある。これらの部屋とその前庭を、それぞれひとつのまとまりとして取り出す［図2］。三つの庭は異なる空間構成をもっていることがわかる。実はこれらは「三つの型」に対応している。

表玄関から縁伝いに進むと、まず南面する大書院がある。大書院の前庭は、庭の端部が木立で終わり、手前側に白砂の空間が取られ、吹きさらしの縁の正面に庭に降りる階段がつく。縁の奥行きは広く、欄干がめぐり、軒はひときわ高く開放的だ。室内では、玄関から遠い壁面に床の間と棚が設けられ、庭と向き合う位置には上段（現在は仏間になっている）が据えられる。これは「家としての庭」の構成なのだ［写真3］。

次に、縁は鉤型に折れて小書院につながる。「雁行」▼4と呼ばれる配置だ。小書院に至る縁は幅が狭くなり、同時に屋根も切り替わって庇が低くなる。天井が切り替わる位置で欄干も繊細なデザインに変わり、縁先には手水鉢が置かれる［写真4］。小書院の正面から南庭には降りられない。見るだけである。座敷に座って庭を見返すと、両側に引き分けられた舞良戸の間から、切り取ったように、橋石組みとその奥の大きな立石が見える。これは

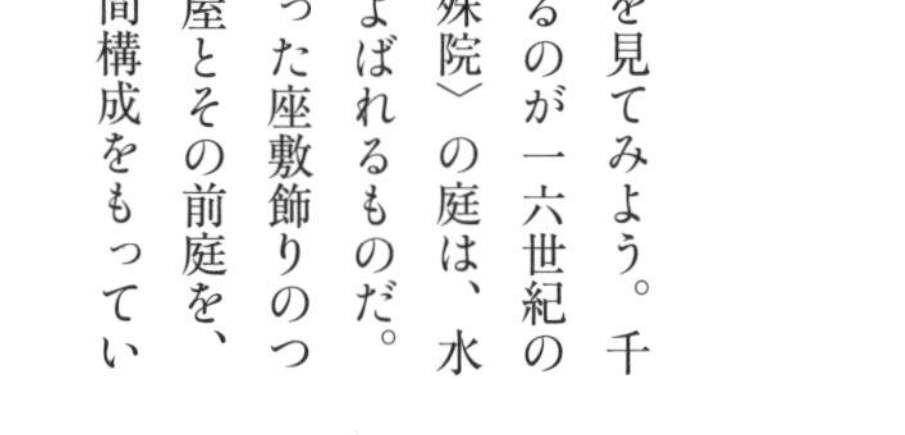
［写真3］〈曼殊院〉大書院の広縁と前庭

▼4 空を飛ぶ雁の列の形。斜めに後退する三角形。

「絵としての庭」の空間構成である［写真5］。

三つ目の庭へは、小書院の角を回り込んだ奥の縁から降りることができる。庇が縁を超えて庭側に低く張り出し（土庇という）、その先端に沿って飛石が打たれている。飛石の先は茶室「八窓軒」のにじり口で、庇の下の路地は、「橋としての庭」が枯山水の一部に組み込まれたものである。低い庇と迫る山肌によって、空間はしぼられ視線は地表に向けられる［図3、写真6］。

茶室は主人が大事な客をもてなす空間であり、一番奥にある。にじり口の足元の石に立って庭を見返すと、飛石の延長線上に先ほどの立石と橋石組みが見える。要素どうしを結びつける見えない糸が働いている。このように、玄関から茶室に至る動線を進むプロセスの中に、お互いに関係づけられたいくつもの庭の景が仕込まれ、人はそれを順番に体験す

［写真4］〈曼殊院〉縁と小書院外観

［写真5］〈曼殊院〉小書院から南庭を見る

［写真6］〈曼殊院〉小書院東庭の土庇

ることになる。全体が「橋としての庭」の構成をもっているのである。これが大きな池の周りに展開されるのが、〈桂離宮〉などのいわゆる回遊式庭園だ。

次に三つの型を、それぞれが成立した時代に沿って見てみよう。

家としての庭——庭につつまれる［図4］

寝殿造りは平安時代の貴族の住宅の形式である。その遺構は今日では残っていないが、絵巻物［図5］や復元遺構からその姿を想像することができる。また、当時の庭園書として『作庭記』が伝わっており、寝殿造りの庭に定型があったことがわかる。

日本の古代の都が、理想とされる世界のモデルに倣って造営されたように、貴族の住居も、縮小された理想世界としての庭の中につくられた。母屋は広い敷地の中で南向きに建てられ、その正面には空地と、中島のある池が配され、建物は高床で一棟ごとに寄棟屋根の載る矩形平面をもち、母屋とその他の棟は吹き放ちの渡り廊下でつながれた。室内の間仕切りには屏風や衝立など可動のものが用いられ、季節や行事に応じて取り替えられた。部屋外の建具は蔀戸であった。[5] 蔀戸は跳ね上げると柱間がすべて開放される。蔀戸の外は吹き放ちの広縁で、欄干がめぐり、正面の空地に下りる階段が中央につく。日本らしい風景や親密な自然の姿といった色あざやかな大和絵のモチーフが、池の護岸の曲線や、家具や衣装に至るまで一貫して用いられ、庭から室内へと連続するひとつの世界がつくられる。こうした庭では、池には舟を浮かべて遊び、空地では儀式が執り行われた。古代から神道の儀式に用いられた庭は「斎庭《ゆにわ》」と呼ばれ、祓い清められた場所であり、伊勢神宮の垣に囲われた小石敷きなどがその例とされる。[6] 寝殿造りの何もない空地の庭も、斎庭の系譜にあると考えられる。

［図5］『駒競行幸絵巻』。藤原氏の栄華をつづる『栄花物語』に取材した鎌倉時代の作

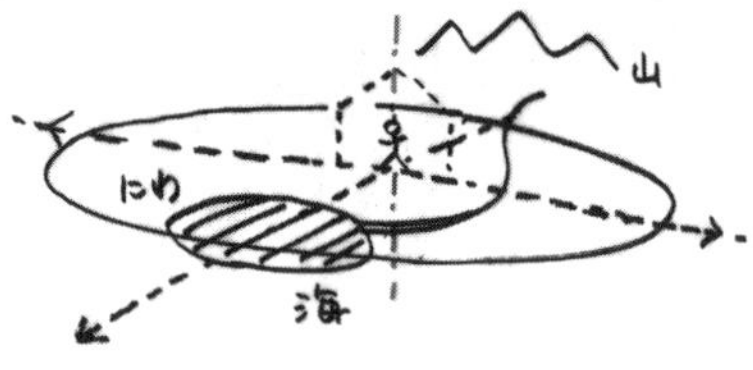

［図4］図式　家としての庭

〈鹿苑寺〉の庭は今も『作庭記』の庭の様子を伝えている。この庭の原型は一三世紀の初めにつくられ、後に足利義満がこの庭を利用して山荘を営み、そのとき建てた舎利殿が金閣である。金閣は本来仏の遺骨を安置するお堂であるが、社交や遊行に利用するため最下層が寝殿造り風につくられた。そのため、ここからの庭の眺めから寝殿造りの庭の有様を想像することができる［写真7、8］。この一階部分は、池に面する南面がすべて蔀戸、その反対側の北面は壁で閉ざされた一室空間で、池庭に正対している。広縁幅いっぱいに据えられた蔀戸を開け放つと、そこからの眺めは手前の開けた水面から中島を越えて、庭の端は背後の森に溶け込む。白砂の空地こそないが、かつては池面には舟が行き交っていただろう。

寝殿造りの庭では庭と建物の境界は開放的で、内外の建具を取り払うと広々とした室内

［写真7］〈金閣寺〉

［写真8］〈金閣寺〉第一層からの眺め

◀5
水平軸を軸として吊り上げる建具で、碁盤目の格子の裏に板を張ったもの。
◀6
伊藤ていじ「日本庭園に関する七章」『日本の庭』巻末論文、中央公論社、一九七一

は庭と一体となる。庭の端部ははっきり知覚されずにどこまでも続く印象を与え、理想的な自然につつまれる感覚をもたらす。庭と建物でつくられる「内」としての空間が心地よい住まいとなる。このような庭のあり方を「家としての庭」とよぶ。

絵としての庭——庭と向き合う［図6］

公家社会の中に武家が権力者として現れると、社会状況の変化が住宅にも変化をもたらし、寝殿造りはやがて書院造りの形式を整えてゆく。公家の住居の儀式に替わり、武家の住居では対面の機能が重視された。間取りには公私の別だけでなく、格式に基づく階層的な構成がはっきり現れ、座敷飾りがその格式を示すものとして取り付けられる。畳敷き・天井張りが一般的となり、間仕切りには襖が用いられ、外部建具は蔀戸に替わって舞良戸[7]と明り障子の組合せが主となる。一方、庭は建物に引き寄せられ部屋との結びつきをいっそう強め、室内の階層的な構成が庭にも反映される。降りて使う庭ではなく、ただ見るために設えられた彫塑的な性格が強くなる。また、禅の思想も庭に大きな影響を与えた。自然の姿に素直に倣うのではなく、石組みや刈込みといった限定された要素を用いる表現によって、それまでにない抽象的な庭もつくられるようになった。

〈光浄院〉は〈園城寺〉の子院のひとつで、その客殿（一六〇〇年頃）は典型的な書院造りとされる。それぞれの部屋には明快な格式の差が表され、最も格式の高い上座の間では、襖絵に金箔が使われ、座敷飾りとして床の間・棚・付書院のある上段[8]が設けられている。

ここには庭と部屋のまとまりがふたつある［図7、写真9、10］。ひとつは中門のある築地塀に囲まれた矩形の砂利敷きの庭である。建物東面の、寝殿造りの名残をとどめる玄関に面

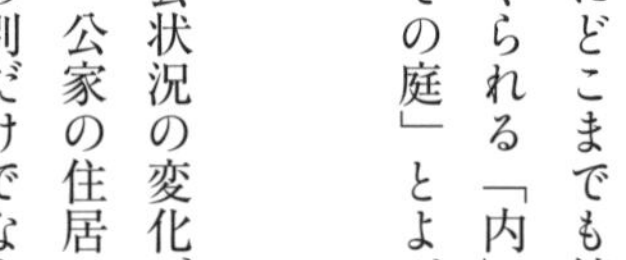

［図6］図式　絵としての庭

◀7 表裏に横桟を打った引違い戸。

◀8 他より一段高くなった部屋あるいはその一部。格式の高さを表す。

している斎庭的な庭。これに対して南面には、上座の間とそれに続く次の間に面する池庭がある。水面に張り出した広縁部分は寝殿造り風で、池の様も『作庭記』の面影を残しているが、縁から庭には降りられない見るための庭であり、奥行きも狭く斜面の木立が迫っている。池庭側の建具はすべて舞良戸となっており、舞良戸と明り障子を引き分けると、額縁状の開口に切り取られて滝石組みが見える。庭の焦点である滝石組と室内の焦点である上段の位置が呼応しており、どちらも一番奥にある。玄関から上座の間に向かって、滝からの水の流れと部屋の階層的構成の方向が関係づけられている。

このような庭は、庭に面する室内空間と空間的にも機能的にも強く結びつけられている。庭はその境界を築地塀や生垣などで矩形に囲い取られ、さらに建物の架構によって枠取ら

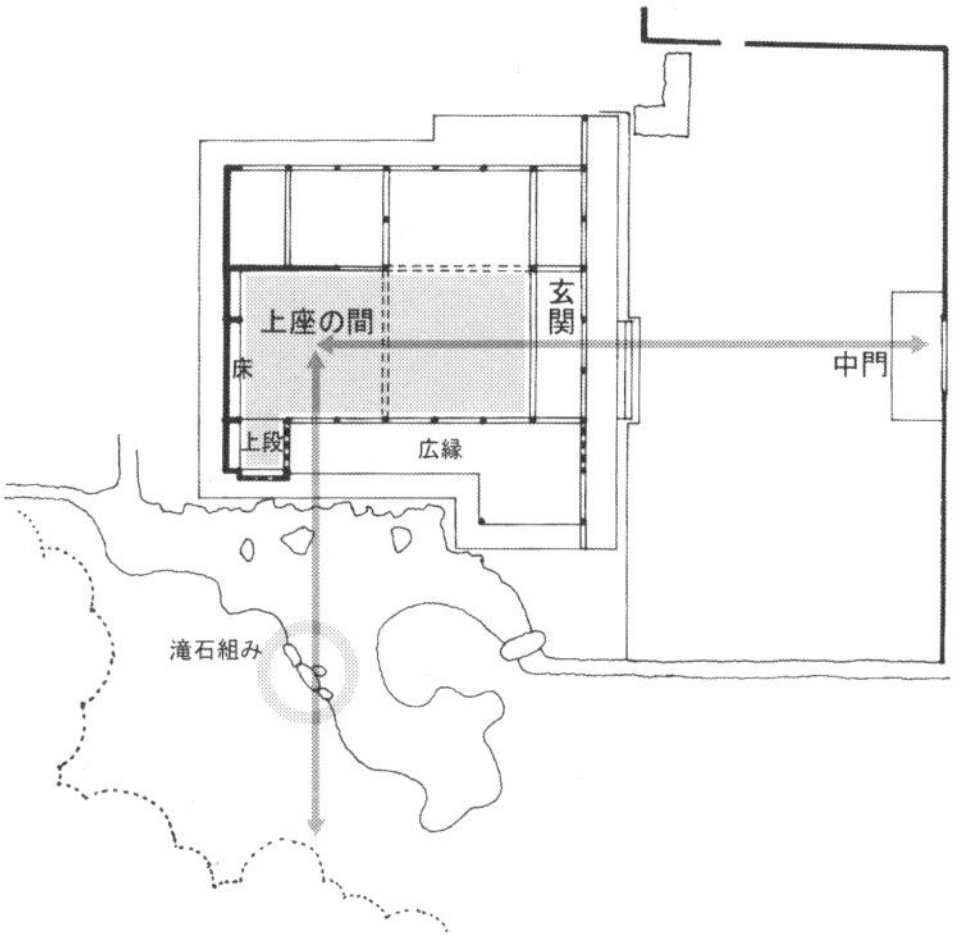

[図7]〈園城寺光浄院〉平面図

[写真9]〈園城寺光浄院〉玄関前庭

[写真10]〈園城寺光浄院〉広縁に面した池庭

れて部屋と向かい合う。

橋としての庭——庭を渡る［図8］

現代に伝わる茶の湯は、貴族でも武士でもなく、商人であった千利休によって完成された。そのとき、利休の茶の湯の空間として、草庵茶室とその庭（路地）の定型も定まった。茶の湯が広く行われるようになると、住宅建築にも茶室の要素が様々な形で取り入れられてゆく。「数寄屋造り」はそれらの総称といえる。

茶の湯の世界は、茶室、路地、花や掛軸などの飾り、道具から所作まで、その構成要素のすべてが、既成の価値観にとらわれない「侘び」▼9という美意識のもとに選ばれた。茶室は主人が客に茶を振舞う接客のための空間だが、その機能を満たす最小限の大きさで、それまでの住宅建築の規範にのらない農家のような姿につくられた。庭を見せる開口はなくされ、光を取り入れる小窓だけが必要に応じて開けられる。客は小さなにじり口から入り、茶室の中ではつねに座ったままである。このにじり口に至るまでの外部空間が、路地と呼ばれる庭である。普段の世界から茶の湯の特別な世界へと客を導くアプローチ空間として、茶室とは切り離せないものだ。路地は、待合・腰掛・手水といった茶の儀式に必要な要素と、それらをつなぐ飛石や延段で構成される。二点をつなぐという意味でも、そこを渡るという意味でも、「橋」としての性格をもつ。

〈妙喜庵〉に残る〈待庵〉（一六世紀末頃）は、江戸時代初期から利休の作と伝えられ、彼の思想に最も忠実な遺構とされる［図9、写真11、12］。茶室は二畳敷きで、壁は粗い土壁、柱には皮付きの材が用いられ、襖に絵はなく、従来の座敷とはまるで異なる。小さな天井面は主人と客の座に対応して分割され、三つの小窓がそれぞれ主人の手元、道具、客の手

▼9
閑素の中に見出される清澄・閑寂な趣。

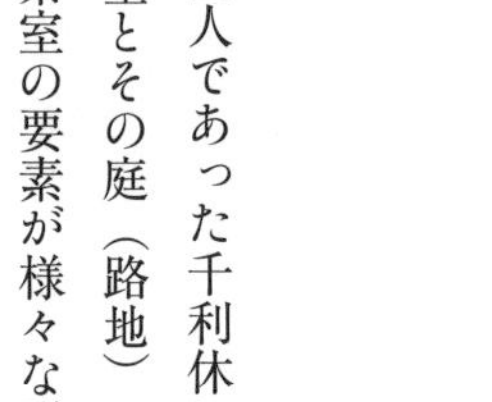

［図8］図式　橋としての庭

元を照らす。この茶室への路地は、隣接する書院の広縁から始まる。路地には人の行為と心理に働きかける空間操作が、移動するプロセスの中に配される。書院の前庭は背の高い生垣で視界をさえぎられ、広縁から庭へ降りた歩行者の目は足元へ向けられる。足元には延段が延び、飛石へと導かれる。飛石の一石目で左に折れ、低い土庇の下に入る。庇の雨落ちに外向きに配された手水石でかがんで手を清め、振り返ると、茶室の入口であるにじり口がある。

◆『「内」としての庭』意識

ここまで伝統的な日本庭園とその三つの型について見てきたが、これらは時代に沿って入れ替わってきたものではない。三つの庭は組み合わされ重ね合わされて、日本の庭の空

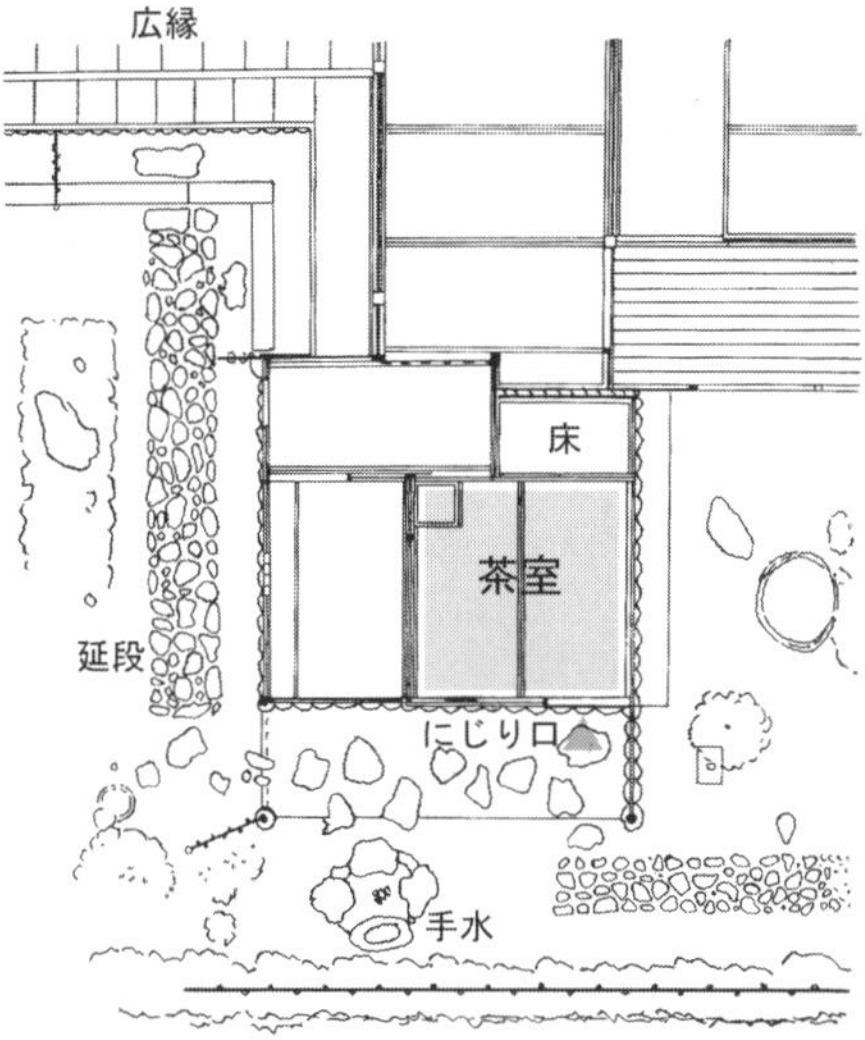

［図9］〈妙喜庵待庵〉平面図

［写真11］〈妙喜庵待庵〉茶室内部

［写真12］〈妙喜庵待庵〉
広縁から延びる延段

間構成をより豊かなものにしてきたのだ。

最初に取り上げた曼殊院の庭に戻ってみよう。そこでは縁伝いに、大書院前の「家としての庭」、小書院南の「絵としての庭」、八窓軒に至る「橋としての庭」と、一つの庭の中に庭と室内を結ぶ空間構成の三つのまとまりが展開する。同時に、これらを横切って進んでいく過程には、手水鉢や飛び石といった小さなまとまりが配される。こうした大小遠近様々な景を順番につないでいく連歌のような構成は「橋としての庭」の構成そのものであり、連歌の歌の一つひとつは「絵としての庭」の構成を持っている。一方、「家としての庭」は、日本の庭づくりの基礎ともいえる、日本人のもつ受容的な自然観につながる態度なのである。

こうした日本の庭に見られる環境への働きかけ方は、相手を受け入れて同化する態度であり、できるだけ人為の跡を見せない感受的なものだ。「内」としての庭の今日における可能性を考えるとき、この態度を能動的に取ることに意味があるのではないだろうか。

私たちが空間を設計するとき、ある環境に境界を与えることは、その内側と外側の空間を同時につくり出すことを意味する。例えば、現代の私たちが設計するのは多くの場合周密な都市の中であり、狭小な敷地に建つ住宅などだ。自分の「外」がすぐに隣人の「内」である。こうした環境の中で、庭をつくる態度は、自分が勝って相手が負ける関係ではなく、相手を活かし自分も活きる関係を築くことを可能にする。「内」の境界は、より大きなまとまり、都市そのものにまで広がっていく。三つの型を通して見たように、私たちは、庭をつくる歴史の中で培われた多様な手法をすでにもっているのだ。

三谷 徹

自然の宿り木

――ランドスケープデザインのかたち

10

MITANI Toru

「風景というものは、風景をつくりだす自然や人間社会と同様に、静的でも固定的でもない。それはたえず発展し、成長し、変化し、進歩し、退歩している。このことはわれわれの眼には均衡を保っていると見える自然風景や牧野風景についてさえもいえるのである」—Garrett Eckbo "The Landscape We See" 1969

近代ランドスケープアーキテクチュアの功労者ガレット・エクボの言葉、この中に、ランドスケープデザインにおける形態のあり方が、明快に示されている。

ランドスケープにおける形態とは、人間界の営為と自然自体の間に立ち現れる「干渉縞」のようなものである。それは、人間と自然の継続的で動的な関わりの中で維持されているかたちである。人間独自のシステムでもなく、手つかずの自然そのものの姿でもない、自然と人間の両者のありようを同時に映し出すものである。

このかたちの最も原初的なありようを、農耕風景の中に見ることができる。

たとえば棚田風景はそのよき一例である。稲作は田の中に水を保持しなければならず、当然水平につくられる必要がある。これは人間の用のかたちである。しかしその結果現れる折り重なる等高線のようなかたちは、その土地固有の地形がもたらすかたちである。そのかたちは人間がつくりだしたものとも土地のものともいいがたい。

たとえば同じく農耕があぶりだす地形の例であっても、ナパのブドウ園が見せる風景は全く現代的なものである[写真1]。この格子配列はすべて機械化された管理システムに基づいたピッチから決定されており、加えて現代の航空測量技術があってはじめてなされうるものであるが、その幾何学の正確さゆえに、カリフォルニア北部の丘陵地形が、大地に印刷技術が施されたかのように正確無比な曲線の重合としてあぶりだされている。

[写真1] ナパのブドウ農場がつくりだす風景

ここで注意しておかなければならないのは、風景のかたちは、目的とされるかたちではなく副産物としてのかたちであるということである。「ブドウ園」のかたちは直線的な幾何学であり、これは必然的形態である。しかし「ブドウ園の風景」のかたちは、土地の起伏と呼応した結果現れた「偶発的」形態であり、そこに必然性や必要性はない。したがって文化的側面から認識されてはじめて意味が与えられるものであり、地理学者には見えていても、農夫には見えてこないかたちなのである。

ランドスケープをデザインする立場においても、この風景のかたちの本来的現れ方、位置づけを理解しておかないと、デザインは単なるお仕着せに終わる。そのことを以下に、一・伝統的な庭園様式のかたち、二・近代ランドスケープデザインのかたち、三・現代の環境アートにおけるかたちのあり方の、三つの題材から考察していこうと思う。

◆昇華した農耕景観——伝統的様式庭園におけるかたちの原初

農耕技術が土地と干渉し偶発的に現れるかたち、これを様式化したものが各国の様式庭園である。ランドスケープデザインの古典ともなる伝統的様式庭園においても、その根源にはその土地その時代ごとの農耕システムがもつかたちが隠されていることが伺われる。

自然の恵みを謳うルネサンス様式

たとえばイタリア・ルネサンス様式の整形式庭園は、一般に人間復興における理性の象徴として説明される。しかしこの様式を特徴づけるいくつかの幾何学は、理念を待つまでもなく、古来からのこの土地の農耕風景に内包されていたものである。

〈ヴィラ・ランテ〉〈ヴィラ・ガンブライア〉［図1］といった代表的庭園の特徴は、矩形に並ぶ空間構成および格子状に樹木を配するボスクであるが、この形式は、降雨の少ない南欧各地に特有の果樹園の形式そのままであることは論を待たない。その名残を示すように多くの庭園が柑橘類の果樹そのもののボスクを擁し、豊穣を記す彫刻とともに配置されている。また庭園のもうひとつの大きな特徴であるテラス構成も、いったん庭園の外に眼を転じてみれば、石垣を組みつくられてきたテラス状耕作地と同じであることに気づく。耕作地をテラス状にすることは、灌水と保水の面でも有利であった。

またこの様式には糸杉の列植や刈り込まれた高生垣がつきものであるが、これらの植栽様式も、イタリア、とくにトスカーナ地方の農耕風景にはおなじみの景観要素である。ブドウなどの果樹を冷たい東風から護るための防風林として、また時には、住居に続く農道に沿う並木として、乾いた丘陵地のあちこちに見かけるものである。これらの農耕形態を、左右対称の軸構成の上にまとめあげれば、おおよそイタリア・ルネサンスの庭園の体裁を得ることができる。つけ加えれば、しばしば軸を表現する噴泉やカスケードのサイホンの工夫も、古くはローマ時代から継承された農業灌漑の水道技術があってはじめて可能なものであり、こうした意味からも、庭園は農耕のかたちの集大成といっても差し支えない。

土木のかたち——フレンチ・バロック

フレンチ・バロックの庭園も、フランスの農耕形式を色濃く反映している。フレンチ・バロックの様式庭園は、時に、イタリア・ルネサンスの幾何学をそのまま受け継ぎ、単にスケールのみを拡張したかのごとく見なされやすいが、庭園内に一歩歩を進めれば、その細部も空間性もフランスの国土性に基づいたかたちであることに気づかされる。

たとえば〈ヴォ・ル・ヴィコンテ庭園〉［写真2］の中央を横切る巨大なリフレクションプ

［図1］〈ヴィラ・ガンブライア〉セティニアーノ、イタリア

ールと噴水は、平面図だけを見比べるならば、〈ヴィラ・ランテ〉の噴泉や水盤の拡張版とも見えてしまう。しかしこの雄大な水面はむしろ、広々としたフランス中央部の耕作地を流れる灌漑用運河の写しと見たほうがよさそうである。リフレクションプールの外形を縁取る石組は、イタリア庭園の彫刻的石工とは全く異なる。あの距離に寸分違わぬ水平を生み出すそのかたちは、土木技術の造形である。また、ヴィスタの貫通する広大なボスクは、果樹園のかたちではなく、森のかたちである。それは、開墾されずに残された狩猟のための森、あるいは防風林として群植されたポプラやカエデの森を原型としており、イタリアのボスクとは基本的に異なる。庭園内を歩いてみればこうした部分部分の形態の差以上に、庭園のどこまでも広がる水平な空間がフランスの農耕風景の写しであることに気づかされる。

蔓延した自然風景様式とその原初

農耕のかたちと伝統様式庭園の関係から眼をそらさなければ、伝統様式をデザインに用いようとも、そのかたちの豊かな意味、かたちの力強さを見失うことはない。しかし往々にして様式は形骸化し、無自覚な反復に陥る。

そのいい例が二〇世紀の公園デザインに蔓延した「自然風景式」の様式であろう。これは、フレデリック・ロー・オルムステッドが〈ニューヨーク・セントラルパーク〉を皮切りに、アメリカの公園計画に「イギリス風景式庭園」の様式を用いたことに端を発する。この様式も、イギリス本土を離れながらもアメリカ東海岸に用いられている間は、ある程度の必然性をもちえていたであろう。というのも、「風景式庭園」の基本は氷河地形に依拠するからである。緩やかな草原の

[写真2]〈ヴォ・ル・ヴィコンテ〉メルン、フランス

起伏と点在する森の構成は、氷河に洗われた大陸を覆う森を開墾し、牧畜や畑作のために平地を切り開いた結果である。

時にこうした開墾地の中に、ローマ時代の遺跡や時代も知れぬ古墳や地上絵が発見された。農夫はこれに敬意を表しそれらを牧草地の中にそのまま保存しておいた。これが、後にフォリーと呼ばれることとなる東屋のきっかけとなる。スコットランドからイギリスにまで広がるこの牧地、木立、遺構の有機的な構成をそのまま用いたのが風景式庭園の文法である［写真3］。したがって、これが今日なお公園の一般解として人々に理解され反復されていることは、錯誤の極みといわねばなるまい。「汎」自然風景式には、人間の営為と土地との干渉というかたちの在り処が抜け落ちているのである。

◆絵画様式からの飛躍――近代ランドスケープの空間性

ランドスケープデザインのモダニズムは、諸々の芸術運動から半世紀も遅れて出発した。そのため今日でも、初期の代表作を既成近代絵画様式の平面構成への転用と見なす傾向がある。確かにその様式は借用されたであろうし、そこで様式が形骸化する危険性を近代ランドスケープデザインは内包していたであろう。しかしこのような皮相的観察で終わるならば、近代ランドスケープが追求したかたちの本性は見えてこない。

近代ランドスケープデザインの志のひとつは、素材の分節である。ジェームズ・ローズは『ランドスケープデザインの形態言語』の中で、大地、石、植物、水を各々の特性に従って用いるよう主張している。当時のボザールが、地模様、対称軸などの常套句の再生産に夢中になっていた時代にローズのとったアンチテーゼは、「自然素材」として渾然一体に扱っていたものをいくつかの自立した「要素」に分解することであった。既成の様式に

［写真3］白馬の地上絵と農耕景観、オックスフォードシャー

沿って構成しなくとも、自立した要素を組み合わせることによって空間が実現できること、しかも自由な組合せによって異なる空間をつくりうるということの発見、この「要素化」の思考は、まさに近代の思考法である。

要素としての大地

ローレンス・ハルプリンの〈ラブジョイプラザ〉[写真4]を見てみよう。往々にしてその平面構成は、キュビズム絵画の写しと評されることがある[図2]。しかし、ハルプリンの

[写真4]〈ラブジョイプラザ〉

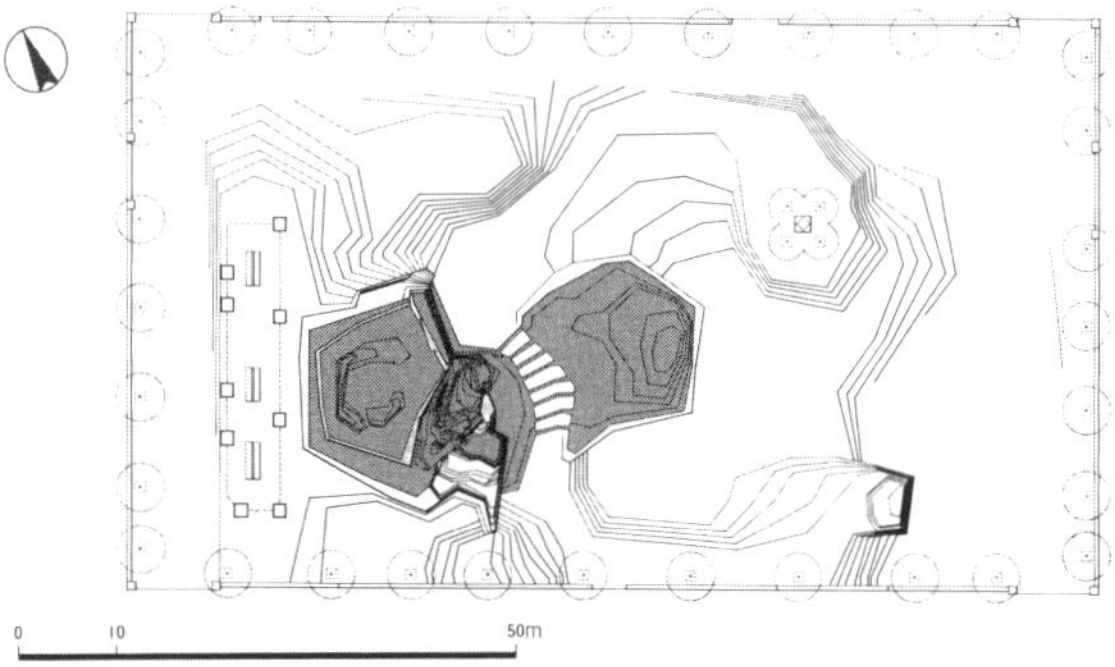

[図2]〈ラブジョイプラザ〉平面図、ワシントン州ポートランド

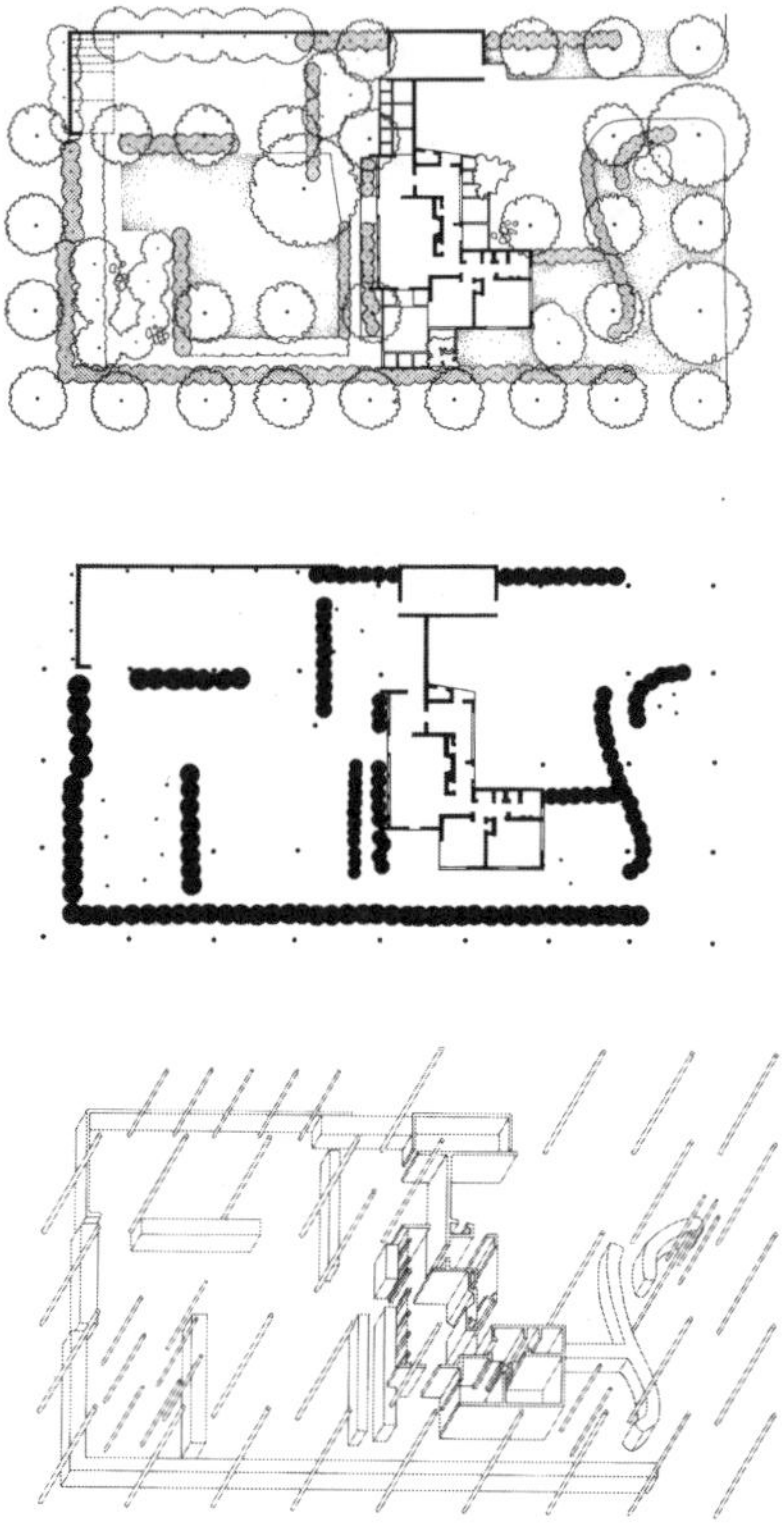

［図3］〈メンロパークの庭〉平面図、分析図

真の意図は、「地面」を風景の単なる背景、空間を載せる単なる器と見ることをやめ、空間をコントロールしうる独立した要素と見なすことにあった。ここでは地面の起伏がすべて等高線状の形態に抽象化されている。それゆえに、キュビズムの模倣と見なされやすいのであるが、ハルプリンは地面を連続する線の重なり合いに変換することで、動線の誘導、休憩と活動の柔らかな領域分けなど、機能と空間を制御することに成功しているのである。同時に、幾重にも重なる水平ラインは、日射の光と陰の連続帯を生み出し、時間の移ろいを顕在化し、また空間知覚を変容させる。すなわち、ランドスケープに固有の要素、「地面」が、時間に沿って変容する人の利用と空間を生み出すことを試みているのである。

　ランドスケープデザインの中心的素材、植物を見てみよう。植物こそ近代の流れの中で最も分節化、要素化された素材ではなかろうか。ボザールにおいては往々にして、「境界をつくりだすために、灌木や高木をひと固まりにしてしまう」◀1植栽が見られる。これに対

◀1
クリストファー・タナード『近代住宅のための近代庭園—ランドスケープデザインの現在』一九四二

し近代主義者は、「植物にはそれぞれ……、単に視覚的効果のみではない形態をつくりだす効果がある（同前出）」と考え、「植物はひとつの計画の中で自分の役割を果たすために、自由であることを、時には完全な独立を求めている（同前出）」としたのである。

古典の教書に描かれた庭の典型例と、エクボによる〈メンロパークの庭〉［図3］を比較してみると、そのことがよくわかる。前者の植栽は、高木も低木もひと固まりにされ、テラス、噴泉、東屋など定番の庭園趣味を囲い込む背景として扱われている。これに対し〈メンロパークの庭〉では、まず一本一本の樹木が独立した要素として扱われている。どれひとつとしてあってもなくてもよいものなどない。さらに重要なのは、エクボが植物を三次元的要素として見なし、高木、低木、地被という高さに応じた三種に明快に要素化したことである。高木は住宅の前後に連続して格子状に並べられ、頭上にひとつの透けた屋根―樹冠の連続体―を形成する（これは敷地にもともとあったナシの果樹園を転用したものと記録されている）。その足下に別要素としての生垣低木が、デ・スティルを思わせる構成により人の動線を制御し、かつ機能を与える。この植物の高さに応じた要素化は、高木の構成と低木の構成をそれぞれ独立した規範として扱う空間構成法を導く。こうした空間の組立は、近代建築における構造柱と自由な壁の関係を思わせる。与えられた平面構成を縁取るように並べられる古典教書の植栽とは明らかに異なるものを目指している。

ランドスケープにおける「透明性」の獲得

ダン・カイリーが一九五五年に設計した〈ミラー邸庭園〉［図4］には、さらに、植物素材に特有の季節変化に着目した空間構成を見ることができる。この平面構成もまた、デ・スティル的直行線分の構成をとるため絵画様式の写しと見なされやすく、そこに拘泥するとカイリーの新しさを見失ってしまう。

　河畔林に向かい徐々に傾斜してゆく敷地を縦横に横切る数多くの列植がこの庭園の特徴であるが、その中でも興味深いものは、〈ミラー邸〉そのものの西面を横切るニセアカシアの列植である［写真5］。この配置は尋常ではない。なぜならば、住宅内部と外部の連続性を唱えた近代において、その西側境界を縁取るように植栽することは、一見近代建築の文法に反するように思えるからである。〈バルセロナ・パヴィリオン〉においても〈レンガの家〉においても、自由な壁は内部空間から外に向かう方向に延ばされけっして建築を囲い込むようには配置されない。しかし、〈ミラー邸〉において住宅前面に密着する配列が問題にならないのは、それが樹木というランドスケープ独自の形態言語だからである。夏には密実な緑の壁となり、冬には日射しを柔らかく透過するフィルターとなる。すなわち、季節ごとに変化する、植物独自の「透明性」（コーリン・ローにしたがって述べれば実の透明性）を提示しているのである。変化する透明性に応じて、住宅内部の居間と南に広がる草原は、その空間的関係を季節ごとに変える。これは建築には果たしえない空間の制御である。列植はもちろん古来からある古典的用法であるが、それをあえて、住宅の前面真一文字に配置することにより、樹木というランドスケープ固有の素材に本質的な季節変化を、

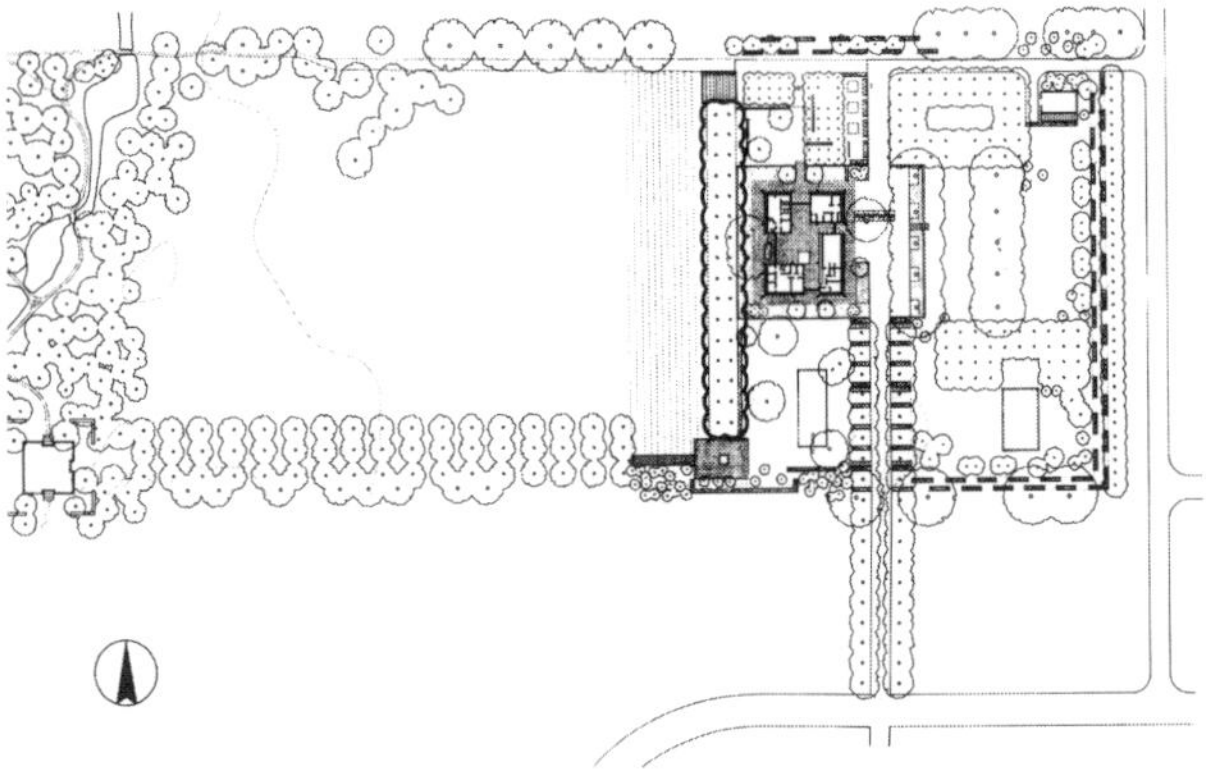

［図4］〈ミラー邸庭園〉平面図

［写真5］〈ミラー邸庭園〉竣工直後のニセアカシアの列植

空間の変容というダイナミックなかたちで映し込むことに成功している。人間の恣意的操作が、自然の変化を意識化すること、ここにカイリーは、かたちの在り処を見つけ、ランドスケープ特有の空間の問題へ踏み込んで見せたのである。

植物のデザインは時間の中のかたちの問題に直結する。近代のランドスケープアーキテクトは、実によく命ある植物の変化と空間構成の関係を睨んでいた。ジェームズ・ローズが一九三八年に著わした小論「植物が庭園形態を決める」において、デザインされるかたちの維持管理に関しこう述べている。「もし植物が勝てば、デザインは敗退し、もし人間が勝てば、それは最初から間違っていた維持に成功しただけである」と。かたちの中に現れるこの動的な均衡関係にこそ、ランドスケープの本質的テーマがある。

◆かたちの現象学――環境アートにおけるミニマリズム

環境を映し出すものとしてのかたち、そして時間軸の中におけるかたち、この近代ランドスケープ特有のテーマは、思いもかけずアートの世界に受け継がれてゆく。ランドスケープデザインの本流で近代語法の追求が十分になされなかった理由のひとつは、六〇年代から台頭する環境保全運動にある。その結果、いかなる人為も必要悪と見なす風潮が広まり、多くのランドスケープデザインに「自然的」と解釈された自然風景式のデザインが反復されるようになってしまったからである。柔らかな起伏に広がる草原と点在する木立、「オルムステッド流」といわれることもあるこの様式を近代の様式と考える人々もいるほどである。

こうしたランドスケープデザインの閉塞状況の時代、人間の所作と自然の干渉に着目していたのが、ミニマルアートの洗練を受けた環境アートの世界であった。

弁証法的ランドスケープ

その先駆者と見なされるロバート・スミッソンは、一九七二年のエッセイ『弁証法的ランドスケープ』の中で、公園の建設と維持、そこにおける植物の繁茂や地表の浸食という自然のプロセスのせめぎ合いを描き出した。そして、

「この弁証法の中にあって、われわれは一側面からのみランドスケープを扱うことはできない。公園はもはや〝それそのもの〟ではありえず、むしろ〝われわれを映し出すもの〟—物理的領域に生起している関係性のプロセス—と見なされるのである。……この種の弁証法は、ものごとを孤立した単体として見るのではなく多様な関係性の中で見る方法となる。この立場をとるものにとって、自然はいかなる形態的理念からも自由なものである」

と述べた。スミッソンはまた、一九六九年の作品〈崩落した崖のアスファルト〉においてそのようなかたちのありようを模索した。作品の形態は、アスファルトを流すという行為と地形の偶発的呼応関係にゆだねられており、いかなるアーティストの理念からも自由であろうとしている。

この時代、形態と敷地の環境の関係について最も論理的なテキストを残したのはロバート・アーウィンではなかろうか。一九八五年に著された『存在と状況』の序文の中で、彼は敷地の関係から彫刻のあり方を四段階に分類した。その考察によると、まず最も時代遅れの彫刻は「敷地支配型」と呼ばれる。設置されるべき敷地のことなど考えもせずアーティストの主題のみに沿ってつくられた作品であり、ゆえにそれは敷地中央に君臨し、周辺状況を支配しようとする。しかし、独自のスタイルにこだわりながらも、一応敷地の広さ、屋外か屋内かなど、敷地状況に合わせて作品のかたちを調整しようとするアーティストもおり、これは「敷地順応型」と分類される。ここから一歩進んで、作品の発想の前に敷地

の状況をよく観察し、それらと呼応することでその審美性を問うような作品があり、それを彼は「敷地特性型」と呼んで評価した。さらに場所の特性と一体となり、時には場所そのものとなって存続しうるような作品を彼は目指す。それが「敷地発現型」である。作品（あるいは単なるアーティストの関与）がもたらすものは、敷地に既存の特性とのまさに干渉であり、その干渉現象を顕在化させることによって作品が存続するのである。

かたちの匿名性とミニマリズム

ところが以上のアーウィンの主張が本質的であっても、その実現となるとかたちに関する複雑な問題が横たわっている。作品は敷地の特性にゆだねられるべきであるといっても、アーティストが全くの無色透明であることは不可能であり、無からいきなり有は生まれえない。敷地の特性を「発現」するためには、何らかのかたちの挿入が必要なのであり、そこに恣意が巣食う。ここを見誤ると、しばしば敷地の由来を説話的に表現した紙芝居のような作品が生まれる。

このジレンマを解決するために、「敷地特性型」あるいは「発現型」を試みた多くのアーティストが最終的にミニマリズムに依存したことは考えてみれば不可避的結末である。彼らは、ミニマリズムの形態がもつ匿名性―世界と時代を通ずる共通言語であるというお墨付き―を重視した。環境アートにおいて肝心なのは、敷地の特性を映し出せるか否かであり、作品の形態が敷地にゆだねられているか否かではない。マイケル・ハイザーが砂漠に刻印した単純な線分、リチャード・ロングが旅の路程で残す円や四角、それらは、その形態には何も問うべきものがないゆえに、あらためてその形態が引き起こしているその場所の自然現象が抽出されうるのである。

そのような形態の匿名性を、ワルター・デ・マリアの〈稲妻の平原〉に見ることができる。何日もの旅程を経てその作品にたどり着いても、その格子状の形態は冷酷なまでに何も語らず、何も鑑賞すべきものはない。まるまる一昼夜そこに滞在しても、夕日も射さず稲妻も落ちないのでは、人々は茫然と四〇〇本のステンレスポールを眺めるばかりであろう。朝焼けの曙光や日没の一瞬の輝きを受けて、あるいは落雷を誘発してはじめて作品は生まれ出るのであり、かたちは何も語らないところにこの作品のかたちの存在理由はある。

実在的形態と現象的形態

環境アートはミニマルなかたちに人間の介在を代弁させ、そのかたちと自然の干渉を導き出すことに神経を注いでいる。それは、ランドスケープデザインにおけるかたちのありようについての本質的再考を求めるものであり、それゆえに、汎ピクチュアレスクな公園計画が充満した時代にあって、ひとつの救いであったといえよう。このかたちのありようを、ふたつの彫刻作品を語ることによって、より具体的に把握することができる。

ひとつは、マーク・ディ・スベロの作品［写真6］、ひとつはリチャード・フレシュナーの作品［写真7］である。両者ともミニマルな形態を用いていることには変わりがないが、前者は鋼鉄素材による彫刻で、後者は地面そのものが造形された作品である。前者は、空間内に新たにもちこまれた素材であり、重力に逆らって立ちあがり、容量と均衡を感じさせる物体的存在であろうとする。後者は、何も付加された素材がなく、平面的であり、物体ではなく、日が射したときの影の変化、歩行の運動感覚などによってはじめて知覚されるかたち、現象的な形態である。かたちは季節、天候などに呼応して存在するのであり、同時に季節や天候がこの最小限のかたちによって現れ出るのである。

フレシュナーの挿入する形態は、あくまでアートとしての恣意的形態であるが、ひるがえってランドスケープデザインの形態は、人間の用の形態であり、それがその場所の自然特性を映し出して見せるのであれば、そこにかたちの在り処を問うことができるであろう。

◆結び――自然の宿り木としてのかたち

農夫が作物の効率的収穫に向け工夫するかたち、そこには必然的にその土地の特性が反映され、結果として農耕景観は自然風土のひとつの現れ方として土地に定着する。そのかたちを文化資産として評価し様式化することから庭園が生まれてくる。新しい時代の新し

[写真6] マーク・ディ・スベロ〈歳月とはなに?〉1967、
ストームキングアートセンター、ニューヨーク州マウンテンヴィル

[写真7] リチャード・フレシュナー〈芝の迷路〉1974、
ロードアイランド州ニューポート

い生活様式に目を向け、屋外の居間を目指した近代ランドスケープの空間も、自然素材を要素として見直し、時間軸の中でのありようを探した。そのかたちには、自然のサイクルが映し込まれた空間制御が意図されている。その現代版庭園ともいえるのが環境アートであり、自然の現象を導き出し顕在化させるものとして、用いるかたちの匿名性に細心の注意を注いでいる。

ランドスケープデザインにおけるかたち、それらはすべて、本来目に見えぬ自然の息吹を宿してはじめてかたちとしての存在意義をもつ。人間の必要からいえばそれは二次的なことであり、ある意味副産物としての価値である。しかしながらかたちを手がかりとして人間がつねに自然の存在に敬意を払い、自らがその一部であることを意識できれば、文化の最低限のマナーは保たれよう。再度、ガレット・エクボの言葉に帰ろう。

The landscape is not being but becoming.

(ランドスケープは在るのではなく成るのである)

ランドスケープデザインで用いられるかたちも同様でなければならないであろう。それは、自然を宿し、自然とともに成るかたち、成り続けることを目指すかたちなのである。

千葉 学

そこにしかない形式

11

CHIBA Manabu

◆数学的思考

設計のプロセスにおいて、あらゆることが一気にうまくいく瞬間というのは、必ずやってくる。もやもやとしていた思考は、まるで雲が晴れるようにして鮮明になり、なかなか解決できないでいた様々な難題も、まるでこんがらがっていた糸がするするとほぐれていくように次から次へと解決され、そして大きな構想から細部の納まりまでが、不思議なくらいに一気に決まっていく。それは長い設計プロセスのある時に、一瞬にして起こるのである。

このような瞬間は、設計に関わったことのある人ならば、おそらく誰しも体験したことがあるに違いない。それは、まるで頭の中で鐘が鳴り続けているように興奮に満ちたものでもあるし、だからこそ設計は面白いと、あらためて思う瞬間でもある。しかしなぜこのような瞬間が訪れるのか。それはどのようなメカニズムなのか、何がきっかけでそのようなことが引き起こされるのか、その謎を解明するのは、そう簡単ではない。

ここで「あらゆることがうまくいく」といっていることは、たとえば数学の問題が解けた、といった類のこととは同じようで、しかし全く異なる水準のものである。そもそも建築の設計において、あらかじめ用意された答えなどあるはずもなく、何が正しくて何が間違っているかなど、一義的には決まらないからである。かりに正しいと思えるものがあるとしても、その答えは設計者の数だけあるはずである。だからそれは、正しい答えを見つけることとは根本的に異なっているのである。

しかしその一方で、この「あらゆることがうまくいく」と思う瞬間は、極めて数学的な思考に支えられているとも思うのである。たとえば、直角三角形の三辺が$a^2+b^2=c^2$で表されることを、試験に向けて覚えておくべき公式だと思えば、これほど辛いことはない。それは暗記の問題になってしまう。しかし、直角三角形という図形の三辺に、このような数式で表現できる関係性があることを発見した瞬間、それはおそらく興奮に満ちた瞬間だったに違いないと思うのだ。この発見をしてしまった後は、それまで何の気なしに見ていたありふれた図形も、突如としてそこに壮大な宇宙すら宿っているような、魅力的な表現として浮かびあがってくる。それこそが、数学的な思考の魅力の根幹だと思うのである。

建築において「あらゆることがうまくいく」ことは、だからあらかじめ用意された答えに向かうことではない。むしろその対極の、いったい何が問われていて何を見つけなければならないのか、その設問自体を見つけることでもあり、またそれまでのありふれた風景が、突如として壮大な世界の一断面として浮かびあがる原理を見つけることでもある。その瞬間こそが、新しい建築の可能性を切り開く瞬間でもあるのだ。僕が建築の設計において「そこにしかない形式」を見つけようとしているのは、このような数学的思考に支えられた、あらゆることがうまくいく関係を発見することなのである。

いくつかの最近の仕事を、こうした視点から記してみたい。

◆〈STUDIO GOTENYAMA〉

厚みのある窓

窓の「厚み」について考えたプロジェクトである。

モダニズムの建築のひとつの到達点は、内外の空間の流動性であり透明性であった。それまでの、厚い壁で囲まれた重く暗い空間を脱し、どこまでも自由で明るい未来を標榜する空間は、ひとつの理想的な建築の姿なのであった。ル・コルビュジエが水平連続窓によって目指したことも、ミース・ファン・デル・ローエが透明な壁としてのガラスに託したことも、この流動性や透明性なのであった。そしてこのベクトルは、長い年月にわたって建築の設計に、ひとつの通低音のようにして影響し続けてきた。そのひとつの究極の姿を、僕たちは、妹島和世の〈梅林の家〉に見ることができる。厚さ六ミリの鉄板によって仕切られた部屋、そこに穿たれた窓は、わずか六ミリという薄い境界面であるがゆえに、単なる流動性や透明性を越えて、全く異なる新しい内外の「距離」を、場所相互の関係性を発見したのである。

薄さがひとつの究極の姿にたどり着いた今、あらためて窓の「厚み」に目を向けてみたい、そう思ったのは、このプロジェクトのスタディが終盤に近づいた頃である。厚みのある窓、つまり窓の「見込み」が極端に大きくなることがもたらす新しい空間の質を、窓のスタディを通じて発見したのである。

厚みのある窓は、それだけで思いもよらない効果を生み出す。それはちょうど、指向性の強い音源の前に立ったときの体験にも近く、窓の正面に立てば内外は直接的につながるが、少し移動するだけで、窓の「見込み」に蹴られて外は見えなくなる。つまり、人が移動することで、内外の関係や距離は、極端に緊密になったり疎遠になったりするのである。それは、室内環境に不均質なプライバシーの分布状態を生み出している状態と見てもいいだろう。

その「見込み」に鏡面（実際には鏡面仕上げではなく、生板の状態だが）のステンレスを張ろうと考えたのは、その効果が、単に見える、見えないといった二項対立的な関係を越えてさらに複雑な様相を生み出すとの期待があったからである。「見込み」に蹴られて外から見えない場所に来たと思うと、「見込み」には外の風景が映し出され、鏡面を介し

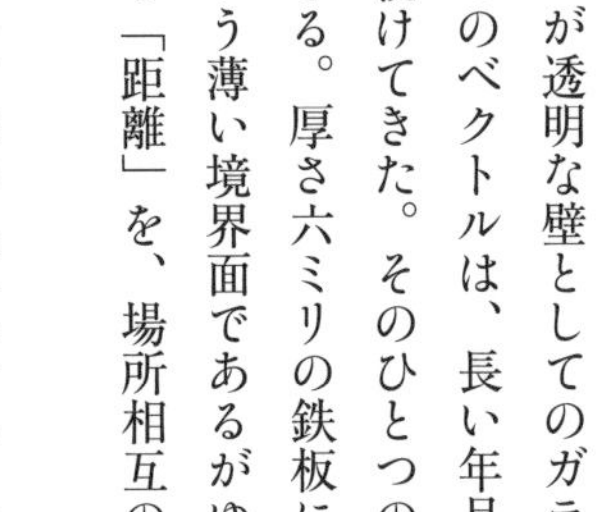

［図1］〈STUDIO GOTENYAMA〉平面

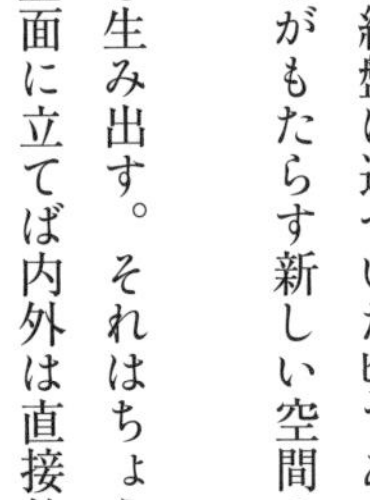

［図2］〈STUDIO GOTENYAMA〉断面
わずか一～二メートルという隙間と窓の関係

て外界とつながりをもち始める。窓に近づけば、上端に地面が、下端に空が映る。見えないと思っていた風景が見え、見えないと思っていた方向に視線が通る。こうして様々な環境が、実像虚像入り乱れて映り込むと、外と中の距離も関係も、一義的には決まらない。人が動くにつれて刻々と変わる距離や関係は、建築の内外といった対立を越えた、新しい環境総体を生み出すことになると考えたのである。

［写真1］〈STUDIO GOTENYAMA〉正面

［写真2］〈STUDIO GOTENYAMA〉
窓枠のステンレスに映り込む隙間の風景

環境の読替え

このような窓が生み出された直接的なきっかけは、この建築が建つ環境にある。つまり賃貸の集合住宅（広くは居住環境）にとってけっして望ましいとはいえない密集した環境に対し、建築がいかに振る舞うべきかが出発点としてあるのである。こうした環境を「悪」として、自閉的な環境を構築するのでもなく、かといってプライバシーに無頓着なほどに無防備に開くのでもない振舞い方を発見する、それは、密集した環境だからこそ生み出しうる建築をつくることによって、こうした都市環境さえも魅力的な環境であると「読み替える」行為といってもいい。

東京は、八〇年代にはカオスとしてもてはやされた。混沌こそが美であると。確かに頼るべきコンテクストがあるわけでもなければ建築的な規範があるわけでもない。しかし、たとえ肯定できないような現実があるにせよ、今ある現実を否定する論理をもち続ける限り、また次の時代には今の建築が否定され、スクラップアンドビルドもなくならなければ、歴史すら継承されることもない。だからこそ、こうして生み出された人工的な環境を「自然」として受け入れる発見的な視座をもちたいと思うのであるし、そこに新しい建築を生み出すきっかけもあるのではないかと思うのである。その意味で、「読替え」は、建築の設計を支える最も創造的な行為だとも思うのである。

またこの「厚みのある窓」は、周辺環境の「読替え」によって生み出されたものであるが、同時に窓そのものの「読替え」にもなっていることにも触れておきたい。つまり、窓における「見込み」があらためて発見されたことで、今後他の建築にも展開可能な窓の普遍的な特質をあぶりだしたと捉えることもできるということである。隣家との距離がわずか一メートルという環境だからこそ発見された窓、そしてその窓が生み出されたからこそ再発見された高密な東京の都市環境、このような建築と環境の相互交通的な関係が生まれたとき、「そこにしかない形式」は生まれるのではないかと思うのである。

◆〈全国盲導犬総合センター〉

距離のデザイン

極めて特殊なプログラムをもつ建築である。日本においてまだまだ不足している盲導犬を育成するための良好な環境であると同時に、盲導犬を通じた福祉活動を広く社会に広めていくために、誰でもが自由に訪れることのできる開かれた場所でなくてはならない。しかも、犬の訓練にとっては、その成長のステージに合わせて各々独立した場所も必要となる。

このような特殊なプログラムには、もちろん個別に答えるべきスペックが数多くある。しかしそのような特殊な機能への応答以上に設計において中心となったテーマは、「距離のデザイン」である。独立性とプライバシーが必要な個々の場所が集まって、相互にデリケートな関係を築くと同時に、そこが開かれた構造をもつ。こうした関係性は、極めて多様な「距離」の視点から検証されることで実現されたのである。動線的に緊密に結ばれている場所、視覚的に見通しがきく場所、あるいは物理的な距離として近い場所、入口に近いほうが好ましい場所、遠くにあるほうがふさわしい場所、音が聞こえないほうがいい場所、感染のために離しておくべき場所、という具合だ。それはちょうど、多岐にわたるパラメータを変数にして立てた連立方程式を解き、その連立方程式がはたしていい設問であったかどうかを検証するようなものである。パラメータは、いくらでも増えうるし、定数もない。しかしこのような「距離のデザイン」がうまく解ければ、そこは個別性と全体性、そして独立性と開放性といった相矛盾する欲求に答える空間が生まれると考えたのである。

　このような様々な距離が介在している環境は、ちょうど都市空間の成立ちに似ている。プライベートな住宅、パブリックな商業施設、中間的なオフィスなど、様々な公共性の度合いをもった建築が混在しながらも、すべての場所が誰でも体験可能になっている。このような都市の開かれた構造を、そもそも宿命的に閉じたものを指向してしまう建築によって実現しようとしたわけである。

有機体としての建築

　このような都市空間としての建築は、小屋を回廊でつなぐという、実にシンプルな原理（ルール）によって実現されている。小屋はそれぞれの犬の訓練のステージや、人の集まり方に応じてつくられ、回廊はそれらをつなぎ止める動線であると同時に来訪者にとってのギャラリー空間でもあり、また犬の訓練のためのフィールドを囲う境界としても機能している。

　この小屋と回廊の関係性によって成り立つ建築の構成原理は、

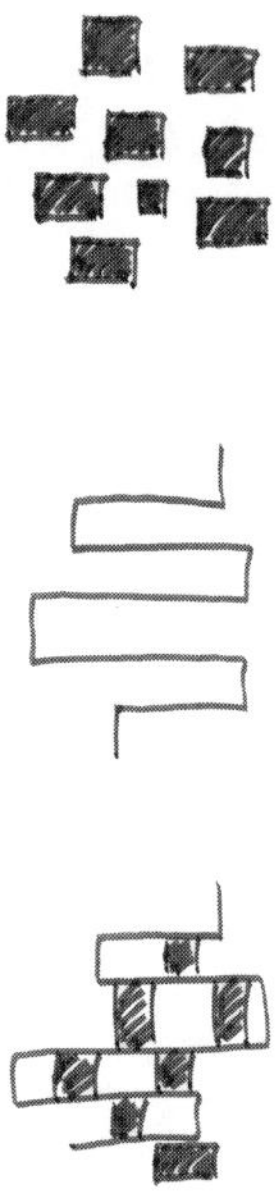

［図3］〈全国盲導犬総合センター〉
いくつかの小屋と
回廊という
シンプルな構成原理

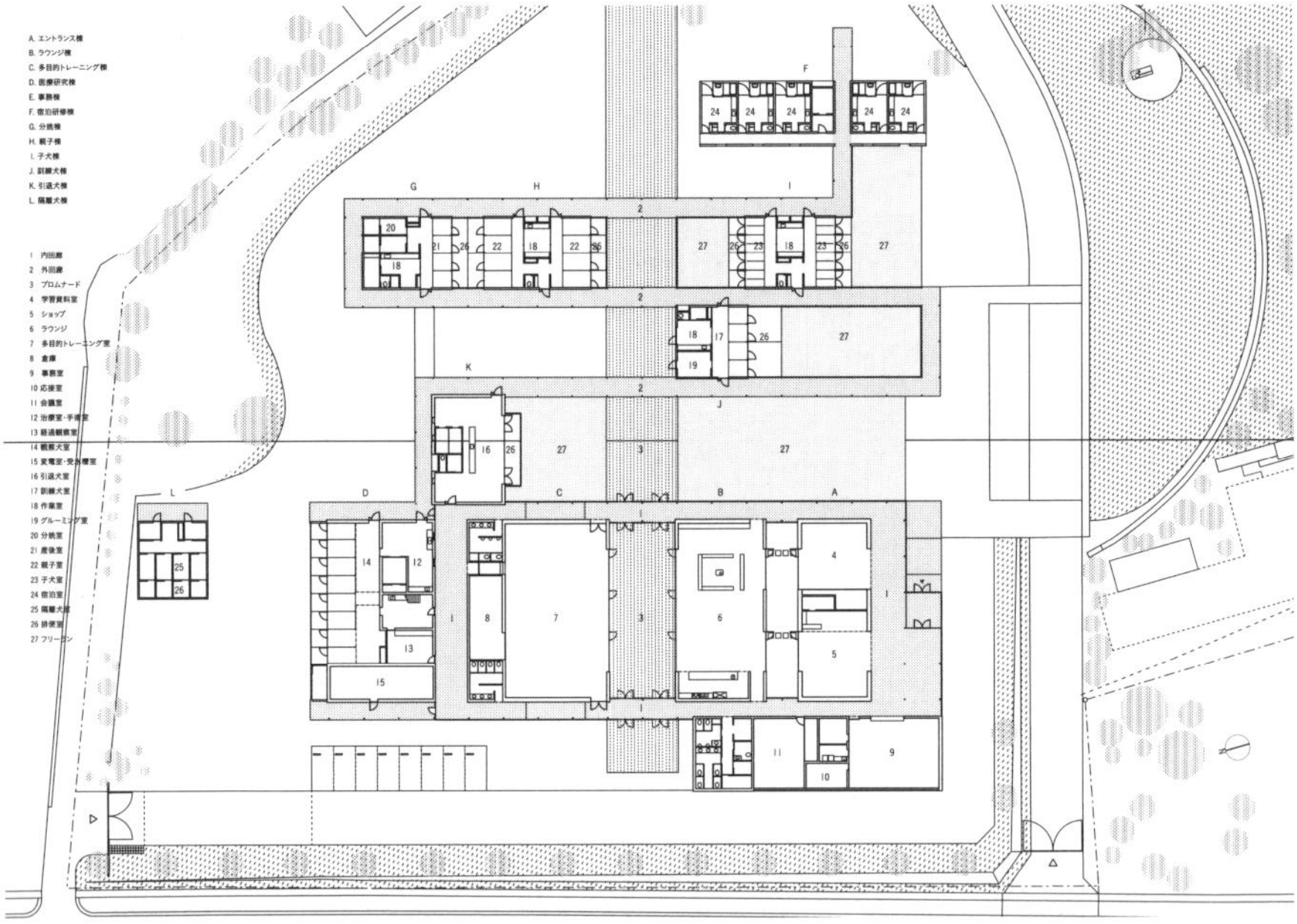

［図4］〈全国盲導犬総合センター〉平面図

ひとつの有機体になぞらえることができる。幹があり枝があり、そしてその先に葉があるという構成は同じでありながら、一つひとつの姿かたちや表情が異なる樹木のように、この建築も、一つひとつの小屋とそれらをつなぎ止める蛇行する回廊という構成は同じでありながら、その全体像は敷地条件やプログラム上の与件など、様々なパラメータを反映しながら融通無碍に変形され、大きさも輪郭も異なるものに成長していく可能性を秘めている。この一見すると実にシンプルな、それでいてしなやかに様々な与件をとりこんでも成立するような原理によって行う設計は、建築の全体から細部に至るまですべてをコントロールしつくす、といった建築設計の仕方とは根本的に異なっている。それは部分が部分として強い自律性を保ちながら、それでいて緩やかで曖昧な輪郭をもった全体を生み出すという、新しい設計方法論にもなりうるのではないかと思うのである。

そこにしかない形式と仮説としてのプログラム

こうした特殊なプログラムから導かれた建築は、出来上がってみると、ただ犬や人間が集まるための建築的な「場」／環境が生み出されただけのようにも見える。そこだけが、ほんの少しだけ周辺よりも密度の高い場所になっているかのように。だからそこは、盲導

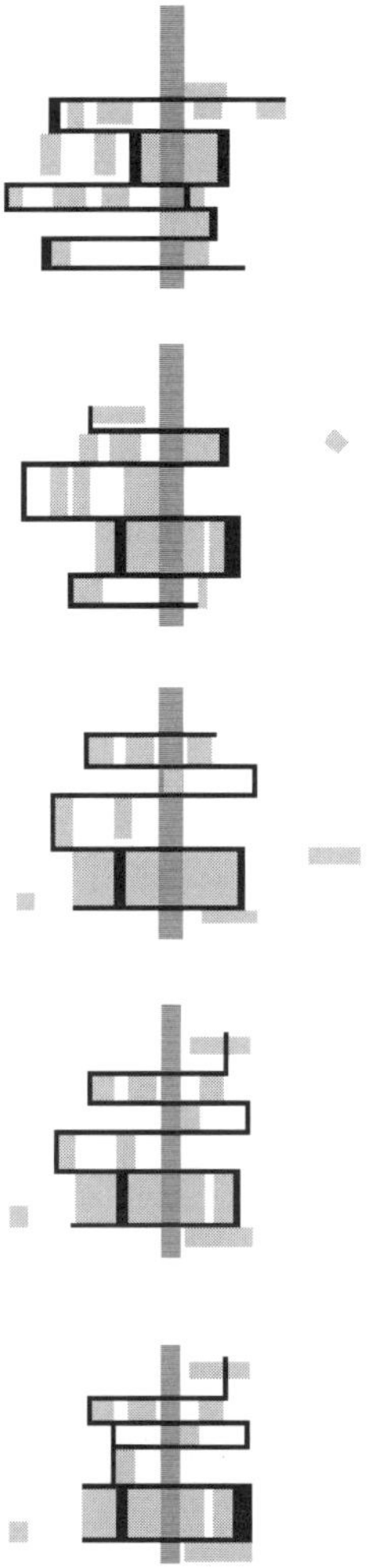

［図5］
〈全国盲導犬総合センター〉
プロポーザル案から実施案に
至るまでの案の変遷

犬の訓練という特殊な用途でありながら、どこか幼稚園や美術館、あるいはホテルとしても成り立ちそうな空間になっている。そのことは、もちろんこの特殊なプログラムが「距離のデザイン」、つまり人や犬の相互の関係性に読み替えられて行われたことにも起因しているが、そもそも建築にとってプログラムとは、空間を構築していくうえでのひとつの仮説にすぎないことを示唆しているともいえるだろう。

つまりこの蛇行する回廊と小屋という形式は、プログラム以上にこの富士山の麓という圧倒的な地面、緩やかに傾斜する地面によって導かれている側面が強い。それは、「距離のデザイン」がこの土地に定着するために生み出された形式であったということなのである。登山道にも見られるような綴ら折れという形式は、山に登るという行為と、斜面という「自然」をつなぎ止める技術がひとつのかたちに昇華したものだが、この形式にも似たような原理が働いていたように思われるのである。

◆〈WEEKEND HOUSE ALLEY〉

反テーマパーク

全体で二〇〇〇平方メートルを越える規模の商業施設と集合住宅のコンプレックスである。これは鎌倉という土地にと

[写真3]〈全国盲導犬総合センター〉全景

ってはかなり大きな規模である。このような大規模な計画を、小さな建築の単位によって組み立てていくこと、それがこの計画の出発点になっている。

二〇世紀は、大雑把にくくってしまえば、テーマパークの時代であったといってもいい。ディズニーランドに象徴されるように、ある領域の中にすべての活動が囲い込まれることで快楽と消費は加速された。しかしこのように、都市の中に閉じた「図」をつくっていくことは、場所どうしの関係性を希薄にし、結果的に街を均質化していくことにもなりかねない。だからこそごくありふれた商店街が、それぞれに独立性を保ちながらも緩やかな全体性を築いているように、この場所においても、小さな商店が自然発生的に集まっているかのような状態を生み出すことで、ある時間に突然ショッピングモールが閉店して、街の一角がブラックボックス化してしまうことのないような商業施設を目指したのである。それは、街そのものを計画することでもあった。

空地の設計と他者

小さな商業施設、あるいはテーマパーク的でない街をつくることは、「道を通す」という、たったひとつのシンプルなルールによって実現されている。この大規模な建築に縦横無尽に道を通す、そのルールが見つかった段階で、この設計は「あらゆることがうまくいく」ことにもなったのである。

道を通すことは、換言すれば「空地を設計する」ことでもある。極めて構築的で、ともするとオブジェと化してしまうような建築を設計するのではなく、むしろそこに介在する空地を設計する。その空地からは、周辺環境がそ

[写真4]〈WEEKEND HOUSE ALLEY〉

のままの姿で目に飛び込んでくる。新しく設計する建築が生み出す風景と、既存の風景は、どちらが新しいとか古いとか、どちらがよい風景であるとか悪い風景であるといった認識を越えて、共存する。それは、単に周辺環境と一体化した建築をつくるといった予定調和的な美学を越えて、むしろ建築における絶対的な他者としてある周辺環境を受け入れたうえで成り立つ建築をつくろうとする試みでもある。それは、周辺と滑らかにつながりなが

[図6]〈WEEKEND HOUSE ALLEY〉配置図
小さなボリュームによる構成と周辺の不規則なグリッドを投影した配置計画

らも、少しだけ密度感の違う環境をつくることによって、この場所がどこか新しい街の特異点として存在しつつも、同時に周辺環境を魅力的な環境としてあぶりだすことを同時に実現することにもなると思うのである。

そしてこの敷地を縦横無尽に貫く「道」は、どちらかの方向に恣意的に向けられているのでもなければ、基準とするグリッドがあるわけでもない。むしろ建築をつくるうえでの様々な前提条件、つまり法規や事業的側面など、様々な与件の重なり合いによって決まっている。それはちょうど都市が、様々な他者の意志の集積としてできているのにも似ている。このように他者の存在を受け入れながら可能になる設計は、テーマパークとは対極の、自然発生的な都市を計画する方法論にもつながることなのだと思う。

空間の地形

〈ALLEY〉は、結果的に敷地が七つの不整形なボリュームに分割されている。三角形もあれば、変形四角形、五角形もある。このような形態は、機能論的にはけっして生み出すことのできないものである。つまり、住宅や商業施設というプログラムから演繹的に導くと、矩形の

[写真5]〈WEEKEND HOUSE ALLEY〉道の1つから海を見る

ほうが合理的であるというのが常であることを思えば、これらの形が生み出された根拠は、わかりにくい。しかし、ではこの不整形な空間は、そもそも商業施設として成立しないか、住宅として使い勝手が悪いかといえば、けっしてそうではない。その様々な要因によって生み出された形態を敷地として捉えれば、むしろそれは、ごく自然なことのようにも見えてくる。

[写真6]〈WEEKEND HOUSE ALLEY〉
集合住宅玄関ポーチから海を見る

[写真7]〈WEEKEND HOUSE ALLEY〉
アプローチ側から陸側住宅地を見る

[写真8]〈WEEKEND HOUSE ALLEY〉敷地奥から海を見る

道路形態や土地形状、所有形態や法的規制、歴史的事象など、様々な要因によって生み出されている数々の敷地、それらを僕たちは日頃所与のものとして受け入れて設計を行っている。そしてそのような一つひとつ異なる敷地を建築化していくことで豊かな空間は生み出されているのだが、その状況と同じことであると捉えれば、このような様々なかたちの「敷地」は、むしろ魅力的な住宅や商業施設が生み出される基盤として捉えても不自然ではない。いや、このような様々な他者が投影されて生まれた空間だからこそ、そこには使い方を様々に喚起するきっかけや余地に満ちた空間になっているということもできるのである。それはちょうど、空地にあるほんの小さな地形を様々な場所に見立てて遊びを開発していくといった、空間と使い方との間に発生する発見的で豊かな関係にも近いものである。機能からでもなく、プログラムからでもなく、たまたまそこにある地形のようにして建築をつくること、それはプログラムや機能によって建築を計画していくことの無効性をも提示してくれている。

◆農耕の風景

建築は、つねに違う場所で違う施主のために違う用途でつくられる、一回性のものである。だからこそ、その場所でしかできないこと、その施主でしかできないこと、そのプログラムでしかできないことをしたいと考えている。

しかしそれでいて、そこで生み出された建築が、どこか太古の昔から存在していたような、あるいは他のどんな場所でも、どんなプログラムでも成り立ちそうな普遍性を、形式性を備えていてほしいとも考えている。

これは、相矛盾することである。しかし必ず実現できることだとも思うのである。そしてそのひとつの可能性を、僕は農耕の風景に見出すことができるのではないかと思っている。飛行機に乗って旅をするときに窓から眺める風景は、いつも興奮に満ちている。世界中のどんな国に行っても、どんな土地を訪れても、そこにはその土地ならでは、の独特の農耕の風景が展開している。様々なグラデーションの緑からなる農作物、様々な幾何学によって区画された農地。この、まるで地上絵のような造形は、土地の気候風土や植生、水環境など、様々な自然を前提にしながら、そこから農作物を最大限収穫するという欲望と、それを成立させる技術が介在することによって生み出されたものだ。そこには、自然であるとか人工であるとか、有機的であるとか幾何学的である、といった分類を無効にするほどに美しく、そして豊かな風景が生み出されている。そこに見る形式性と地域性が、かたちの問題としてどう説明できるのか、まだ答えはない。しかし、そのような場所と技術と欲望の邂逅は、建築においても実現可能なことなのだと思っている。

櫻木直美

生成する「かたち」

——米国ランドスケープ・アーキテクチュアを通して見るデザイン試行

12

SAKURAGI Naomi

「ランドスケープ・アーキテクチュアとは何か?」、筆者が米国ランドスケープ・アーキテクチュアを学び帰国した後、幾度も聞いた問いである。そして、質問者の学問的背景により、そこに暗に期待される答えが少しずつ異なっていたように感じる。建築系の人々は庭園や建築外構のようなものを想像し、造園系は庭園に加えて公園や宅地開発といったものをイメージする。また土木系は、たとえば河川保全のようなダイナミックなものを想起し、農学系は、人間以外の動植物も含めた地域生態系レベルでの緑地マネジメントといった壮大なテーマを思い浮かべる。

答えはそのすべてといってもよいのではないだろうか。米国ランドスケープ・アーキテクチュアは、実に先述のすべてを射程に入れている。そもそも、誰のためにデザインするのか。そのターゲットは必ずしも人間だけではない。人、地域、生物多様性、環境修復など、クライテリアをどこに設定するかにより無数の回答が存在し、プロジェクトも、個人庭園、都市公園、自然公園、河川流域整備、水辺生態系や地域生態系の修復、工場跡地や埋立地の再生・再利用など多岐にわたる。共通しているのは、人が集まり住まうことによって生じる影響、すなわち都市化による環境改変がもたらした影響を、水と土と緑をもって緩和または修復しようとする試みとでもいってよいか。

ターゲットが人から生態系へと広がるにつれ、そこに立ち現れる「かたち」や、発現する時間的・空間的スケールも変化していく。「かたち」から「かたちの生成」へ。ランドスケープを、時とともに変化・生成していくものとして、肯定的に捉える視点へとシフトしていく。静から動へ。静謐な空間の美学からダイナミックな時間の美学へと、変化していくのである。

現代米国ランドスケープ・アーキテクチュアに見るデザイン試行は、それ自身の枠組み

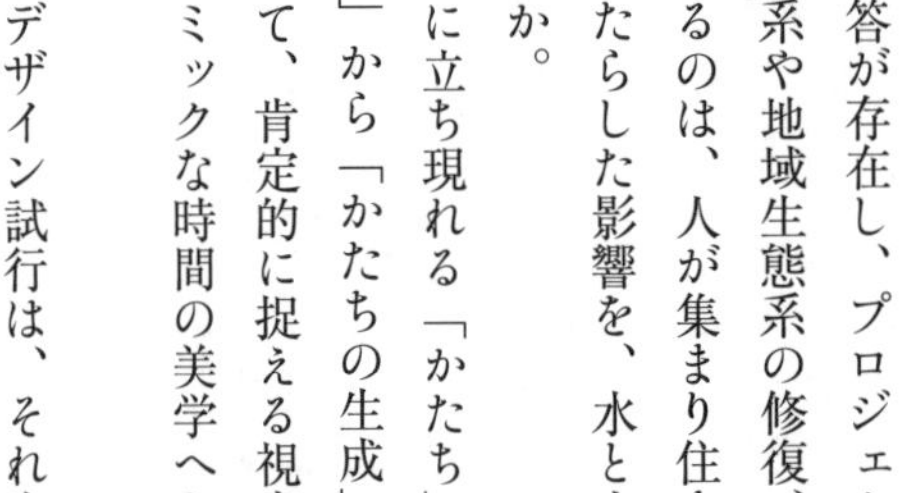

[写真1] ハーグリーブス・アソシエイツ、マック・アーキテクツ、ダグラス・ホリス〈キャンドルスティック・ポイント州立公園〉一九九三

に必ずしも拘泥するものではない。都市と自然との境界が曖昧になり、環境を連続体として包括的に捉える視点が求められつつある今、変化を前提としてデザインをフェイズ的に捉える方法論は、都市に関わるすべての専門家にとって有効となるであろう。

そこで本論では、米国ランドスケープ・アーキテクチュアにおける様々な時間的・空間的スケールにおける試みを概観し、時とともに生成する「かたち」とは何であるか、そのデザイン試行について考察したいと思う。

•ランドスケープ・アーキテクチュアに見る都市的射程

そもそもランドスケープ・アーキテクチュアというデザイン領域は、都市とともに誕生した。一九世紀後半、南北戦争後の米国では、都市の過密化に伴い大気汚染や排水処理などの都市環境問題が深刻化しつつあった。さらにデモクラシーの象徴としてのパブリックオープンスペースへの意識も高まる中、複合的機能を兼ね備えた外部空間の創設が求められるようになる。それは、ただそこにあるだけであったランドスケープを、美と用を備えた〝緑のインフラ〟として機能させるために、人の手により〝構築〟しうるものとして再解釈する試みであった。従来の庭園デザインとの決定的な違いは、この都市的射程の有無である。そして、この新たなデザイン領域は、どのような方向へ向かっていったのか。都市や都市化の過程で改変を余儀なくされたその周縁、さらにその先に広がる広大なランドスケープ等、異なるターゲットとスケールをもった試みについて概観しよう。

庭園から都市公共空間へ——パブリック領域の計画

ランドスケープ・アーキテクチュアのルーツは庭園デザインにある。庭を創る根源的な動機は、自然への憧憬や快適な環境への願望であり、自然を制御し人にとって望ましい姿へと設えようとする野望でもある。この古より続く庭園の伝統は、ランドスケープ・アーキテクチュアへも脈々と受け継がれている。

庭園というプライベートな領域において、人は自然と静かに向き合い、自然との交歓から豊かな歓びを見出そうと願う。自然風の景観をたたえていたとしても、庭園とは人の歓びのため人為的に構築された空間である。囲いとられた空間の中に、小宇宙のごとく自然の美を映し出そうと、古来より様々な手法が試みられてきた。米国では、ボザールや英国風景式庭園がデザインモデルとして長く支配的であったが、庭園デザインにおけるモダニズム運動を主導したダン・カイリー以降、ピーター・ウォーカー、ジョージ・ハーグリーヴスなど、次々と新たなデザインが試みられている。そして、芸術家やデザイナーが長い時間をかけて蓄積してきた美しくも密やかな空間構築手法は、都市公共空間という新たな地平を得てすべての市民に解放されることになる。

都市公共空間には、さらに〝機能〟が求められる。米国初の都市公園ニューヨーク・セントラルパークの設計にあたり、設計者のフレデリック・ロー・オルムステッドは〝都市の肺〟として新鮮な空気と憩いの場を提供する豊かな森林の創設とともに、周辺街区の交通計画、公園横断車路、貯水池などの都市機能を織り込んだ。今でこそ自然豊かなセントラルパークは、当時岩盤が剥き出した不毛の地であったというが、オルムステッドの計画により、美と機能を兼ね備えたはじめての近代的都市公園として生まれ変わった。その後オルムステッドにより次々と計画された都市公共空間も、過密対策、スプロール抑制、景観形成、交通網や排水処理施設等の都市インフラ整備など、当時の都市問題に応えるプログラムが織り込まれ、単なる緑地計画とは一線を画している。

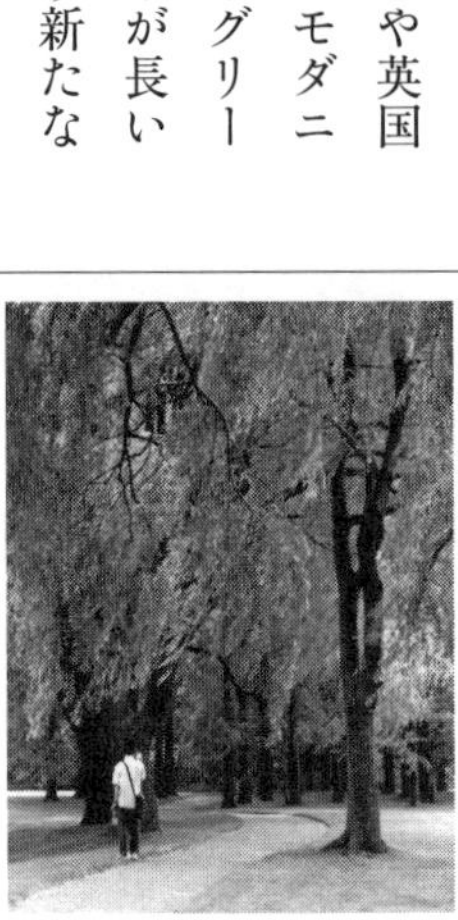

［写真2］ラッセル・ペイジ、フランソワ・ゴフィネ
〈ドナルド・M・ケンダル彫刻庭園〉
（ペプシコ本社）、ニューヨーク州パーチェス

［写真3］
フレデリック・ロー・オルムステッド、カルバート・ボックス
〈セントラルパーク〉
ニューヨーク州ニューヨーク

ボストン・パーク・システムが好例であるが、ここでは〈エメラルド・ネックレス〉と呼ばれる一連の公園や緑地群が、ボストン市街地周辺を環状に取り囲むように計画されている。リング状に配置された都市公共空間群は、ネットワーク化によるスプロール抑制機能を期待される一方で、個々のエリアごとのローカルな都市問題にも対応している。たとえばバックベイ・フェンズの整備では、生活排水流入による衛生問題が深刻化していた低湿地帯の整備に際し、水質浄化能力をもつ湿地性植物の再生により、風景の再生と下水処理インフラの構築という〝美〟と〝用〟の両立を試みた。このプロジェクトは、ファイトレメディエーションの先駆的実例としても非常に名高い。

オルムステッドによる一連の計画が物語るように、都市公共空間はその誕生のときから、都市基盤の一翼を担う、緑のインフラとしての機能を託されていた。そして、審美眼的な高みを達成するとともに、都市基盤をも担う複合体として機能することが求められたのである。

自然公園——生態系の保全・修復

次に、都市の周縁やその先に広がる広大な自然地区における試みについて概観しよう。米国では山岳部、森林、海浜、河川、砂漠等が、国立公園や州立公園などとして保護・保全されている。これらの自然公園は、都市化の進行による開発圧力から大自然を保護・保全するという側面もあり、前述のオルムステッドもその設立に尽力した一人である。都市化のさらなる進行により生態系や生物多様性が脅かされる中で、従来の保護・保全に環境修復という視点が加わり、さらに環境教育を兼ねたレクリエーション機能を併設するなど、より複合的なプログラムが要求されている。

生態系再生と環境修復とは、実は表裏一体である。近年再評価されている、干潟再生の

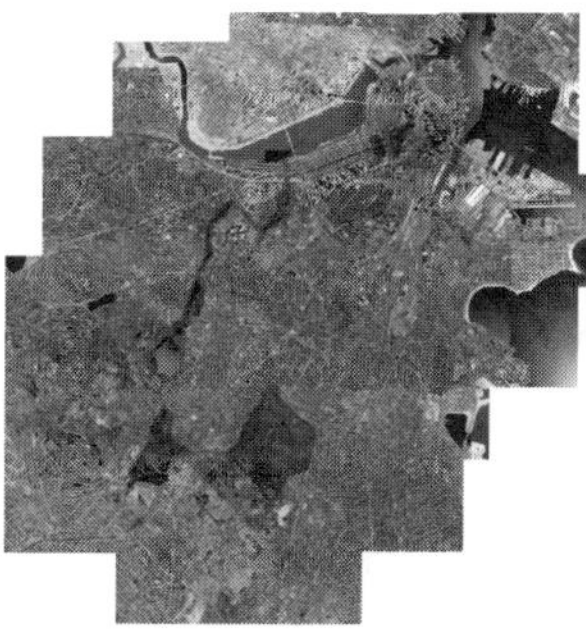

［写真４］
フレデリック・ロー・オルムステッド
〈ボストン・パーク・システム〉
（航空写真に着彩）、
マサチューセッツ州ボストンおよびその周辺

例を挙げよう。河川から海へ至る地域水系の中で、干潟は自然の水質浄化システムとして機能している。葦原に棲息する多種多様な微生物や小動物らとの協働により、生態系全体の働きとして水質汚濁物質を濾過・吸収しているのである。だが干潟が形成される汽水域の植生は非常にデリケートであり、水深、塩分濃度、水没頻度、微気候、微気象などに応じて植生が微妙に異なる。再生され、よく維持された湿原は自然のごとく美しいが、自然本来の自律的な生態系維持能力はない。存続のためにつねに人の手を必要とし、そのためにはプログラムへの理解や継続的な資金援助が不可欠となる。随所に設けられたボードウォークや展望台などは、干潟の美しさを理屈ではなく体で感じてもらうことで、プログラムの必要性を訴えかける仕掛けなのである。

さらに、地域スケールにおける生態系保全・修復も重要である。地域生態系（Landscape Ecology）の分野では、動植物の行動パターンを棲息地の物理的形状との連関から探り、地域スケールで見たランドスケープのかたちが生態系へ与える影響を研究・応用している。たとえば開拓された農地や市街地（matrix）の中で、島状に孤立した森林群（patch）の外周形状を変えることや、緑の回廊（corridor）によるネットワーク化は、絶滅危惧種の生息環境を向上させ、種の保存に最低限必要な活動域の拡大に寄与することも可能なのである。

だが、このような保全・修復プログラムは、人の美学的見地や利益に則ってデザインされるとは限らない。水理学、生態学、植物学など、科学的見地から合理的なかたちが選択され、専門家以外には理解が難しいこともあるが、プログラム継続の意義を社会全体で共有するためには、いわゆる普通の人々の理解が欠かせない。そのためには、〝見えない〟ランドスケープを人の理解可能なものへと再解釈し、人の心に訴えかけていく媒介者が必要なのである。そこが、自然公園や生態系修復などといった、一見畑違いと思える分野で

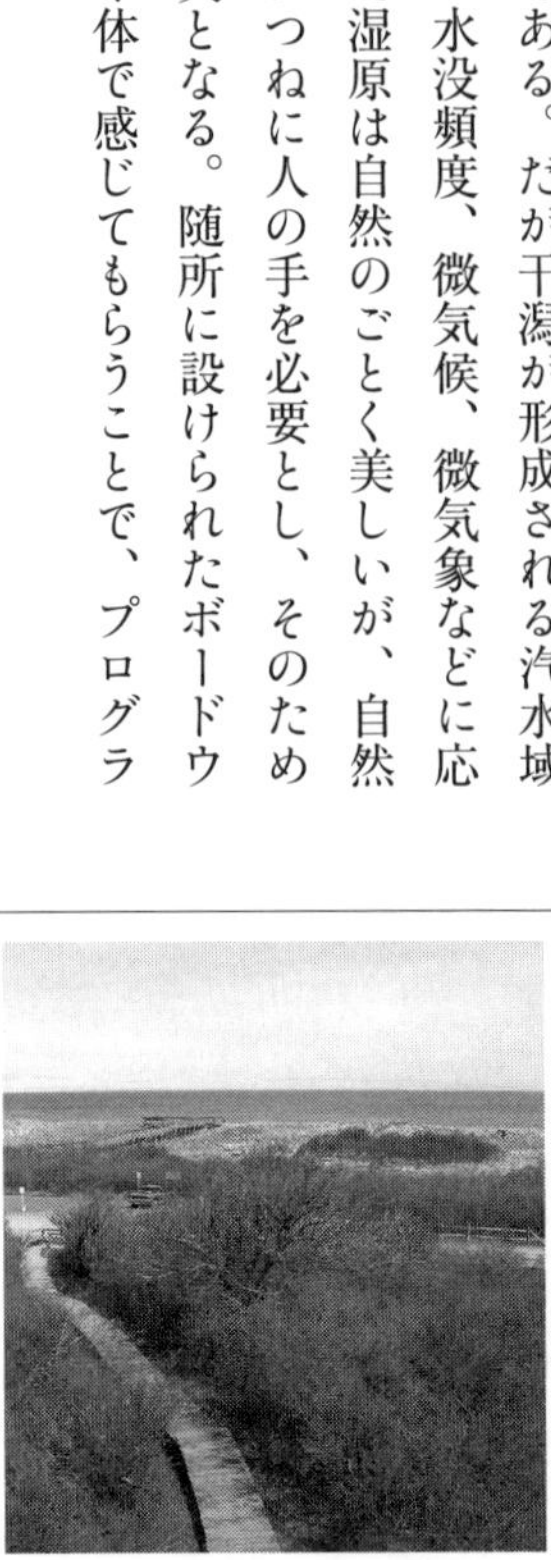

［写真5］〈ケープ・アン湿地再生地〉海岸沿いに湿地帯が広範囲にわたり再生されている。マサチューセッツ州グロスター

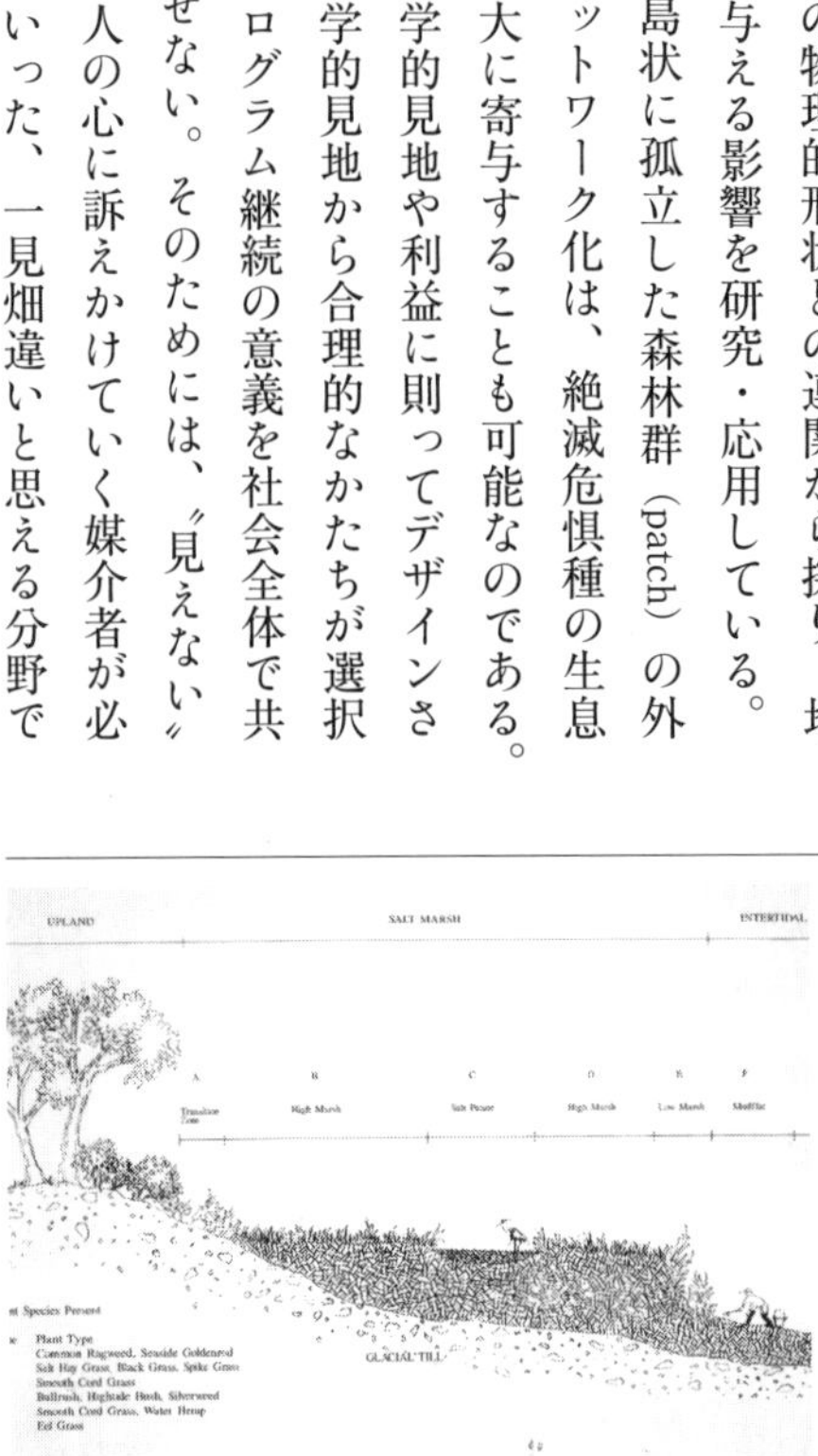

［図1］〈ケープ・アン湿地再生地〉断面図、マサチューセッツ州グロスター

も、建築家、都市計画家、ランドスケープ・アーキテクトなどデザイナーの参画が求められる所以であるといえる。

ブラウンフィールド——工業跡地や埋立地の再生・再利用

さらに、都市化の過程で生じた汚染土壌や埋立地を、再生・再利用しようとする試みについて言及しよう。工場の郊外移転やゴミ埋立地閉鎖に伴う跡地利用は、近年わが国でも大きな話題となっている。都心に残された広大な土地は、宅地開発、レクリエーション施設の整備、商業施設の誘致等々、都市開発の観点から非常に魅力的である。しかし同時に、土壌汚染や水質汚染という負の遺産も、解決すべき深刻な課題として残されている。

工業跡地の土壌・水質汚染は米国でも早くから問題となっており、八〇年代には通称スーパーファンド法が制定された。この法は、汚染物質の調査や浄化を連邦政府の環境保護局主導で行うものの、そのコスト負担を汚染当事者に遡及的に課し、汚染物質の発生者・運搬者・所有者の責任を問う、包括的な責任負担が特徴である。汚染された土壌や水を浄化する技術は存在する。たとえば、汚染土壌の化学処理や焼却処理、または土壌置換および場外搬出などである。だが、作業中の汚染拡大や作業員への健康被害の懸念、廃棄先の問題、膨大なコストなどの諸問題を斟酌すると、その実現可能性は必ずしも高いとはいえない。ゴミ埋立地など、汚染土壌の場外搬出がそもそもありえないケースもある。

そこで注目されているのが、土壌汚染対策とレクリエーション施設などの収益性のある再開発事業とを、段階的に同時進行させていくフェイズ・ストラテジーである。汚染土壌の拡散防止策を講じると同時に、植物の環境浄化能力を活用したファイトレメディエーションを活用するなど、人が集う場にふさわしい環境形成と土壌浄化とを両立させていく手

［写真6］アメリカ中西部上空、二〇〇二

法が模索されている。

さらに、広大な荒地の半自律的な早期森林形成も重要なファクターである。海浜部に多い工場跡地や埋立地では、痩せた土地に加えて強い潮風という悪条件も重なり、自律的な森林形成が一般に困難である。一方で、人為的な全面植栽はコスト的にも現実的ではない。だが、もしランドフォームや並木などの大地からの〝突起物〟を、適所に最小限設けることができれば、それは潮風をさえぎり、水の流れを制御し、そして種子が根を張る環境を創ることができる。若木はやがて成長して種子をつけ、今度はその種子を風に乗せてさらに森林を拡大していく。風を読み、地形を読むことで、自然が大地を癒していくプロセスを、最小限の干渉によって増幅していくことも可能なのである。

曖昧な境界

都市の成熟とともに、ランドスケープ・アーキテクチュアはそのフィールドを拡張し続けてきた。だが同時に、つねにジレンマを抱えてきたともいえる。デザインの対象を人から生態系へ、環境全体へと拡大していく過程で、科学と芸術の二律背反が時に顕著に現れる。人の営為により冒された自然の機能を補完するために、サポート役として科学的なアプローチに徹するのか。あるいは、環境が再生されていく過程も含めて豊かな環境として享受できるように、芸術的アプローチをもってそこに介在するのか。

ランドスケープという、領域自体が曖昧で建築のように明確な形態のない対象を相手に、そこに関わる者たちはつねに科学と芸術の狭間で揺れ動いてきた。だが、はたしてこの二者は本当に相反するものなのか。ランドスケープにおける「かたち」のあり方について、次に考察してみたい。

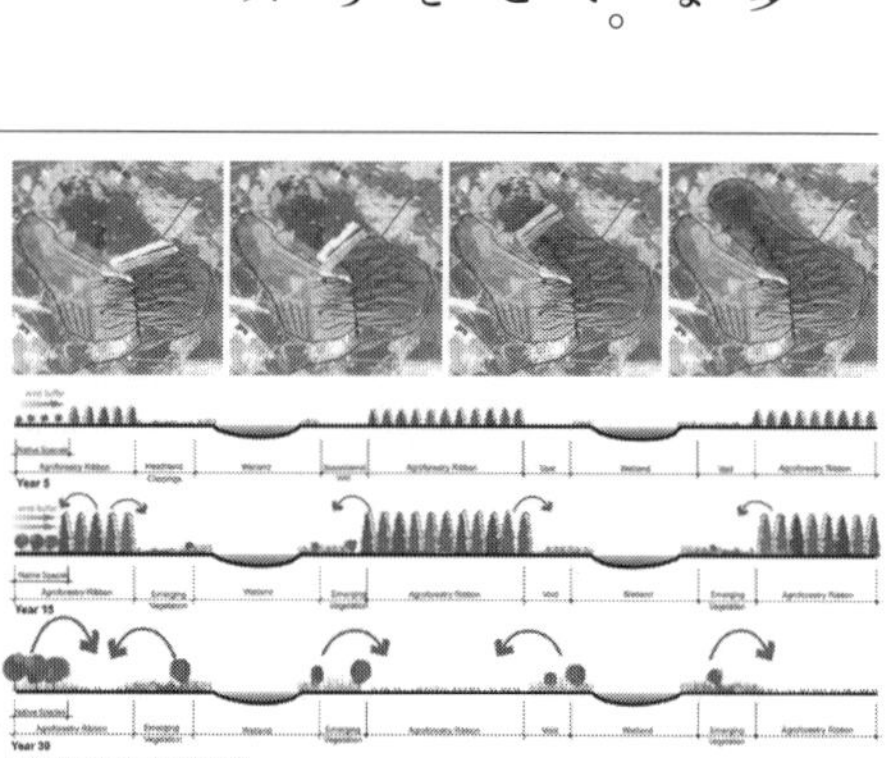

［図2］カール・スタイニッツ教授によるスタジオにおける計画案〈ブックラー・ランド将来計画：鉱山跡地植生再生案〉ハーバード大学デザイン大学院二〇〇三年春学期

◆時間の表現――変化・生成するランドスケープの「かたち」

ランドスケープに「かたち」があるならば、それは時間軸上のある固定点ではなく、連続的な時間の流れの中で動的に捉えるべきものであろう。いうまでもなく、ランドスケープを構成する〝素材〟は生きている。土、水、緑などの生きた素材はもちろん、石、鉄、コンクリートなどの人工素材による造形も、自然の中へ挿入された瞬間から、変化の力に晒され姿を変えて行く。美しくデザインされた並木やランドフォームなど、もし変わらぬ姿を望むならば、メンテナンスという永遠の戦いが始まる。

近視眼的な見方をすれば、自然のもつ変化の力は厄介である。だが、より大きなスケールでサイクルとして俯瞰してみると、違う側面が見えてくるだろう。自然界へ描き込まれたかたちは、それがたとえ人為だとしても、創られた瞬間から、逆に自然へと作用し始めるのである。たとえば、海辺の丘は海風による浸食・堆積作用により生成するが、いったん生み出された丘は背後の植生を護り、長い時間を経て海岸林を形成する。この時空的スケールにおいて、地表に刻まれた皺は、単なる形の変化にとどまらない。大地の起伏は、水、土、風、緑のダイナミックな相互作用を促し、長い時間をかけて不毛の大地を癒していく潜在力を秘めている。

ランドスケープを時空的ダイナミズムの中で捉えようとする試みは、六〇年代後半以降とくに顕著である。ひとつはイアン・マクハーグに代表される、科学的アプローチである。そしてもうひとつの大きな動きは、芸術界からもたらされた。変化そのものに詩学を見出し表現の対象としていく環境芸術、ランドアートの台頭である。これらのアプローチは全く正反対ながらも、ランドスケープというものをダイナミックな性質そのままに捉える姿

［写真7］
〈ドナルド・M・ケンダル彫刻庭園〉
（ペプシコ本社）

勢において、共通しているといえる。

ランドスケープの「かたち」を読む――「かたち」と機能

イアン・マクハーグは、そのエポック・メイキングな名著『Design With Nature』によって、ランドスケープが生成される過程を分析的に紐解いてみせた。当たり前のものと看過されてきた眼前の風景について、地層、土壌、水理、気流、植生などの構成要素へと分解し、各々の「かたち」と「作用」の連関をつぶさに分析していくことで、ランドスケープが生成するプロセスについての合理的な説明を与えたのである。

ランドスケープを構成要素ごとに分析的に捉える視点は、その後GIS（Geographic Information System：地理情報システム）へと発展していく。一方、ランドスケープをプロセスとして理解する視点は、ランドスケープの「かたち」がもちうる「機能」を導き出すことへ発展していく。人工湿地の水質浄化機能を増幅するための大地や植生の「かたち」、工業跡地の森林育成を半自律的に促進する防風土塁や植林の「かたち」、また荒廃地の都市再開発事業において、開発と環境修復をバランスさせつつ交互に進めていく「かたち」など。目的とする「機能」を数十年の長いスパンで発現させていくために、〝枠組み〟としての「かたち」のあり方を見極めることは、デザインの重要な要素となりつつある。ランドスケープにおいて、「かたち」は「機能」をもつのである。そしてこの「かたち」はつねに変化・生成していく。

ランドスケープのダイナミズムを科学的に捉える視点は、合理的な問題解決手段をもたらしただけではない。自然のプロセスというものに人の眼を差し向け、ランドスケープをその変化・生成する性質そのままに、プロセスとして理解する視点を提供した。そしてわれわれに、風景を読む眼差しと、その術を与えてくれたのである。

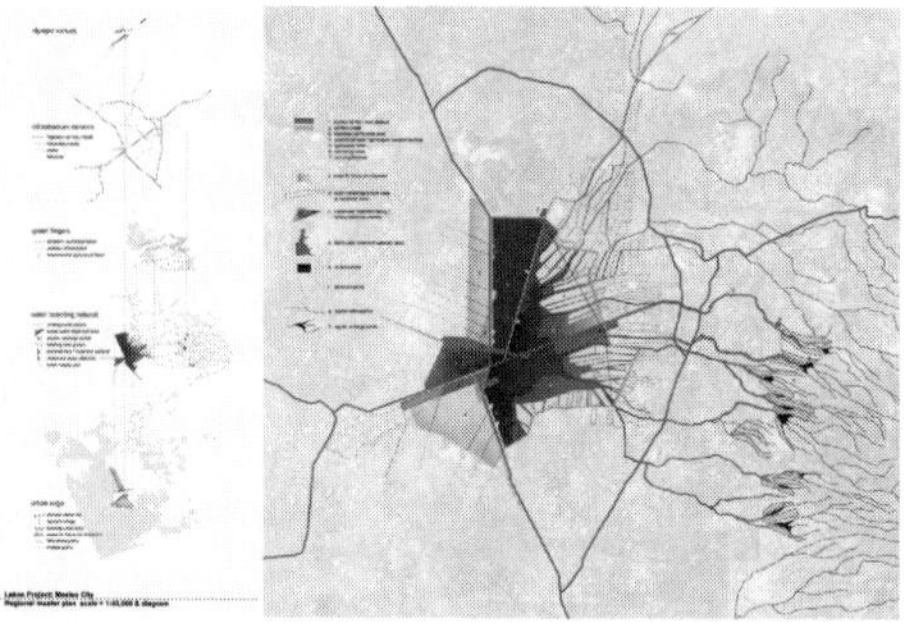

［図3］『メキシコシティーテクスココ湖再開発計画ダイアグラム』ハーバード大学デザイン大学院二〇〇三年春学期 ホープ・ハスブルーク助教授によるスタジオにおける計画案。ランドスケープを様々な〝系―システム―〟の複合として読み解き、環境修復と再開発を同時進行させるような、各々のシステムとかたちを探るスタジオ課題案である

自然プロセスの詩学——ランドアートの台頭

ロバート・スミッソンの〈スパイラル・ジェッティ〉というアートワークを知っているだろうか。ユタ州のグレートソルトレイクに、その名の通り岸辺から中央部へ向けて延びる、全長一四五〇メートル、直径四五〇メートルほどの巨大なスパイラル状の突堤がある。玄武岩と土砂とをブルドーザーでひたすら海岸から延伸し、スパイラル状に築いただけの素朴な突堤である。だがこのシンプルなスパイラルに絡めとられ、ダークブルーの湖水は流れを変え、淀み、時に発生する赤い湖面と混じり合う。そして、突堤の粗い砕石面に打ち寄せる塩水は次第に塩を析出し、堆積し、結晶化して、長い時間をかけて鍾乳石のごとき塩の彫刻を創り上げる。何の変哲もない塩水湖のほとりにスパイラルが挿入されたその瞬間から、螺旋と自然とのコレオグラフィが始まる。時間とともに姿を変えるそれは、自然のプロセスを詩的にあぶりだす。

また、マイケル・ハイツァーは、〈ナイン・ネヴァダ・ディプレッション〉と題した一連の作品において、ネヴァダの砂漠に幾何学形状の孔を穿ってみせた。ネヴァダ内陸部の盆地底に広がる平坦地には、降雨と蒸発の繰返しから塩分が堆積し、そのために砂漠化が進行していく。無限に続く塩の砂漠に穿たれた直線、ジグザグ線などの幾何学は、まるで真っ白いキャンバスに描かれた線のようであり、大地をキャンバスとした造形は、見る人々へ強烈なインパクトを与える。そして同時に、乾いた地表の亀甲模様や驚くほどの平坦さなど、それまで見向きもされなかった不毛のキャンバスの存在そのものをも浮かび上がらせ、それまで〝地〟であった砂漠を〝図〟へと引きずり出した。

これらは、当時の美術界に衝撃を与えた、ランドアートと呼ばれる一連の美術運動である。ロバート・スミッソン、マイケル・ハイツァー、クリストなど、新たなランドアート

［写真8］ロバート・スミッソン〈スパイラル・ジェッティ〉一九七〇、ユタ州グレートソルトレイク

の担い手たちは、美術館という箱の中を飛び出し、創作の対象を自然そのものに求めた。芸術運動であるから当然実用的な意味での機能はなく、また、現在のわれわれの視点からすれば環境破壊に映る側面もある。しかし、自然の中に人為的に挿入された形は、堆積、結晶化、浸食、風化などの自然のプロセスを映し出し、その刻一刻と変わりゆく自然の様をあぶり出した。あるいは、見向きもされずただそこにあるだけだった風景を、認識可能な景観として再発見する契機となった。まるでショック療法のように、強烈なインパクトとともに、時間芸術としての自然のプロセスを描き出したのである。

ランドスケープと時間という、ランドスケープの美学の本質に踏み込んだ新たな表現は、ランドスケープ・アーキテクトたちに大きな衝撃と影響を与えた。そして、空間の操作という静的な美学を超え、変化というランドスケープの本質を見据えたダイナミックな表現を求めていた彼らに、大いなる示唆を与え、ランドスケープの読み方や素材の扱いに変革をもたらしたのである。

疲弊した大地のデザイン——科学と芸術の融合を目指して

ランドスケープを変化・生成するものとして捉える。六〇年代末に始まり現在へと至るこの潮流が、ランドスケープのダイナミックな性質のままに、新たなデザインモデルを生み出そうとしている。そして今、都市化や工業化の過程で疲弊した大地の再生という大きな課題に立ち向かうために、科学と芸術の融合が試みられている。

〈ビクスビー・パーク〉を例にとろう。カリフォルニア・ベイエリア南部にあるゴミ埋立地の跡地利用計画として、ハーグリーブス・アソシエイツが設計した公園である。低湿地へのゴミ埋立てで生まれた人工的なマウンドが、今ではカリフォルニア特有の丘陵地帯

［写真9］
〈キャンドルスティック・ポイント州立公園〉
大胆な幾何学的造形である一方で、
干潟の多様な植生を織り込んだ
繊細なデザインとなっている

の一部のようにすっかりなじんでいる。
マウンドの配置や形状は、湿地へのゴミ埋立てを効率的に進めた結果にすぎない。汚染土壌対策として、技術的およびコスト的に最も合理的な粘土被覆が選択されたが、この粘土層への根の貫通防止のため、樹木類の植栽は一般に困難である。裸地保護のための芝が精々というケースが多いのだが、ハーグリーブスはこの状況を逆手にとり、マウンドを表現の主軸に据えることに成功している。

ハーブリーブスは、マウンドをカリフォルニア自生の芝で覆い、そこへ様々な土地の記憶を〝刻印〟していった。挿入されたミニマムな仕掛けが、蓄積された土地の記憶を繰り返し想起させるとともに、この場が徐々に自然へと帰っていく様を浮彫りにしている。マウンドを駆け上がるシェブロン配置のPCブロックは、近隣空港から離陸する機体の航路を反復し、芝の小塚はかつてこの地に生きたネイティヴ・アメリカンの墓を暗示すると同時に、カリフォルニア独特の丘陵地形を投影している。また埠頭の橋脚を暗示するように整然と配置された木杭のポール・フィールドは、丘の柔らかさを強調するとともに、かつての湖沼のイメージをも重ね合わせる。これらの仕掛けによって、もとはゴミ埋立てにより形成されたマウンドの形状が、幾重もの異なる文脈によって再解釈されるのである。

竣工当時の写真を見ると、青々とした芝と人工的なマウンドの形状が、ミニマムな仕掛けと相まって、整然とした人工美を見せつけている。だが竣工後十数年を経て筆者が訪れたとき、そこは全く異なる風景を見せてくれた。人為の造作物が、長い時を経て根をはり、息づき、そしてなお、ポール・フィールドなどの仕掛けが、この地に刻まれた記憶を繰り返し想起させる。人工でもなく自然でもなく、絶妙なバランスを保ちつつも、この場は時間の流れとともに変化・生成し続けているのである。

［写真10］ サンフランシスコ・ベイエリア東部の丘陵地、二〇〇三

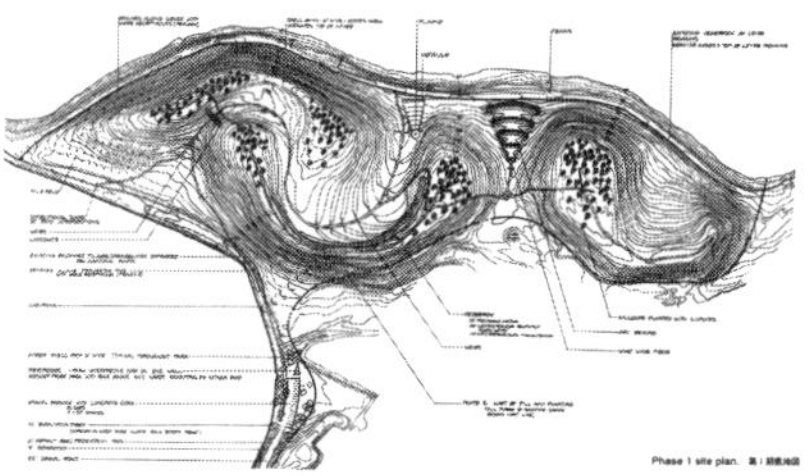
［図4］ハーグリーブス・アソシエイツ〈ビクスビー・パーク〉配置図、1992、カリフォルニア州パロ・アルト

◆「かたちの生成」
——米国ランドスケープ・アーキテクチュアの変遷が指し示すもの

ランドスケープ・アーキテクチュアは、緑のイメージゆえ都市の対立項とされることがあるが、それは正しい理解ではない。概観してきたように、ランドスケープ・アーキテクチュアはその誕生の時から都市とともにあった。都市と自然との領域がますます曖昧になりつつある今、かつて庭園からパブリック領域へとその地平を広げたのと同様に、時間変化を前提とした生成のデザインへと、大きく舵を切ろうとしている。

変化・生成する「かたち」をデザインするとはどういうことなのか。そもそもデザイン可能なのだろうか？　米国ランドスケープ・アーキテクチュアに見る試みは、その問いに対する答えの模索である。生成の「かたち」をデザインするということは、よりよい環境への変化を緩やかに導いていく、枠組みを創るようなものである。あるいは、自然との相互作用により変化・生成し続けるかたちの連鎖を追い、その無数の軌跡をたどることで、そこに宿る一瞬の美を映しとろうとする願いともいえるだろうか。

「かたち」から、「かたちの生成」へ。ランドスケープのかたちを時間的空間的ダイナミズムの中で捉えようとする試みは、デザインにおける新たな地平を指し示している。そしてこの新たな地平は、ランドスケープ・アーキテクトというひとつの職能に限定されたものではけっしてない。大地のデザインに関わるあらゆる専門家の前に開かれているべきものであり、建築家もその一員なのである。

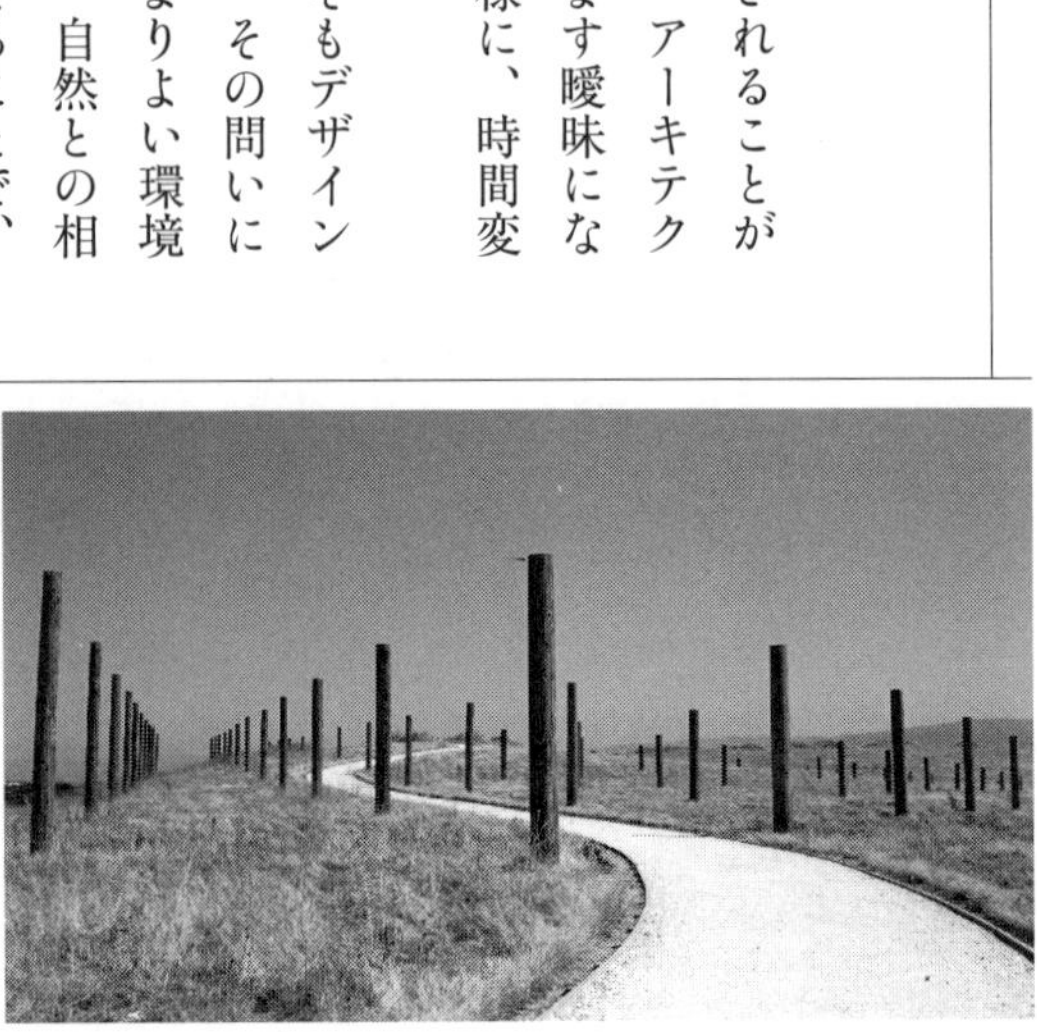

［写真11］〈ピクスビー・パーク〉
ポール・フィールドと貝殻敷きの園路

宮部浩幸

建築の改修デザイン

——ポルトガルのポウサーダに見られる改修デザインの手法と理念

13

MIYABE Hiroyuki

リノベーション、コンバージョンといった言葉が一般化したことが示すように、日本でも建築の再生、再利用が頻繁に行われるようになった。その中、既存建物に増築や改造を加える改修のデザインは、新設部分と既設部分を対比的に扱うものが主流となっている。しかし、この方法は繰り返すうちに、対比による差別化を重ね、全体としては調和のない建築や街並みを生み出してしまう危険性をはらんでいる。今回紹介するポルトガルの事例は、この方法とは異なる新たな可能性を示すものである。

近代以前の日本の街並みでは、すでにある隣の柱割りや軒の高さ、棟の高さ、外壁の仕上げ等の要素を新たな建築にもアレンジを加えながらとりいれ、新設部分と既設部分をなじませる手法が見られた。一九六八年出版の『日本の都市空間』では、この方法は「盗み」という名称で紹介されていた。その中では木造建築ばかりだった明治時代まではこの方法が有効であったが、要素の規模が拡大し、木から鉄・セメントというように素材が決定的に変化した現代（当時一九六八）ではもはや無力となった手法として紹介されている。この本で示されたように、現在の日本では新と旧をなじませる方法は影を潜め、新と旧が対比的に扱われることが多い。これと対極的な方法として、昔風のデザインで新設部分を既設部分と同様に見せようとする方法も見られるが、中途半端な過去の模倣はかえって偽物を生み出す結果になっている感も否めない。

四〇年経った現在の日本の都市では、鉄やコンクリートの建物が大多数を占めるに至っている。素材や規模の違いはもはや問題ではない。かつてあった「盗み」の手法は、現代において無力というよりは忘れられているだけではないだろうか。

ポルトガルでは、ここで述べた日本の状況とはいくぶん趣の異なる改修デザインが見られる。これらの事例では新旧は対比的でありながらも、調和的な一面も併せ持つ融合形態を示している。かつて日本にあった「盗み」の手法と似ている。これらのデザイン手法は、新旧の対比的ないし調和的統合を目指す今日の改修デザインに新たな選択肢を与えると考えられる。

◆ポウサーダとは

今回紹介するのは、「ポウサーダ・イストリコ」あるいは「イストリコ・デザイン」と呼ばれる城や修道院を改修してつくられる一連のホテルの事例である。ポウサーダは観光業に力を入れるポルトガル政府の肝煎りで一九三八年に始まった事業である。現在は民間のホテルチェーンがその運営を引き継いでいる。ポウサーダ（pousada）はポルトガル語では「休むこと」「宿泊」を意味し、現在ではこの一連のホテルを示す固有名詞になっている。

ポルトガルにおいて、歴史的建造物を記念碑として博物館的に保存するのではなく、活用しながら残してゆくことが始められたのは一九四八年のポウサーダのプロジェクトであった。現在までに古い建築を改修してつくられたポウサーダは二〇あり、ポルトガルにおける歴史的建造物の保存や改修を語るうえで頻繁に引用される事例が複数生まれている。

◆ポルトガルにおける歴史的建造物の修復・改修の歴史

ポルトガルで見られる修復・改修のデザイン手法を理解するために、その前提となっている歴史を概観する。少し先取りしていうと、ポルトガルの修復・改修デザインは新旧を完全に調和させる手法から始まり、後に新旧を対比的に扱う方法が現れ、その後、前出ふたつの手法の間で揺れ動くという経緯をたどっている。

保存という概念があってはじめて古い建築の再利用、改修という考えが成立し、「現状保存」「修復」「改修」というように様々な方法が付随して生まれてくる。フランソワーズ・ショエによれば、歴史的モニュメントや過去の保存という概念が確立したのは一九世紀であった。当時、フランスでは都市の再開発が盛んに行われ、古い建築が次々と壊される状況となり、古い建物の保存を求める声があがった。保存という概念は再開発と対立する概念として確立した。

ポルトガルで歴史的建造物の保存・改修が始まったのは一九世紀であった。フランスのヴィオレ・ル・デュクの手法をとりいれて改修を行っていた。それは「建物を修復することは単にそれを保存することではなく、それを修理し、それをつくり直すことであり、修復とは建物をいかなる時代にもありえなかったほど完全な状態に復権させること」というような考え方であった。ヴィオレ・ル・デュクの修復作品である〈ピエルフォン城〉では、新しい要素と古い要素が判別できないほどに同化し、新しい全体性を獲得している。一方で塔の先端に、オリジナルにはなかったと思われる屋根をつけるなど、歴史の真実性という点において疑問を感じさせる手法であったため、後に「想像に任せた修復」と呼ばれ批判の対象にもなった。

一方、イタリアではカミロ・ボイトがこれとは異なる方法を提唱していた。これは「修復とは時の経過を示すように行うもの」という考え方であった。この考え方は七〇年代になるまでポルトガルで実践されることはなかった。

リスボンの名所となっている〈ジェロニモス修道院〉は一九世紀の修復の事例である。これはデュクの手法「想像に任せた修復」によるものである。オリジナルは写真1右側のドーム屋根の塔から右側だけであったが、一九世紀に大航海時代のマヌエル様式で大増築が行われた。

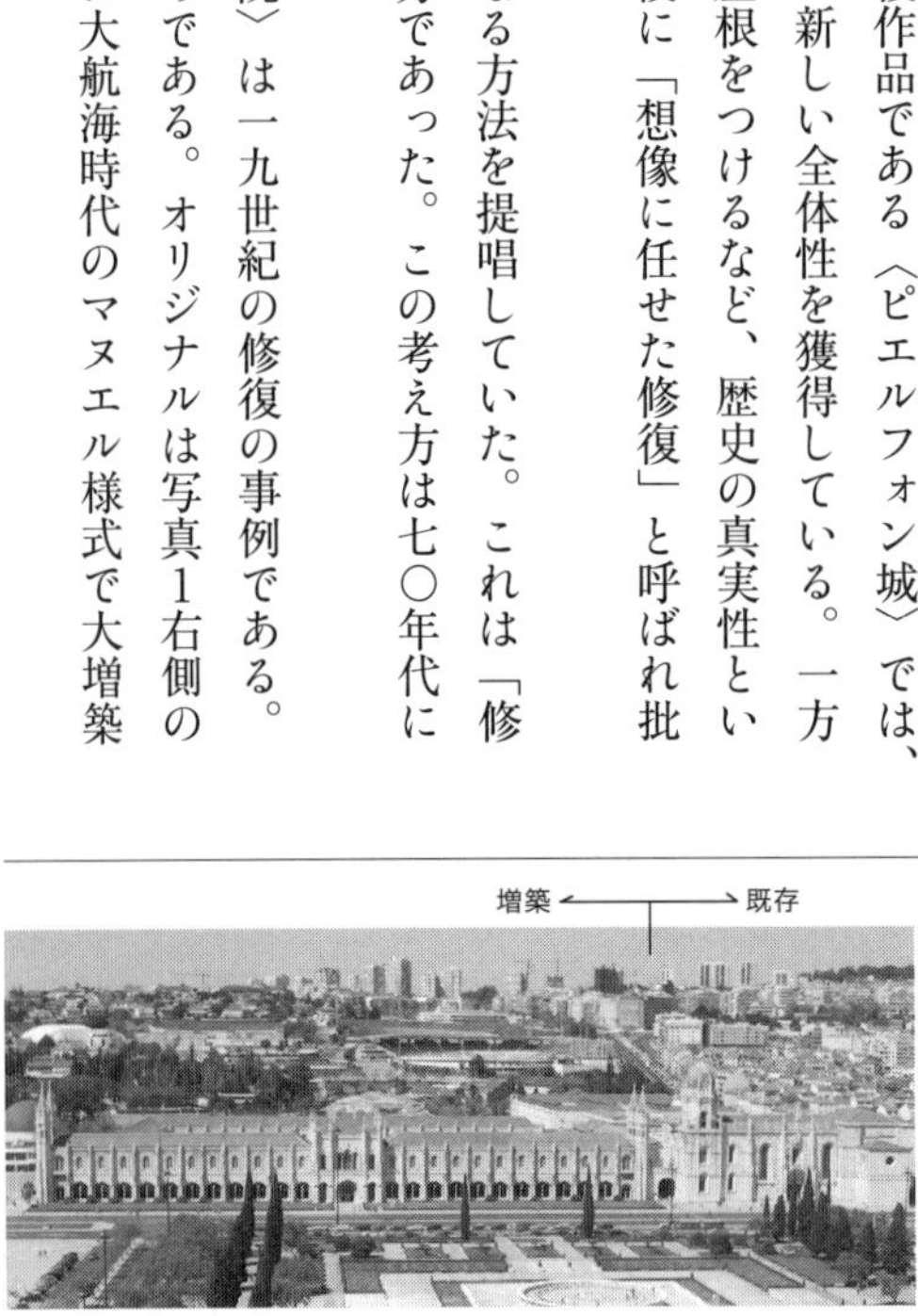

[写真1]〈ジェロニモス修道院〉

一九三三年になるとサラザールによる独裁政権が誕生し、七四年までその体制が続いた。サラザールが蔵相だった一九二九年にDGEMN、国家的記念物と記念碑の監督局が創設された。独裁政権下のDGEMNによって進められた「想像に任せた修復」では「様式の浄化」が行われていた。これは政府によって指定された時代の様式で建築を統一するように修復することであった。使われるのは、ポルトガルにとってよかったとされる時代の三つの様式であった。三つはポルトガル建国期のロマネスク様式、ディニス王からアビス朝期のゴシックと中世の城の様式、大航海時代のマヌエル様式である。

この代表例がリスボンの〈サンジョルジュ城〉（一九三八年修復）である。一九世紀に建てられた兵舎が三つの様式ではないので取り除かれ、中世の城の様式で統一され遺跡のような姿になった。

一九四八年になると、歴史的建造物に新しい機能を与えて再生する試みがスタートした。ポウサーダ・イストリカ最初の事例〈ポウサーダ・ド・カステロ〉である。廃墟と化していた城がホテルとして再生された。修復では相変わらず「様式の浄化」が行われ、一九世紀につくられた時計台は取り除かれた。

一方で、この頃には「様式の浄化」に対して疑問を呈する思想も徐々に生まれ始めていた。一九五〇年代になると、若い建築家たちがポルトガル中の大衆建築を調査し大著をまとめた。これは政府が掲げているポルトガルらしさをつくるための三つの様式以外にも、たくさんのものがあるという現実を客観的視点で分析し、まとめたものであった。この調査に参加したフェルナンド・タヴォラはCIAMに参加していた建築家である。国際様式に疑問が呈され、CIAMが解散し、地域主義の機運が高まる状況の中で調査が行われた。

一九六五年になると、様式の浄化の意識は弱くなっていた。修道院をホテルに転用した

〈ポウサーダ・ド・ロイオス〉では、以前では修復されることのなかったバロック様式の階段が修復された。修復の方法としては、相変わらず「想像に任せた修復」が行われていた。

同じ頃の一九六四年に、歴史的建造物に関する建築家・技術者国際会議で「ヴェニス憲章」が承認された。◀1 これは端的にいえば「歴史的真正性を守る」という考え方である。ポルトガルでこの考え方が実践されるのは七〇年代後半になってからであった。

一九七〇年代以降になると、「想像に任せた修復」とは異なる「新旧を区別する改修」が行われるようになった。その端的な例である〈ポウサーダ・ドン・ディニス〉は、城壁に囲まれた住居群を一九八二年に改修し、ホテルへと転用したものである。写真2にあるように、古い城壁に対して新しいと認識できるレストランのガラスの箱が増築された。

一九八五年に改修された〈ポウサーダ・デ・サンタ・マリーニャ・ダ・コスタ〉は修道院をホテルへと転用した例。設計者は先ほど大衆建築の調査で紹介したフェルナンド・タヴォラである。半地下につくられた増築部分は、遠くから見ると一見擁壁のようだが、近くで見ると繊細な格子のついたガラス窓が繰り返された現代建築が増築されているのがわかる［写真3］。

このように新旧の区別がうまくいった例がある一方で、修復手法の是非をめぐって議論を呼ぶいくつかの事例もこの時期に生まれた。そのうちのひとつ〈サグレスの要塞〉は、一九九七年に改修され観光施設として生まれ変わった。この例では、増築部分が小さな古い要素（写真4、右の小さな礼拝堂）に対して圧倒的な存在感で建っている。新旧の区別はできるが、増築建物が重要な要素である城壁を隠してしまっている。この案を見た人々から、「昔風のデザインで工事するべきだ」という意見が出され、議論を呼び、一時工事が差止めとなり、完成までに八年間を費やした。

◀1
以下に抜粋を示す。
第1条……「歴史的記念建造物」には、単一の建築作品だけでなく、特定の文明、重要な発展、あるいは歴史的に重要な事件の証跡が見出される都市および田園の建築的環境も含まれる。「歴史的記念建造物」という考えは、偉大な芸術作品だけでなく、より地味な過去の建造物で時の経過とともに文化的な重要性を獲得したものにも適応される。
第9条……修復の目的は、記念建造物の美的価値と歴史的価値を保存し明示することにあり、オリジナルな材料と確実な資料を尊重することに基づく。推測による修復を行ってはならない。
第12条……欠損部分の補修は、それが全体と調和して一体となるように行わなければならないが、同時にオリジナルな部分と区別できるようにしなければならない。これは、修復が芸術的あるいは歴史的証跡を誤り伝えることのないようにするためである。

このように、ポルトガルでは「新旧を区別する改修」へと改修のデザインがすんなりと移行したわけではなく、「想像に任せた修復」との間を揺れ動くこととなった。

ここまでをまとめると以下のようになる。

・歴史的建造物の修復と改修の歴史は、「想像に任せた修復」から「新旧を区別する改修」への系譜であった。

・一九世紀以来、新旧を同化する、区別するということが、改修のデザインにおいて重要な課題であった。

・七〇年代以降、修復のデザインは「想像に任せた修復」と「新旧を区別する改修」の間を揺れ動いていた。

これから紹介するポウサーダの事例の多くは七〇年代以降のものである。そして、その時期にできたものには、概観しただけでは「想像に任せた修復」「新旧を区別する改修」のどちらとも判断できない事例が見出せる。「想像に任せた修復」と「新旧を区別する改修」の狭間で独特な手法が生まれているのである。

◆ポウサーダに見られる改修デザイン ――「新旧を織り込む改修」

ポウサーダに見られる改修デザインには、「想像に任せた修復」「新旧を区別する改修」、そしてそのどちらとも判断できない第三の種類の修復・改修が見られる。この第三

［写真2］〈ポウサーダ・ドン・ディニス〉

［写真3］〈ポウサーダ・デ・サンタ・マリーニャ・ダ・コスタ〉遠景と近景

［写真4］〈サグレスの要塞〉

の種類のものこそが、改修デザインの新たな可能性を示すものである。

まずは「想像に任せた修復」の事例をとりあげる。

写真5はエヴォラの〈ポウサーダ・ドス・ロイオス〉のラウンジ。空間の分節に着目すると、アーチによって区切られた四つの空間が見出される［図1］。これらは壁や天井がすべて白く、床の仕上げがベージュの石で仕上げられていることから、同類の空間の集合であるという認識が成り立つ。これと同時に、四つの空間の三面の外周の壁面が揃って見えることから、四つに分割されたひとつのボリュームという見方もできる。いずれにしても、すべての空間にポルトガルの伝統的な建築で見かける石造の扁平アーチがあることから、見た目としてはすべての部分が古いと判断される。図2では古いと判断された部分をグレーで塗った（この場合はすべて）。

実際は、写真5左側のアーチのある壁の向こう側（図1の空間3と4）がポウサーダ転用後の増築で▼2、残りが一七世紀の建造である。

この例のように、「想像に任せた修復」では見た目の新旧区分が実際の新旧区分と一致しない。このことを簡略な図で現すと図3のようになる。新しい部分と古い部分に実際と一致する区別がない。

［写真5］〈ポウサーダ・ドス・ロイオス〉のラウンジ

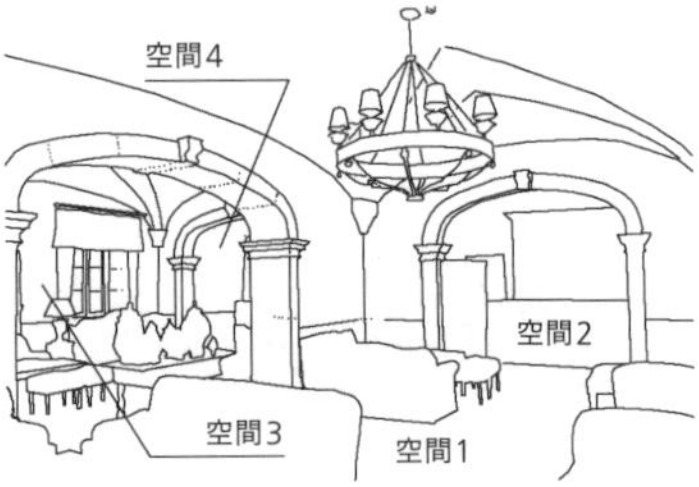

［図1］アーチによって区切られた四つの空間

［図2］古いと判断された部分

［図3］想像に任せた修復

▼2
Direcção Geral dos Edif_cios e Monumentos Nacionais "CONVENT DOS LOIOS ÉVORA ADAPTAÇÃO A POUSADA" No.119 (Lisboa: Direcção Geral dos Edifícios e Monumentos Nacionais, 1965) とDGEMNのアーカイブから入手した図面。

次に「新旧を区別する改修」の事例を確認する。

前述の〈ポウサーダ・ドン・ディニス〉をとりあげる。写真6の視点では、黒い水平に横たわるボリュームと、その上のガラスのボリューム、白いボリュームが区別される。黒い部分は石積みで質感は凸凹、ガラスと白い部分（白壁）は平滑である。黒い部分はその水平に横たわる形態から城壁とわかり、この部分が古い部分、ガラスと白の部分が新しく設けられた部分という区分を見出す。図4のグレーで表したところが既設に見える部分、白で表したところが新設に見える部分である。実際の新旧区分もこれと一致している。

このように「新旧を区別する改修」の事例では、見た目の新旧区分が実際の新旧区分と一致している。これを簡略化した図で表すと図5のようになる。

次に「想像に任せた修復」「新旧を区別する改修」に分類できない事例を見ていく。これから紹介するのは、一見しただけでは実際の新旧の区別がわからず、視点を移動することや凝視することで幾通りかの新旧の区分が見えてくる事例である。これらの事例では、見た目の新旧区分と実際の新旧との一致、不一致が共存している。

写真7は、アルカサール・ド・サウにある〈ポウサーダ・アフォンソ一世〉の南側遠景である。この事例は複雑なので詳しく説明する。

まず輪郭（空や地面との境目）に着目すると、丘の上に鎮座するボリューム群が見える。それらは城壁とその上のいくつかのボリュームのまとまりとして捉えられる［図6］。このまとまりを捉える過程では、基壇のように見える城壁の上に主塔や官邸が鎮座するポルトガルでよく見か

［写真6］〈ポウサーダ・ドン・ディニス〉

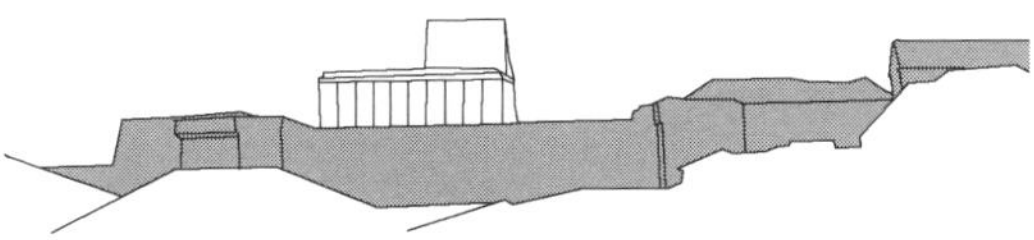

［図4］既設に見える部分と新設に見える部分

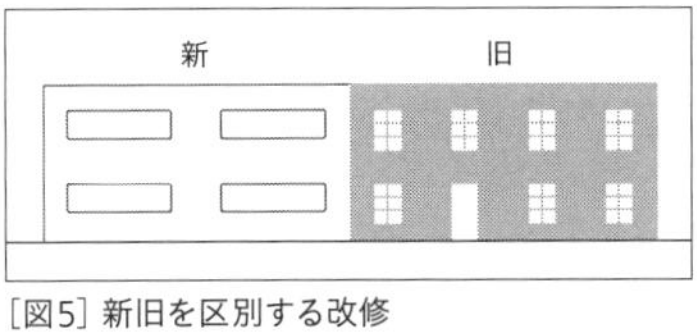

［図5］新旧を区別する改修

ける城のシルエットの記憶も作用している。この結果、すべてが旧であると捉えられる。図7ではすべてが既設に見えるという意味で、すべての部分をグレーで示している。

　仕上げの色を認識できる距離に近づくと、図8のように白い部分が他の土色の部分と区別される。色の違い以外あまり差がわからないので確信はないものの、白い部分が新しく、土色の部分が古いという区分を見出せる［図9］。これは確信の度合いの低い区分である。図では、グレーで示した古い部分に対して、コントラストの弱い薄ネズミ色で白壁の部分（新しいと思われる部分）を示した。

　すべてが古いとする新旧の判断と、一部が新しいかもしれないという判断が併存している。いったん、遠景において伝統的な城のシルエットが見えることで全体が古いと判断される。色が見えてくる距離に近づくと白い部分が他と区別されるが、その部分の新旧を確かに判断できる要素が見えてこないので、その部分の新旧の判断は確信の低いものとなっている。

　次に同じ面の近景写真8を見る。すると今度は、建物の色の違い、輪郭がはっきりわかり、すぐに白い固まりと土色の部分のまとまりを区分できる。白い部分は土色の部分に比

［写真7］〈ポウサーダ・アフォンソ一世〉南面遠景

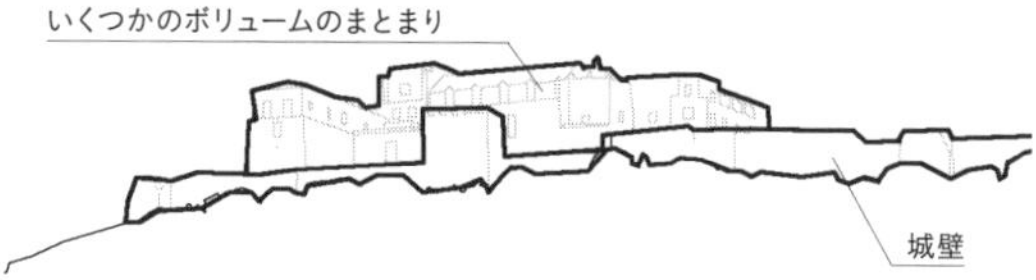

［図6］丘の上に鎮座するボリューム群

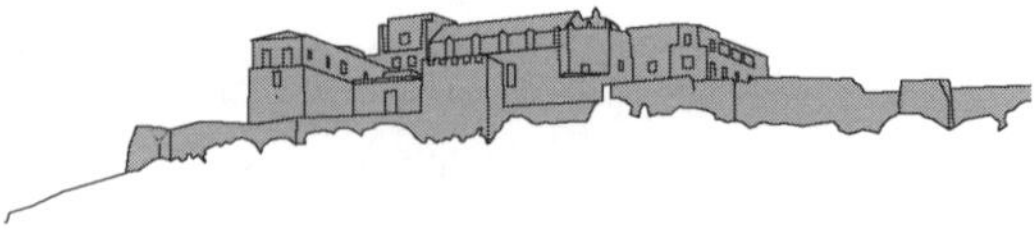

［図7］既設に見えるボリューム全体

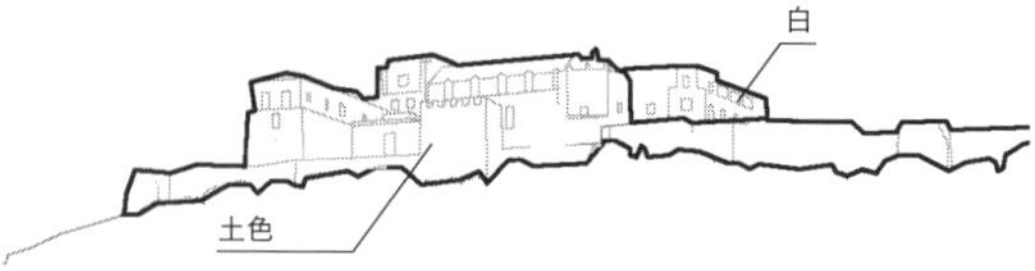

［図8］白い部分と土色の部分の区別

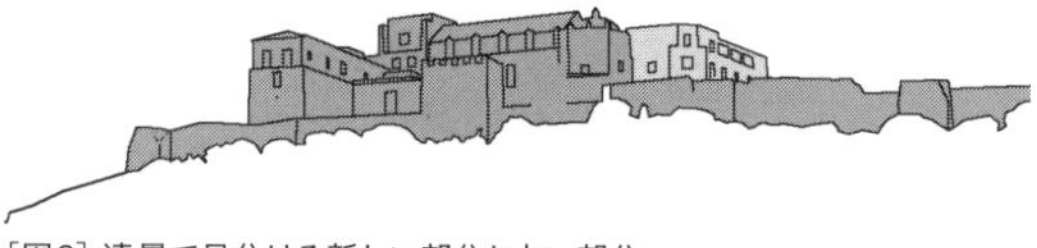

［図9］遠景で見分ける新しい部分と古い部分

◀3
Direcção-Geral dos Edifícios e Monumentos Nacionais, http://www.monumentos.pt/

◀4
Ramalho, Margarida, Paixão, António Cavaleiro, Pimental, Diogo Lino, Madalena, Pimentel and Gomes Virgilio "Pousada D. Afonso" (Lisboa: ENATUR, 1998)

べて開口率が高く、最上階に伝統的な積石ではありえない薄い壁が確認できる。一方、土色の部分は窓のダキが深いことから、壁が厚く積石造であることが推測される。このため白い部分が新しい部分で、他方が古い部分であると見なせる（図10上段、ネズミ色が古いと判断される部分、白が新しいと判断される部分）。

次に白い部分と土色の部分は、大まかではあるが面の構成が対称に配置されていてひとつのセットに見えること［図11］、似たような大きさのほぼ正方形の窓が対称に両者に設けられてひとまとまりのグループとして取り出せること［図12］に着目すると、白い部分とベージュの部分の対立が緩められ、新旧の区別が弱くなる［図10下段］。

この場面では新旧区分が揺らいでいる。認識が図10の上段と下段の間を揺れ動く状態である。

また、この事例では概形しか見えない遠景［写真7］では、すべてが古い部分であるという見方も成り立っていたが、詳細が見えてくる近景［写真8］になるとそれがなくなっている。この点で、この事例では視点を移動することで見た目の新旧の区分が変化するものとなっている。

実際の新旧の区分[▼3,4]は白いボリュームが新しく、それ以外が既設である。見た目の新旧区分のうち、図9と図10が実際と一致している。

次の事例は、見るアングルが変わると新旧の区別が異なって見える事例である。とりあげるのは〈ポウサーダ・ノッサ・セニョーラ・アスンサオン〉。［写真9］

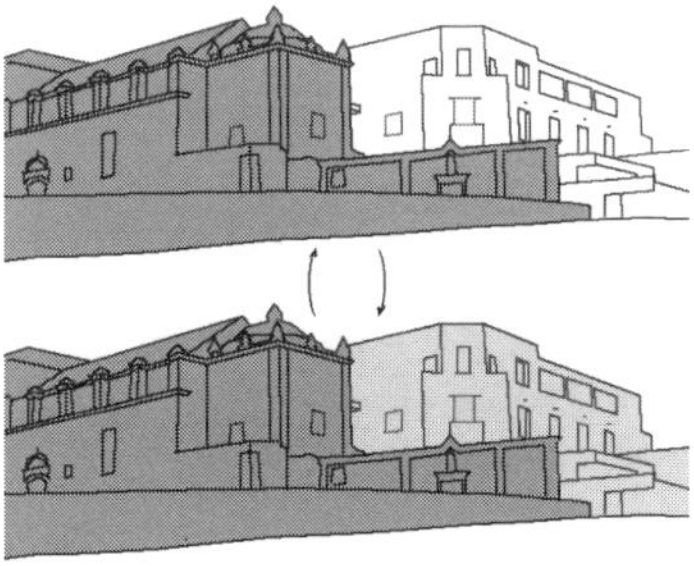

［図10］近景で見分ける新しい部分と古い部分

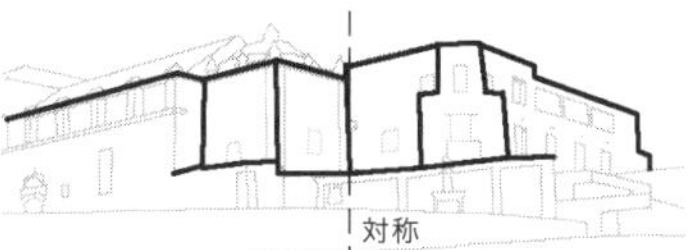

［図11］対称に配置された面の構成

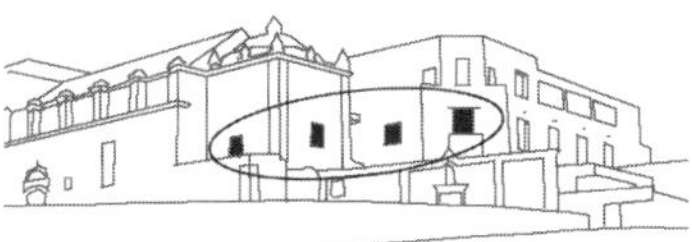

［図12］対称に設けられた窓

［写真8］〈ポウサーダ・アフォンソ一世〉南面近景

このアングルから見ると、リズミカルに白いボリュームが並びすべてが既存のように見える［図13］。よく見ると奥のボリュームの開口が横長なので、その部分が新しい部分らしいことがわかる［図14］。

写真10のアングルは、先ほどの写真の奥から手前を見返したものである。同じ部分を見ているにもかかわらず、先ほどと印象が異なる。手前のふたつのボリュームは開口部、パラペットの形状からすぐに新しい部分だとわかる。ただし、同じような大きさの白いボリュームが並んでいることで、そのことに注意がいくと各ボリュームがひとつのグループとして認識され、新旧の対比は弱まるように感じる［図15］。実際の新旧区分はこちらのアングルと一致している。

最後の例［写真11］は、修道院を転用した〈ポウサーダ・フロール・ダ・ローザ〉である。白い部分とベージュの石の部分があざやかに対比を描いている。白い部分が石造にはない

［写真9］〈ポウサーダ・ノッサ・セニョーラ・アスンサオン〉

［図13］リズミカルに並ぶ白いボリューム

［図14］古い部分と新しい部分

［写真10］写真9の奥からのアングル

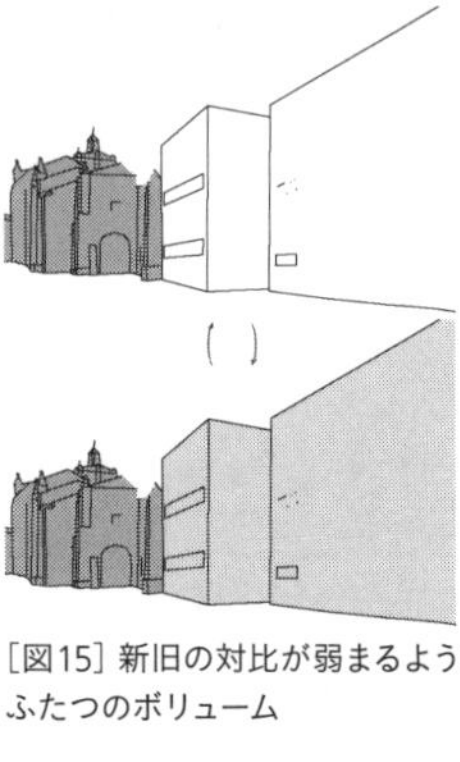
［図15］新旧の対比が弱まるように感じられるふたつのボリューム

薄さでできていること、ベージュの部分は石積みで銃眼等の伝統的な表現が見られることから、白い部分が新しく、ベージュの部分が古いようにいったんは認識される［図16］。よく見ると、手前のベージュの壁には伝統的な石造ではありえないプロポーションの開口が開いているのがわかる。このことから、この部分は新しい部分ではないかという認識が生じる［図17］。実際の新旧区分は、後者［図17］の認識に一致している。

後半三つの事例では、大まかに見たとき（概形に着目したとき）と詳細に見たときで異なる見た目の新旧区分が得られ、詳細に着目したときに実際の新旧区分が見えてくるようになっていた。視覚像に含意として織り込まれたいくつかの新旧区分が、詳細な観察や記憶に導かれ見えてくるのである。これを第三の種類の修復・改修として、「新旧を織り込む改修」と呼ぶこととする［図18］。

◆まとめ

ここでは少数の例しか紹介できなかったが、「新旧を織り込む改修」の性質をまとめると以下のようになる。

一 「新旧を織り込む改修」は、「想像に任せた修復」と「新旧を区別する修復」の両方の性質を兼ね備えている。

［写真11］〈ポウサーダ・フロール・ダ・ローザ〉

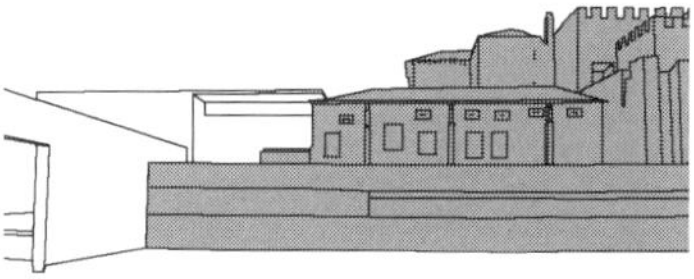
［図16］伝統的な表現が見られることによる認識

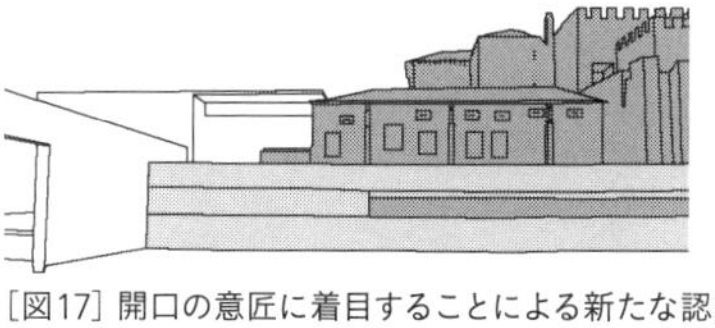
［図17］開口の意匠に着目することによる新たな認識

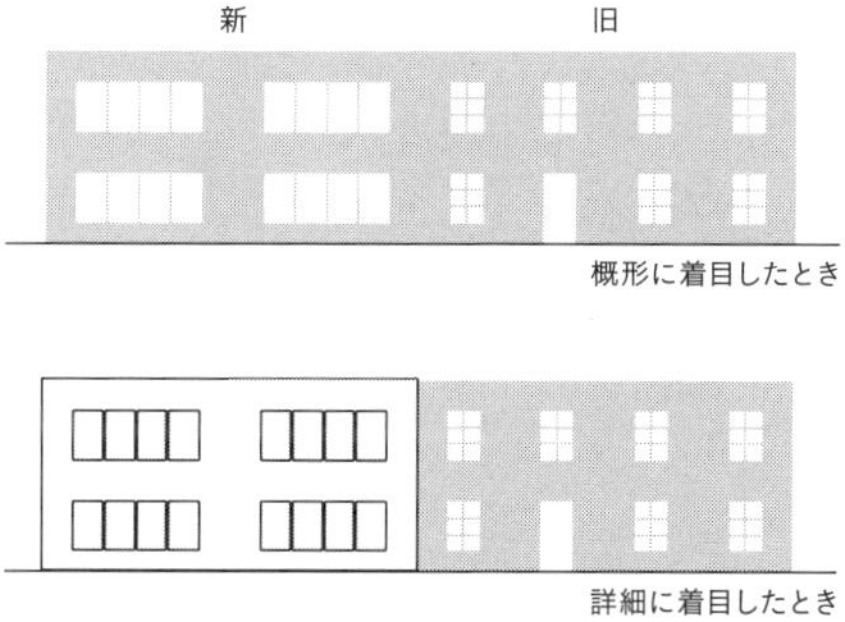

［図18］新旧を織り込む改修

二「新旧を織り込む改修」では、「概形に同化、細部に区別」が仕込まれていて、詳細な観察によって、後から見えてくる新旧区分がある。

三「新旧を織り込む改修」の視覚的現象では、真実を含む複数の新旧区分が、純粋な視覚像と記憶との多義的関係によって生じている。

二を解釈してみると、概形は「一瞥」でわかること、細部は「凝視」することでわかることと言い換えられる。すると「概形に同化、細部に区別」をつくるデザインとは、「一瞥」すると新旧が同化しているように見え、「凝視」すると新旧が区別されているデザインといえる。「一瞥」の認識に新旧が同化する「想像に任せた修復」の性質、「凝視」の認識に「新旧を区別する改修」の性質が見えてくるようにすることで、一に示したように「新旧を織り込む改修」は両者の性質を兼ね備えている。このように「新旧を織り込む改修」は、「一瞥」と「凝視」で異なる認識をもたせることで成立している。

また、三について考えてみると、「一瞥」と「凝視」による複数の認識のどれかに真実の新旧区分を指示させるデザインができることを示している。これらは「一瞥」と「凝視」の認識がもつ意味のずらし方、重ね方で様々なデザインが展開できる可能性を示している。この可能性がより意識的に探求されれば、「新旧を織り込む改修」は新旧の同化による調和的統合、あるいは区別による対比的統合を二者択一的に目指す今日の改修デザインの理念や手法を拡大し、新たな選択肢を与えると考えられる。

岸田省吾

時間の中の「かたち」・時間の中の「デザイン」

14

KISHIDA Shogo

◆建築のデザインと時間

建築は空間の中の形や色、素材を通し人間に働きかける。建築のデザインは、「かたち」によって現実を理解し、現実に働きかけてゆく中で展開する（「1 形態思考」参照）。「かたち」は「空間」の中に描かれ、多くの人に共有され、客観的な世界を構成する。建築で経験され、そのデザインでも用いられる「かたち」は様々である。幾何学的な形態は、物の表面に感じる「質感」とともに部屋や建築の部分、外観を秩序づける。建築の部分どうしを関係づけ、全体の構築を秩序づけるのは形式である。

デザインで扱われる「かたち」を捉えるには、建築がどう経験され、現れるか理解しなければならない。「かたち」の多くは客観化され、共有されたものであって、たとえば「丸い」部屋、「三角の」屋根といわれ、おおよそであれイメージがわかない、意味がわからない人はほとんどいない。しかし、「丸い」部屋や「三角の」屋根を実際に見て、経験してどんな印象をもつか、どう感じられるかは、すぐにはわからない。同じ建物でも、一瞥したときと、時間をかけて見て回ったとき、さらにはそこに住み、あるいは幾度となく訪れ抱く印象ではひどく異なってくるだろう。

デザインでは、「モノ」や「空間」の姿を表す「かたち」を使って考え練りあげはするが、同時に、それが現実の時間をかけた経験を通しどう意識され、どう理解されるか、意識に現れる「かたち」を捉えてはじめて、建築の生きた姿に近づける。建築とはまず、意識の中に立ちあがってくる、ということを理解しなければならない。

◆運動と建築の経験

人間の意識は空間と時間の感覚を生み出す。実在する時間とは、現在―「今」「ここ」―しかなく、現在において人間は過去の記憶を保持しつつ未来について考える。普通にイメージされる過去から未来に向かって続く単線的で客観的な時間概念も、心躍るような経験、記憶に強く刻まれる濃密な「時」の感覚もこの意識に由来する。

重要な点は、意識の中ではたえず知覚や思考、経験が様々な記憶として積層されてゆき、現在は、そうした持続的な流れの突端としてあり、意識されることであり、記憶はたえず変容し、再編され、現在の意識に去来し、未来は現在に潜在的に開かれているとされることである。[1]

建築もまた、こうした過去と未来がつながった持続する意識と無関係ではない。建築は時間をかけたプロセスの中で知覚され、認識される。[2]その姿を見ながら、あるいは期待しながら建築にアプローチし、その中を動き回り、様々に継起する場所が現れ、多様な場の知覚と想起や期待に意識をふくらませながら記憶が重ねられてゆく。持続する意識としての現在はたえず変容し、期待され、予感される未来もまた変容し続けるという複雑でダイナミックな経験をわれわれは重ねているのである。

こうした建築の経験は、ふたつの様相をもつ「運動」によって特徴づけられている。知覚・思考の運動と身体の運動のふたつである。両者がつねに併存し、一体的に、あるいは入れ替わりながら「現在」の意識をつくる。「建築」の経験も、実際のデザインも同様の意識のもとで進められると見てよい。

◀1
アンリ・ベルグソン著、田島節夫訳『物質と記憶』白水社、一九九九（原著一八九六）

◀2
ジョン・デューイ著、河村望訳『経験としての芸術』人間の科学社、二〇〇三（原著一九三四）

知覚の運動、思考の運動は、知覚し経験しているその場のなんらかの「形象」をきっかけとして連想、想起が広がってゆくことをいう。[3]それは、空間や物体の形態や色彩、質感などの特徴を知覚し、認識することと同時に、様々に連想や想起が展開する過程である。空間の中に様々なイメージが垂直的に立ちあがるパラディグマティックな時間経験である。

身体の運動によって、われわれは様々な場を体験し、継起する空間を実感する。この運動を通し継起の順序を記憶し、持続する印象を生み出してゆく。それぞれの場の経験には、そこに至るまでの記憶が多様な濃淡を伴い随伴し、これから現れる場の予感や期待もその延長に抱かれる。場の意識がリニアに継起してゆくことからシンタグマッティックな時間経験、水平的に広がる時間経験といえる。持続する意識の流れの中ではじめて理解できる経験である。

おそらく、建築固有な経験はこうした身体感覚を伴う運動の中にある。空間的な距離の大小、上下、左右など方向性の変化や持続といった身体感覚は、それぞれの場の情景から、空気の湿り気や乾いた音の反響、身体を取り囲むモノの質感、そこに生起するコトから見えてくる場の性格、そして知覚・思考の運動が開く様々な想起に至るまで、多様な意識の移ろいにスケール感を与え、それらにリズムを刻み、一連の経験として織りあげてゆく。

◆知覚・思考の運動

知覚や思考の運動がもたらす時間のデザインには際限がない。思考が広がる範囲は人間の経験全体におよび、さらにそれを超え出るものであるからだ。ここでは広く共有されうる時間デザインを見ることにしよう。

◀3 エルンスト・カッシーラ著、生松敬三他訳『シンボル形式の哲学』岩波書店、一九八九（原著一九二三）

風化や腐食、気候の変化や風景の移ろいには自然に流れる時間が刻まれ、摩滅には使い込まれてゆく現実が映されている。いずれもモノとしてある建築にとって避けられない変化であるが、ともに時間を経るうちに刻まれるその直裁な痕跡であり、具象的、直接的な時間現象といえる。雨水の滴りがパターン化されたヘルツォークの〈リコラ〉[写真1]、銅板ベルトの質感や色彩の変化を使った〈シグナルボックス〉などはわかりやすい例である。

スカルパも自然による変化を用い巧みな時間のデザインを行った。〈ブリオン家墓所〉では、時とともに肌が荒れ黒ずんできたコンクリートにつやのあるモザイクタイルのアクセントラインが入り、壁の向こう、はるか遠くにはベネトの変わることのない田園風景が広がり、変化と不変の狭間に流れる様々な時間の進行を可視化しえたといえよう。

草庵茶室は土や木、紙などでできた薄い皮膜で覆われ、環境の微細な変化をも捉える鋭敏な受容体に変化する。人は極小の空間の中で大きな自然の移ろいに包まれる感覚をもちながら、限られた一時の意味を噛みしめる。

その対極がピラミッドやイスラム建築であろう。永遠不変の形を求め、セラミックで全体を覆い尽くそうとする姿勢に、自然の過酷な力に抗おうとする人間の意思が表れている。ローマの〈パンテオン〉[写真2]では、幾何学的形式とスケールに太陽の運行が投影され、神の時間とでもいうべき象徴的な経験がもたらされた。

ロマンティシズムの一八世紀に流行した廃墟は記憶の中の過去が変容したもので、現実を一挙に越え出るための一種の跳躍であり、遠く離れた時空を理想化した。同様に未来に廃墟を見た者に磯崎新がいる。磯崎は建築を変化し流動するプロセスにあると捉え、創発的な空間形式と「切断」という観念的な手法を用い、流れゆくプロセスにある建築の姿を

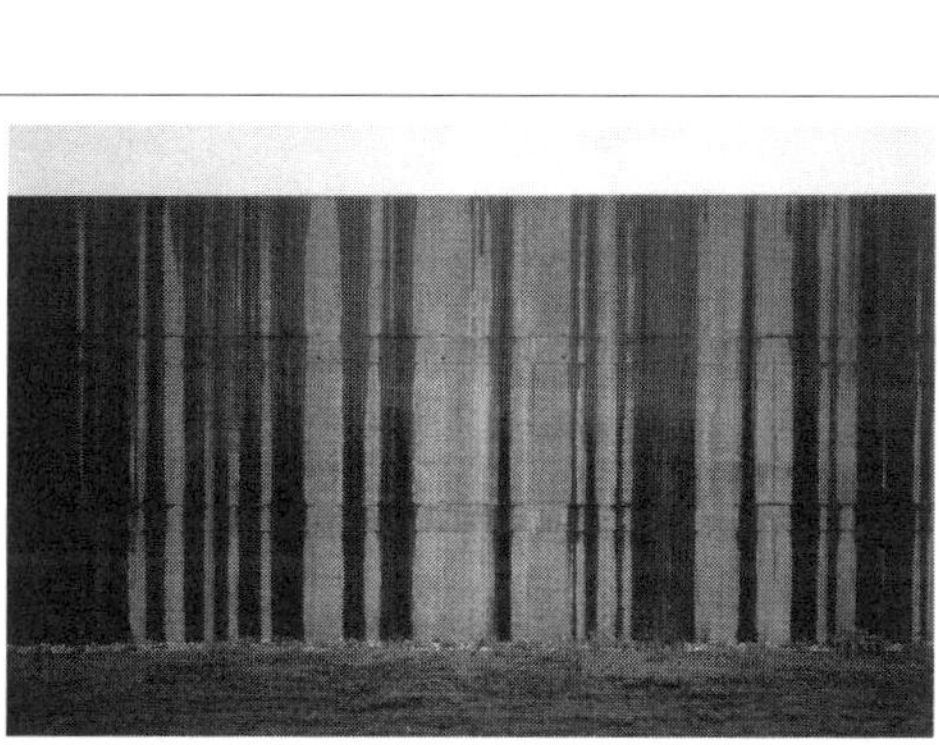

[写真1]ヘルツォーク&ド・ムーロン〈リコラ社倉庫〉一九八七

[写真2]〈パンテオン〉ローマ、一二八頃

形象化した［写真3］。未来に開かれた現在を捉え表現しえた最も早い一人となった。

前世紀、建築デザインにおける時間に関わる最大のテーマは成長・変化であった。日本のメタボリズムは建築を不変の基幹部分と取替え可能な部品に分け、未来を先取りするデザインと考えた。が、未来とはその姿を決定しえないような現在における未来性である。メタボリズムは現在から未来の変化を枠づけ、過去に考えた未来を示すことになった。ルシアン・クロールによるスケルトン・インフィル［写真4］も住民の手による変化と多様性をつくりだす、時間デザインとして優れた提案であったが、メタボリズムに似て、その多様性も計画された枠の中での選択の問題であった。

寝殿や密教寺院など日本の伝統的な建築では、家具的な舗設によって成長・変化に対応するデザインが見られる。普段はただの「空洞」[4]でしかない建築の内部に、生活や儀礼という人間のアクティビティに応じ場が生成する。

ミースのユニヴァーサルスペースも舗設によって必要な変化に対応した。建築としてはモノが展開するニュートラルな場、無時間の「空間」でしかなかったが、舗設と一体となってはじめて生きた場所が生まれる寝殿や密教寺院と同様、実際は時間的様相に応ずるデザインであった。

建築の類型や型と呼ばれるものは、時間の彫琢が生み出した社会や集団に蓄えられた共有の記憶である。イタリアの中世都市に見る類型（ティポロジア）は、現実の多様な条件の中で長い間揉まれ、収斂していった空間形式である。旧市街地再生のための手がかりとされるとともに、以後の都市研究における方法的な基礎となった。アルド・ロッシが多用

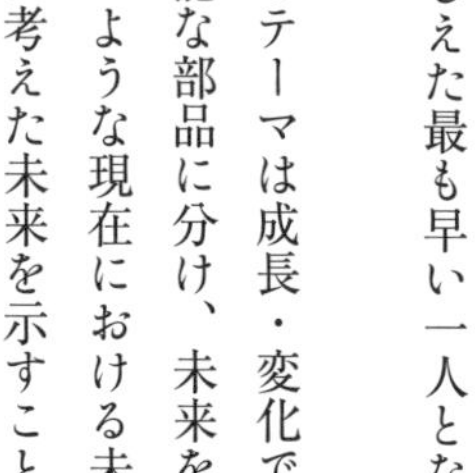

［写真3］磯崎新〈旧大分県立大分図書館（現大分アートプラザ）〉一九七八

◀4 藤井恵介『密教建築空間論』中央公論美術出版、一九九八

した幾何学［写真5］も類型に近く、都市に刻まれた記憶をとどめる。単純で強度ある「かたち」は、ロッシによって都市の長く混沌とした歴史の中から抜き出され、時間のデザインとして捉え直された。クリストファー・アレクザンダーのいう「パターン」も、人間の日常的な行為が繰り返され生まれた空間の類型といえるだろう。

［写真4］ルシアン・クロール　ルーヴァン・カソリック大学学生寮〈エコール棟〉1975

［写真5］アルド・ロッシ〈セグラーテのモニュメント〉一九六五

環境のデザインも同様な観点から見直すことが必要である。現に存在する建築はすべて「過去」につくられた「過去」の痕跡といえる。環境の中に様々な想起を導き出す多様な痕跡が重なり、かつそれが一体感ある場をつくるなら、われわれはそこに多数の時間の間

[写真6] 岸田省吾〈東京大学工学部2号館〉2006、撮影：木寺安彦

を行き来できるような連続を感じられるだろう。歴史的街並みや市街、大学キャンパスの再生などでもこうした時間的連続性、すなわち持続を意識した計画が進められている［写真6］。

最後に、知覚と思考の運動が最も深く捉えられたデザインを見ることにしよう。A・パッラーディオ愛用の平面形式◀5［図1］は、四世紀を経てライトやル・コルビュジエ、カーン［図2、3］といった建築家によって再解釈された。近代の建築家たちはその形式を徹底的に換骨奪胎し、そこに潜在する可能性を引き出した。時間を凝集したような形象を捉え直し、解体し、現在の視点から再編することは、過去の痕跡を創造的に継承し、現在の意味を明確に刻むという点でデザインの根源的な姿を示している。時を越えた応答であり、本来異質的なものが新しい関係にもたらされ、経験される。潜在的な時間をデザインする醍醐味と言えよう。

◀5
ルドルフ・ウィットコウアー著、中森義宗訳『ヒューマニズム建築の源流』彰国社、一九七一（原著一九四九）

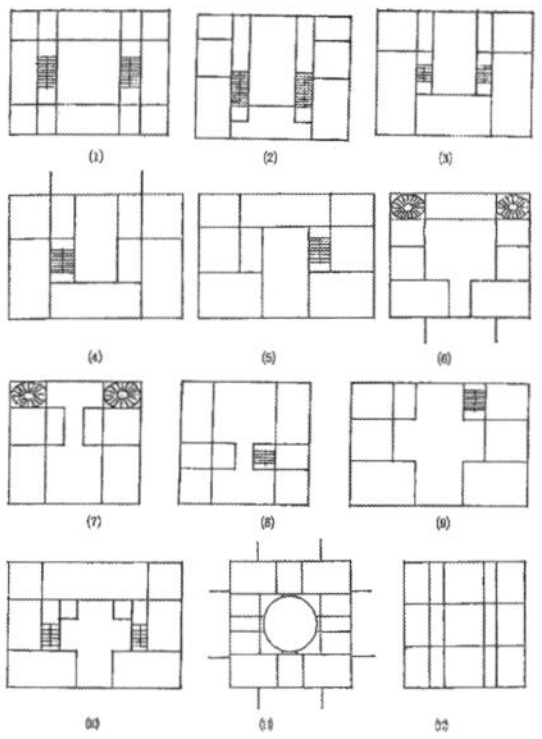
［図1］ルドルフ・ウィットコウアー〈パラディアン・シェマ〉1949

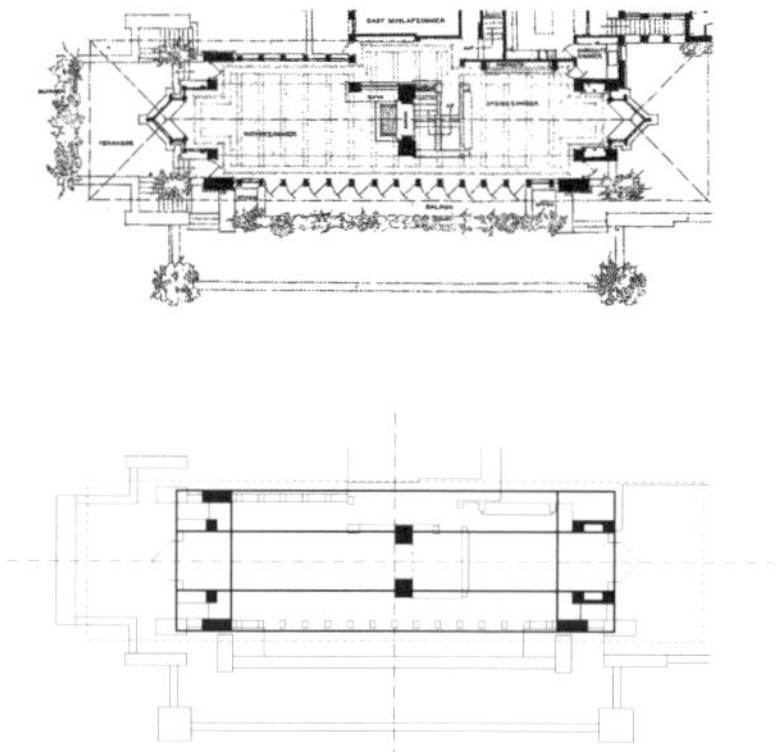
［図2］〈ロビー邸〉平面図とシェマ、1909（分析図：岸田省吾、1975）

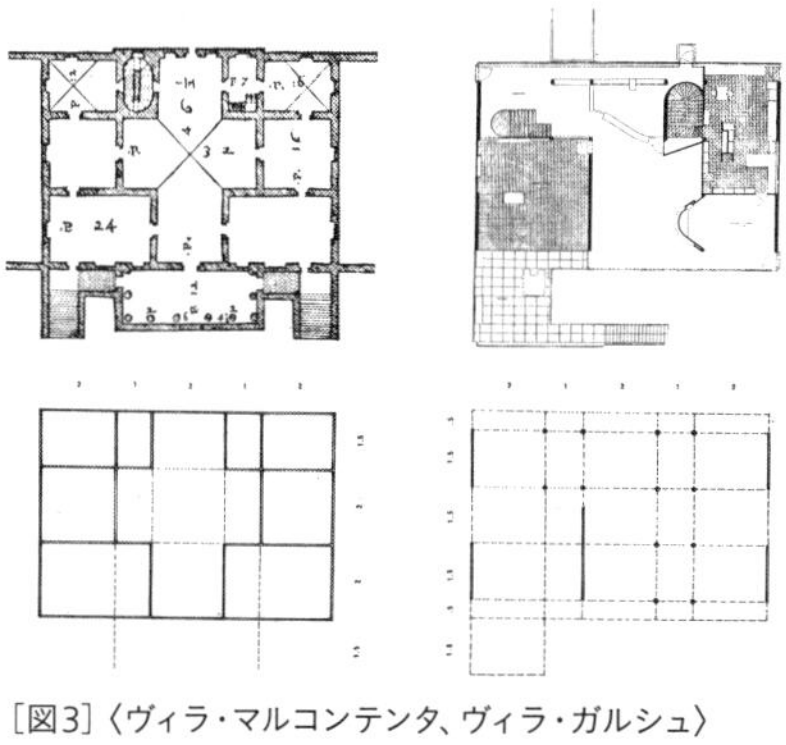
［図3］〈ヴィラ・マルコンテンタ、ヴィラ・ガルシュ〉平面図とシェマ（分析図：コーリン・ロウ、1976）

◆身体の運動

身体の運動によって生まれる意識と経験は、様々な異質的場の経験を重ねながら進むプロセス、人の動き回る過程を編成することによってデザインとなる。次々と展開する空間や場所、眺望といった眼前の場の経験の中に、様々に展開し、漂う意識や思考の流れが重

［写真7］カルロ・スカルパ〈カステルベッキオ美術館〉1964

［写真8］
レム・コールハース
〈ベルリン・オランダ大使館〉
2002

［図5］〈桂離宮〉全体配置図、17世紀

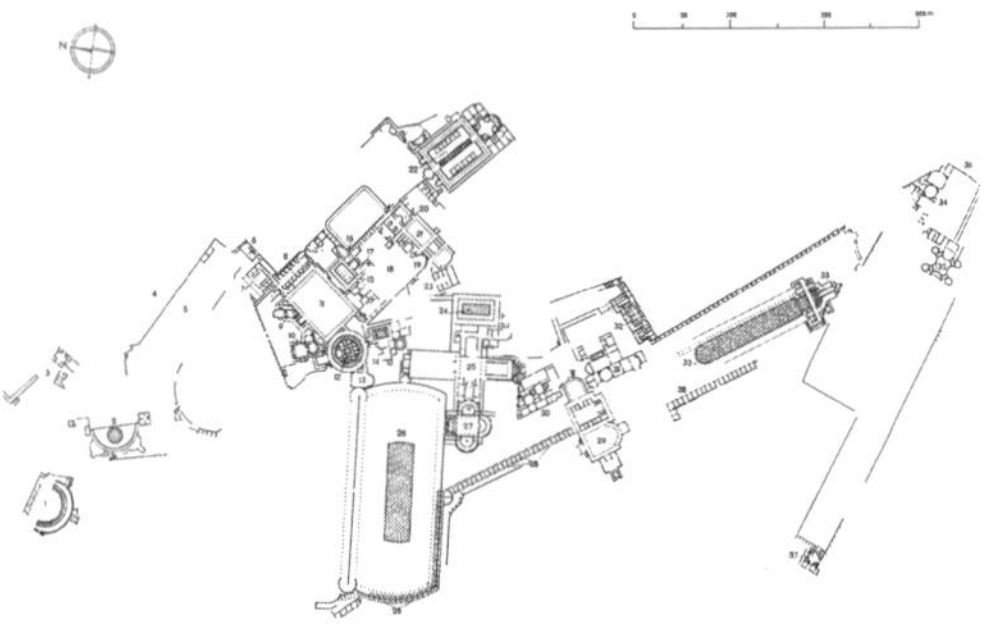

［図4］〈ヴィラ・アドリアーナ〉ティヴォリ、134頃

ねられ、音楽の多重なメロディやリズムにも似て、持続的で豊穣な時間が織りあげられる。建築固有の経験とはそのように立ちあがるといってよい。ル・コルビュジエの[6]〈サヴォア邸〉に見るような「建築的プロムナード」（「5 建築的散策」参照）、中心となる場の周囲に空間の強弱と広狭、明暗が渦巻くF・L・ライトの〈落水荘〉、ヴェネツィアの街路の散策を愛したC・スカルパの〈カステルベッキオ美術館〉［写真7］などがその典型である。コールハースの〈オランダ大使館〉［写真8］でも訪れる者の視線を内外に激しく揺らしながら旋回・上昇するダイナミックな身体運動が仕込まれ、この種のデザインの最近の例となっている。

こうしたデザインは古くから知られていた。様々な場所の風景が散開し記憶がちりばめられた〈ヴィラ・アドリアーナ〉［図4］や〈桂離宮〉［図5、写真9］、露地を経て躙り口から極小の内部へと導かれる〈待庵〉のような草庵茶室［写真10］なども同様なデザインといえるだろう。一方、モニュメンタルな建築ではそうした時間デザインの転倒した方法が利用されている。〈紫禁城〉ははるか遠方から眺められるにもかかわらず近づいてはじめてその大きさが実感できる。中に入っても壮大な空間が反復され、終わりがうかがいしれない。

単一の部屋、空間であっても、身体運動を通し次第に全貌が見えてくるような建築の経験が可能である。ゴシックの会堂［写真11］においては、上方から注ぐ光の中を内陣に向かって進むにつれ、列柱の打つリズムと上昇してゆくような浮遊感が身体を満し、様々な寓意に満ちたステンドグラスや彫刻群とともに、宗教的、あるいは超越的なものへと感覚がおしひろげられていく。建築の始まりとして「ルーム」の存在を重視したルイス・カーンも、意図的に部屋の隅部に入口を置き、人が視線の旋回運動によって部屋を眺めるように導いた。一種の身体運動を通し「ルーム」の感覚を獲得できるよう工夫したのである。[7]

［写真9］〈桂離宮〉雁行する書院群と庭

［写真10］〈待庵〉露地（伝千利休）、一六世紀末

［写真11］〈ブールジュ大聖堂〉一三世紀

◆建築を「時空」から捉え直す

密度高く練りあげられた作品では、身体運動のもたらす意識と知覚・思考の運動のそれぞれが相互浸透し、ひとつの経験として組みあげられている。場所ごとに展開される知覚や思考は、身体の運動、すなわち身体感覚がもたらす意識や記憶によってまとまりある持続的な経験として理解される。デザインには、経験と意識のこうした流れを想起しつつ進められるプロセスが不可欠となる。それは持続の「かたち」を軸に現実を理解し、形象化してゆく作業であり、「時間」と「空間」を統合する「時空」の中に建築を構想することに他ならない。

先に挙げた〈サヴォア邸〉、ライトの〈落水荘〉、あるいはスカルパの〈ブリオン家墓所〉などに、知覚と思考の運動、身体の運動が編成され、織り込まれた優れた「時空」のデザインを見ることができる。

時間を通しデザインを考え直し、「かたち」を捉え直すことは、建築とそのデザインを、知覚、身体、意識といった人間の根底的な条件から捉え直すことを意味する。しかし、それでもなお、われわれが抱えている様々な課題に応えてゆけるといえるだろうか。最後に時間という視点がもつ可能性について考え、論をしめくくろうと思う。

振り返ってみると、ここ数世紀の間、われわれは産業社会の現実に直面してきた。われわれは安住の地である「故郷」を追われ、膨大な数の他者が住む、際限なく広がる世界に放り出された。通信や交通手段の発達は遠く離れた場所で生起する出来事を時間差なく伝え、「時空―空間の短縮」[8]が引き起こされた。身近なところからはるか地球の裏側まで、

◀6 ル・コルビジェ著、岸田省吾他訳『建築家の講義／ル・コルビジェ』丸善、二〇〇六

◀7 ユン・ドンシク『ルイス・カーンの建築作品に関する研究―軸構成と「ずれ」の手法』東京大学博士論文、二〇〇六

◀8 デヴィッド・ハーヴェイ著、吉原直樹監訳『ポストモダニティの条件』青木書店、一九九九（原著一九八九）

様々な出来事が際限なく、ものすごいスピードで生起し続けている。多くの人は世界は無限に連続する計測可能な「空間」と「時間」の上に成立していると想定するほか、混沌とし、よる辺のない世界に一定の秩序を与え、了解することができなかったのである。「無限の空間の永遠の沈黙が私をおびえさせる」(B・パスカル)、そんな世界を前に、人は恐怖を感じると同時にそれを必要としたのである。

建築では抽象的な幾何学に美が求められた。それは具体的な場所やそこに流れる時間を越えた「本質的なるもの」を表現する「かたち」と考えられ、等質で無限の「空間」を映すデザインとして理解された。「空間」は客体化されモノやコトが無際限に展開する世界を測り、認識するための基礎となり、「時間」はコトの前後関係を確定する普遍的な座標系となった。そんな「空間」と「時間」の中では、モノやコトは相互に何の脈絡もつくらず、至るところに意味の厚みを欠いた膨大な「没場所」[9]を生み出した。前世紀に描かれた建築と都市像は、一世紀にわたって豊かな意味を育む環境をつくれなかったのである。

こうした状況に対し、人間が生きている実感をもちうる空間のありようが問われてきた。知覚され、意味が与えられ、経験される世界にこそ価値があり、「建築することとは、ゲニウス・ロキ(場所の霊)を視覚化すること」(C・シュルツ)といわれ、また、「空間」や「時間」に代わる言葉として「場所」や「機会」(A・ヴァン・アイク)が主張された。

しかし、われわれが生きている世界が、計測可能な普遍的な空間・時間を利用しながら成り立っていることも事実である。現代の人間は世界中で共有される空間、時間の体系と、それぞれの場所、機会で生成する世界という二重性、あるいはその二重性の間を生きている。

多くの他者と向き合い、場所と非場所、リアルとアンリアルが混在する狭間で生きてゆ

◀9
エドワード・レルフ著、高野岳彦他訳『場所の現象学』筑摩書房、一九九九

かなければならない現実の中でなおデザインを行うには、われわれには様々な過去が去来し、同時にすべてが決められていない潜在する未来に開かれているという感覚、現在の意識を信じることから始めるほかない。おそらく客体としての「空間」の中の「かたち」だけに目を奪われるのではなく、たえざる「運動」に身をおき、「時空」に広がる「かたち」を捉えてはじめて希望が見えてくる。時間から考えることによって空間の中の「かたち」という客体の世界に接近したものを、再び人間の近くに呼び戻すことができる。

現在、世界では膨張と縮減が同時に進行している。地球上の六〇億の人間は、半世紀後には九〇億になると予想される一方、少なからぬ国で人口減少は深刻になりつつある。環境の有限性を理解し、誰もが生き生きとした生活を続けられるように考えなければならない。建築のデザインでも「今、ここ」で美しければいいという発想も、現実を超越した理想に向けて突き進むという発想も不可能になった。われわれは与えられている環境を受け入れたうえで、必要に応じ組み替えてゆくような柔軟な発想が求められている。身の周りには「曖昧なもの」や「仮のもの」「古くさいもの」「すぐ消えてしまうもの」があふれている。時間の中に立ちあがる「かたち」、持続の中に生きる「かたち」を捉え、「時空」に広がるデザインを考えることによって、そうした「本質的でない」ように思える様々なモノやコトを受容し、保持し、さらには別のなにものかに変えてゆける。そうした強さをもってはじめて、われわれは、激しく姿を変えてきたこの世界にふさわしい「建築」を考えてゆけるのではないか。

図版出典・参考資料

著者略歴

図版出典・参考資料

1 形態思考

［図版出典］

ケプラー『宇宙の神秘』

Leonardo Benevolo "Storia dell, Architettura del Rinascimento" Giuseppe Laterza & Figli (Italia), 1968

Norman & Borow, 1974をもとに作成。

3 素材と表現とデザイン

［図版出典］

日本建築学会編『近代建築史図集（新訂版）』彰国社、一九七六

『SD』八五〇一、鹿島出版会

Edited by John Musgrove "SIR BANISTER FLETCHER'S - A HISTORY OF ARCHITECTURE - "Nineteenth Edition, BUTTERWORTHS

Eugéne-Emmanuel Viollet-le-Duc "Lectures on Architecture" 2 volumes, Dover

ロラン・バルト著、アンドレ・マルタン撮影『エッフェル塔』、みすず書房、一九九一

『SD』八二〇三、鹿島出版会

『SD』七七〇六、鹿島出版会

4 「スケール」を通して見る超高層建築のデザイン

［図版出典］

S.D.S.スペースデザインシリーズ「高層」、新日本法規出版

［参考資料］

S.D.S.スペースデザインシリーズ「高層」、新日本法規出版

5 建築的散策

［図版出典］

"LE CORBUSIER 1910-1929"

ル・コルビュジエ著、井田安弘、芝優子訳『プレシジョン（上）』鹿島出版会、一九八四

富永讓編著『現代建築解体新書』彰国社、二〇〇七

6 都市のコラージュ／建築のインターテクスト

［図版出典］

コーリン・ロウ、フレッド・コッター著、渡辺真理訳『コラージュ・シティ』SDライブラリー、鹿島出版会、一九九二

菊池誠編『メディアとしての建築 ピラネージからEXPO'70まで』東京大学総合研究博物館 二〇〇五

Hermann G. Pundt "Schinkel's Berlin - A Study in Environmental Planning" Harvard University Press, Cambridge, Massachusetts, 1972

Dawn Ades "Photomontage" Thames and Hudson, London, 1976

『SD』八四一〇、鹿島出版会

W.Boesiger/H.Girsberger ed. "Le Corbusier 1910-65, Les Editions d'Architecture (Artemis)" Zurich, 1967

『SD』七六〇四、鹿島出版会

Kathryn Smith "Frank Lloyd Wright,America's Master Architect" Abbeville Press, New York, 1998

『SD』八三〇五、鹿島出版会

Lewis Carroll,Illustrations by Sir John Tenniel "ALICE'S ADVENTURES IN WONDERLAND" Macmillan Publishers Ltd., London, 1911

7 共存する境界

［図版出典］

Sergio Los/Klaus Frahm "Carlo Scarpa", TASCHEN, 2002

［参考資料］

古谷誠章「主要作品年譜・解説」、斉藤裕『建築の詩人カルロ・スカルパ』所収、TOTO出版、一九九七

末光弘和「カルロ・スカルパによるカステルベッキオ美術館の再生手法に関する研究」東京大学工学系研究科建築学専攻（岸田研究室）修士論文、二〇〇一

大野友資「カルロ・スカルパ作品研究　嵌合する境界」東京大学工学部建築学科（岸田研究室）卒業論文、二〇〇五

8 内部／外部は自明か

［参考資料］
市原出『リビングポーチ／アメリカ郊外住宅の夢』住まいの図書館出版局、一九九七
香山寿夫『建築意匠講義』東京大学出版会、一九九六
クチスチャン・ノルベルグ＝シュルツ『実存・空間・建築』鹿島出版会、一九七三
クリスチャン・ノルベルグ＝シュルツ『ゲニウス・ロキ／建築の現象学をめざして』住まいの図書館出版局、一九九四
ジークフリート・ギーディオン『時間　空間　建築』丸善、一九六九
ロバート・ヴェンチューリ『建築の多様性と対立性』鹿島出版会、一九八二

9 日本の庭

［参考資料］
堀口捨巳『庭と空間構成の伝統』鹿島研究所出版会、一九七七
磯崎新『見立ての手法』鹿島出版会、一九九〇
西澤文隆『建築と庭「実測図」集』建築資料研究社、一九九七
日本建築学会編『日本建築史図集』新訂版、彰国社、一九八〇
伊藤ていじ「日本庭園に関する七章」『日本の庭』巻末論文、中央公論社、一九七一
樋口忠彦『日本の景観―ふるさとの原型』春秋社、一九八一

10 自然の宿り木

［図版出典］
J. C. Shepherd & G. A. Jellicoe "ITALIAN GARDENS OF THE RENAISSANCE" Princeton Architectural Press, 1986
Clemens Steenbergen & Wouter Reh "ARCHITECTURE AND LANDSCAPE" Birkhauser Publishers, 2003
マーク・トライブ編著、三谷徹訳著『モダンランドスケープアーキテクチュア』鹿島出版会、二〇〇七
"THE MILLER GARDEN:ICON OF MODERNISM, "Landsmarks" 09, Spacemaker Press, 1999
ジョン・バーズレイ著、三谷徹訳『アースワークの地平』鹿島出版会、一九九三

12 生成する「かたち」

［図版出典］
ジョン・バーズレイ著、三谷徹訳『アースワークの地平』鹿島出版会、一九九三
『SD』九八〇六、鹿島出版会

14 時間の中の「かたち」・時間の中の「デザイン」

［図版出典］
"EL Croquies" 60 + 84, 2000
『SD』七六〇四、鹿島出版会、一九七七
「アルド・ロッシ」『建築と都市』一九八二年一一月臨時増刊号、a+u
ルドルフ・ウィットコウワー著、中森義宗訳『ヒューマニズム建築の源流』彰国社、一九七一
"STUDIES AND EXECUTED BUILDINGS BY FRANK LLOYD WRIGHT" The Prairie School Press, 1975
岸田省吾他「フランク・ロイド・ライトと現代建築」『建築と都市』一九八一年七月臨時増刊号、a+u
コーリン・ロウ著、伊東豊雄、松永安光訳『マニエリスムと近代建築』彰国社、一九八一
"EL Croquies" 131/132, 2006
レオナルド・ベネーヴォロ著、佐野敬彦他訳『図説　都市の世界史１／古代』相模書房、一九八三
Arata Isozaki & others "Katsura imperial villa" Electa Architecture, 2005
小堀宗実他『小堀遠州　奇麗さびの極み』新潮社、二〇〇六
飯田喜四郎他『世界美術大全集／ゴシック１』小学館、一九九五
［参考資料］
ハーバート・リード著、宇佐見英治訳『イコンとイデア』みすず書房、一九五七
メルロ・ポンティ著、竹内芳郎他訳『知覚の現象学』みすず書房、一九六七
クリスチャン・ノルベルグ＝シュルツ著、加藤邦男訳『実存・空間・建築』鹿島出版会、一九七三
エドワード・レルフ著、高野岳彦他訳『場所の現象学』筑摩書房、一九九九（原著一九七六）
井上充夫『日本建築の空間』鹿島出版会、一九六九
磯崎新『空間へ』鹿島出版会、一九九七
ロバート・ヴェンチューリ著、伊藤公文訳『建築の多様性と対立性』鹿島出版会、一九八二
コーリン・ロウ、フレッド・コッター著、渡辺真理訳『コラージュ・シティ』鹿島出版会、一九九二
レム・コールハース著、岸田省吾他訳『建築家の講義』丸善、二〇〇六
ル・コルビジェ著、岸田省吾他訳『建築家の講義／ル・コルビジェ』丸善、二〇〇六
日本建築学会『建築論事典』彰国社、二〇〇八

著者略歴

湯澤正信（ゆざわ・まさのぶ）
一九四九年 神奈川県生まれ
一九七二年 東京大学工学部建築学科卒業
一九七五年 東京大学大学院工学系研究科建築学専攻修士課程修了
磯崎新アトリエを経て
一九七九年 関東学院大学工学部建築設備工学科専任講師
一九八二年 関東学院大学工学部建築設備工学科助教授
一九九三年 関東学院大学工学部建築設備工学科教授
二〇〇五年 関東学院大学工学部建築学科教授
［主な作品］浪合学校、泉崎資料館、福島県立いわき光洋高等学校ほか
［主な著作］『劇的な空間―栄光のイタリア・バロック』（一九八九年、丸善）、『新版 建築を知る はじめての建築学』（二〇〇四年、鹿島出版会）、『はじめての建築学―建築デザイン基礎編 住宅をデザインする』（二〇〇七年、鹿島出版会）ほか

小林克弘（こばやし・かつひろ）
一九五五年 福井県生まれ 工学博士
一九七七年 東京大学工学部建築学科卒業
一九八五年 東京大学大学院博士課程修了
一九八六年 東京都立大学工学部建築学科講師
一九八八年 東京都立大学工学部建築学科助教授
一九九八年 東京都立大学大学院工学研究科建築学専攻教授
現在 首都大学東京大学院都市環境科学研究科建築学域 教授
［主な作品］新潟みなとトンネル立坑、東京都有明清掃工場、オーベルジュ・ル・クロワートル、トトロ幼稚舎
［主な著作］『アール・デコの摩天楼』（一九九一年、鹿島出版会）、『ニューヨーク―摩天楼都市の建築を辿る』（一九九九年、丸善）、『建築構成の手法』（二〇〇〇年、彰国社）、『世界のコンバージョン建築』（二〇〇八年、鹿島出版会）

富岡義人（とみおか・よしと）
一九六三年 石川県生まれ 工学博士
一九八六年 東京大学工学部建築学科卒業
一九九一年 東京大学大学院博士課程満期退学
一九九一年 東京大学工学部建築学科助手
一九九四年 三重大学工学部建築学科講師
同大助教授、准教授を経て
二〇〇九年 三重大学大学院工学研究科建築学専攻教授
［主な著作］『フランク・ロイド・ライト―大地に芽ばえた建築』（二〇〇一年、丸善）、『鋼構造の造形と設計』（共著、二〇〇八年、鹿島出版会）、『ルイス・カーン―光と建築』（翻訳、一九九六年、鹿島出版会）、『ライト＝マンフォード往復書簡集 1926-1959』（翻訳、二〇〇五年、鹿島出版会）ほか

高島守央（たかしま・もりひさ）
一九七四年 鹿児島県生まれ
一九九六年 東京大学工学部建築学科卒業
一九九九年 東京大学大学院工学系研究科建築学専攻修士課程修了
ワンプラスワンアソシエイツを経て
二〇〇六年 東京大学大学院工学系研究科建築学専攻助手
現在 東京大学大学院工学系研究科建築学専攻助教
［主な作品］桜新町の家、下馬の家
［主な著作］『フランク・ロイド・ライト 全作品集』（共訳、二〇〇〇年、丸善）

富永 譲（とみなが・ゆずる）
一九四三年 台北市生まれ
一九六七年 東京大学工学部建築学科卒業
菊竹清訓建築設計事務所を経て
一九七三年 東京大学工学部建築学科助手
二〇〇二年～ 法政大学工学部建築学科教授
富永譲＋フォルムシステム設計研究所主宰

[主な作品] ひらたタウンセンター、エンゼル病院、成増高等看護学校、茨城県長町アパートなど
[主な著作]『近代建築の空間再読』(一九八五年、彰国社)、『ル・コルビュジエ建築の詩 12の住宅の空間構成』(二〇〇三年、鹿島出版会)、『現代建築解体新書』(二〇〇七年、彰国社)

菊池 誠(きくち・まこと)
一九五三年 東京都生まれ
一九七六年 東京大学工学部建築学科卒業
一九七八年 東京大学大学院工学系研究科建築学専攻修士課程修了
磯崎新アトリエを経て
二〇〇二年 東京大学総合研究博物館客員教授
二〇〇九年 芝浦工業大学システム理工学部環境システム学科教授
[主な著作]『トランスアーキテクチャー』(一九九六年、INAX出版)、『メディアとしての建築』(二〇〇五年、東京大学総合研究博物館)、『新訂アーツ・マネジメント』(共著、二〇〇六年、放送大学教育振興会) ほか

木内俊彦(きうち・としひこ)
一九七三年 千葉県生まれ
一九九七年 東京理科大学工学部建築学科卒業
一九九九年 東京大学大学院工学系研究科建築学専攻修士課程修了
横河設計工房を経て
二〇〇二年 東京大学大学院工学研究科建築学専攻助手・工学部建築計画室室員
現在 東京大学大学院工学研究科建築学専攻助教
東京理科大学工学部建築学科非常勤講師
[主な著作]『20世紀建築研究』(共著、一九九八年、INAX出版)、『建築設計資料集成[教育・図書]』(共著、二〇〇三年、丸善)、『フランク・ロイド・ライト 全作品』(共訳、二〇〇〇年、丸善)

市原 出(いちはら・いずる)
一九五八年 福岡県生まれ 博士(工学)
一九八一年 東京大学工学部建築学科卒業
一九八三年 東京大学大学院工学系研究科建築学専攻修士課程修了
宮脇檀建築研究所を経て
一九九三年 東京大学大学院博士課程修了
一九九四年 東京工芸大学工学部建築学科助教授
二〇〇〇年 東京工芸大学工学部建築学科教授
[主な作品] IC3、東京工芸大学体育館、HP工房〈ORANGE〉、学生会館〈Cube〉など
[主な著作]『リビングポーチ』(一九九七年、住まいの図書館出版局)、『ニューメキシコの建築』(二〇〇〇年、丸善)、『建築デザイン計画』(二〇〇二年、朝倉書店)、『建築論事典』(二〇〇八年、彰国社) ほか

野上恵子(のがみ・けいこ)
一九六七年 大阪府生まれ
一九九〇年 東京大学工学部建築学科卒業
一九九二年 東京大学大学院工学系研究科建築学専攻修士課程修了
東京大学工学部建築計画室室員・建築学科助手、マッシミリアーノ・フクサス建築設計事務所(ローマ)、ケヴィン・ウォルツのアシスタント(ローマ)を経て
二〇〇六年 一級建築士事務所K-keikac主宰
[主な作品] 蓼科の週末住居、リストランテ・フィオレンツァ(内装)
[主な著作]『SD別冊28 大学の空間』(共著、一九九六年、鹿島出版会)、『フランク・ロイド・ライト全作品』(共訳、二〇〇〇年、丸善)

三谷 徹(みたに・とおる)
一九六〇年 静岡県生まれ
一九八七年 ハーバード大学大学院ランドスケープアーキテクチュア修士修了
一九九二年 東京大学博士(工学)取得
ピーター・ウォーカー&マーサ・シュワルツ事務所、ササキエンバイロメントデザインオフィス、滋賀県立大学を経て
現在 千葉大学教授
オンサイト計画設計事務所とともに設計活動する
[主な作品] 風の丘、品川セントラルガーデン、Honda和光ビルランドスケープなど
[主な著作]『風景を読む旅』(一九九〇年、丸善)、『モダンランドスケープアーキテクチュア』(訳著、二〇〇七年、鹿島出版会) など

千葉 学(ちば・まなぶ)
一九六〇年 東京都生まれ
一九八五年 東京大学工学部建築学科卒業
一九八七年 東京大学大学院工学系研究科建築学専攻修士課程修了
日本設計、ファクター エヌ アソシエイツ 共同主宰を経て
一九九三年 東京大学工学部建築学科/キャンパス計画室助手
一九九八年 東京大学工学部建築学科安藤研究室助手
二〇〇一年 千葉学建築計画事務所設立
現在 東京大学大学院工学系研究科建築学専攻准教授
[主な作品] 日本盲導犬総合センター、WEEKEND HOUSE ALLEY、諫早こどもの城など
[主な著作]『rule of the site そこにしかない形式』(二

○○六年、TOTO出版）、『建築家は住宅で何を考えているのか』（二〇〇八年、PHP研究所）ほか

櫻木直美（さくらぎ・なおみ）

一九七〇年　東京都生まれ
一九九三年　東京大学工学部建築学科卒業
一九九五年　東京大学大学院工学系研究科建築学専攻修士課程修了
坂倉建築研究所を経て
二〇〇三年　ハーバード大学大学院ランドスケープアーキテクチュア学科修士課程修了
二〇〇三年　東京大学大学院工学系研究科建築学専攻助手／キャンパス計画室助手
二〇〇六年　アースワークス建築・環境デザイン工房主宰
［主な作品］カーサ・ベル・オーヒラ（ランドスケープ）、I邸、日比谷頴川ビルなど
［主な著作］『建築家の講義―ル・コルビジェ』（共訳、二〇〇六年、丸善）

宮部浩幸（みやべ・ひろゆき）

一九七二年　千葉県生まれ
一九九五年　東京大学工学部建築学科卒業
一九九七年　東京大学大学院工学系研究科建築学専攻修士課程修了
北川原温建築都市研究所を経て
一九九九年　東京大学大学院工学研究科建築学専攻助手／キャンパス計画室助手
二〇〇五年　リスボン工科大学客員研究員
二〇〇七年　SPEAC, incに参画、異業種コラボレーターと共同しマーケティングリサーチや企画コンサルティングの視点を取り入れた新たな設計活動を展開
［主な作品］木象（住宅）、Gallery Coexist、牛込神楽坂の集合住宅（二〇一〇年完成予定）
［主な著作］『建築設計資料集成［教育・図書］』（共著、二〇〇三年、丸善）、『世界のSSD100都市持続再生のツボ』（共著、二〇〇七年、彰国社）

岸田省吾（きしだ・しょうご）

一九五一年　東京都生まれ　工学博士
一九七五年　東京大学工学部建築学科卒業
一九八〇年　東京大学大学院博士課程満期退学
岡田新一設計事務所、磯崎新アトリエを経て
一九九一年　東京大学工学部建築学科助教授
二〇〇五年　東京大学大学院工学系研究科建築学専攻教授
［主な作品］東京大学小石川博物館、武田先端知ビル、工学部新二号館など
［主な著作］『バルセロナ―地中海都市の存在証明』（一九九一年、丸善）、『大学の空間』（共著、一九九七年、鹿島出版会）、『東京大学本郷キャンパス案内』（共著、二〇〇五年、東京大学出版会）ほか

建築の「かたち」と「デザイン」

発行　二〇〇九年八月二四日

編著者　岸田省吾

発行者　鹿島光一

発行所　鹿島出版会
〒一〇七-〇〇五二　東京都港区赤坂六-二-八
電話〇三-五五七四-八六〇〇
振替〇〇一六〇-二-一八〇八八三

ブックデザイン　伊藤滋章

印刷・製本　三美印刷

無断転載を禁じます。落丁・乱丁本はお取替えいたします。
©Shogo Kishida, 2009

ISBN 978-4-306-04533-0 C3052　Printed in Japan

本書の内容に関するご意見・ご感想は下記までお寄せください。
URL:http://www.kajima-publishing.co.jp
e-mail:info@kajima-publishing.co.jp